Aprender moviendo el cuerpo

No todo depende del cerebro

Cómo desarrollar el potencial intelectual de los niños
a través de los sentidos, las emociones y el movimiento

Carla Hannaford

Aprender moviendo el cuerpo

Título original: *Smart Moves. Why Learning Is Not All in Your Head*

Edición original en inglés publicada por Great River Books, Inc.
161 M Street, Salt Lake City, UT. 84103 EUA.

Gimnasia para el cerebro® es una marca registrada
de Educational Kinesiology Foundation.

Portada: Elizabeth Gallardo Lozano
Ilustraciones: Alma Angelina Herrera Sauza
Traducción: Óscar Franco

Primera edición en Terracota: marzo 2024

ISBN: 978-607-713-575-3

EDITORIAL
TERRACOTA

DR © 2024, Editorial Terracota, SA de CV
Av. Cuauhtémoc 1430
Col. Santa Cruz Atoyac
03310 Ciudad de México

Tel. +52 55 5335 0090
www.terradelibros.com

2028   2027   2026   2025   2024
   5   4   3   2   1

A mi madre, Minnie, por la vida, por la tenacidad y
por ser un modelo de excelencia y flexibilidad.

A mi padre, Jim, por inculcarme el valor para asumir riesgos
y hacer de mi vida una aventura.

A mi hija, Breeze, por su profundo amor, sabiduría,
perspicacia y por ser mi maestra, asistente y compañera de viaje.

A mi esposo, Ahti, por su amor, apoyo, sutil estabilidad,
paciencia y su música cordial.

Índice

Primera parte
Maneras de conocer

Tercera parte
Cultivar y proteger nuestros sistemas de aprendizaje

Agradecimientos

Para las siguientes personas, mis más profundos agradecimientos: Mark y Margaret Esterman, por creer en mí, enseñarme a escribir, animarme a actualizar la primera edición y apoyarme en cada paso de ese proceso.

Candace Pert, por ser un ejemplo de perseverancia, pasión, creatividad y por su disposición para escribir la introducción de esta edición.

Chris Brewer, Cherokee Shaner, Johanna Bangeman, Yahuda Plaut y todos mis maravillosos amigos a lo largo de Estados Unidos, quienes han compartido conmigo su sabiduría como maestros y me han ayudado a preparar la investigación actual que aquí presento.

Sumi y Hadi, de Singapur, y los Jardines Forestales de Niños, por proporcionarme los excelentes modelos y la investigación donde se muestra la importancia del movimiento en el aprendizaje.

Maryna Allan, Kolten Yamaguchi, Aaron Esroy, Shellsea NaiheLindsey, Kawela Benson, Breeze Hannaford, Aspen Moon y mi esposo Ahti, por participar como modelos para las fotografías; Jaz, por sus gráficas por computadora; Amy Choi y John Wu, por su investigación sobre dominancia en Hong Kong, y Penelope Mathes, maestra de primer año, por compartir conmigo la figura que se presenta en el capítulo 7, que muestra los avances en la escritura de uno de sus alumnos.

Toda mi familia a lo largo del mundo en los más de treinta países que he tenido la fortuna de visitar y de los cuales he podido aprender mucho más de lo que llegué a enseñar.

Los terapeutas ocupacionales y físicos, los maestros Montessori y Waldorf, los expertos en el desarrollo y los investigadores del cerebro y el movimiento, quienes me proporcionaron una comprensión práctica más profunda de la manera en que el aprendizaje se produce óptimamente.

Paul y Gail Dennison y toda la familia de Kinesiología Educativa en todo el mundo, por su fino trabajo con Gimnasia para el cerebro®.

Todos los niños que han dado emotividad a mi vida, al trabajar yo con ellos y trabajar ellos conmigo.

Carla Hannaford

Introducción

Conocí a Carla Hannaford en 1998, en una conferencia en la que tanto ella como yo presentaríamos nuestras investigaciones ante un grupo internacional de educadores. Me sentí emocionada al ver en Carla a una mujer dinámica y vivaz, cuya modestia no iba a la par de sus logros. Compartimos risas acerca de los desafíos que tuvimos que enfrentar al trabajar en el campo de la ciencia, donde dominan los varones. Compartimos también un mismo interés: el deseo de devolver al proceso educativo de nuestros niños la alegría y el placer de aprender.

Mi trabajo acerca de la interconexión entre la mente y las emociones y las investigaciones de Carla sobre la función que desempeñan el juego, el movimiento y la música en el aprendizaje se complementaron de forma magnífica. Encuentro en ella una enorme pasión y una gran dedicación a transformar nuestras escuelas en un entorno reconstituyente e inspirador, donde todos los niños puedan aprender con gusto y dignidad. Admiro su espíritu pionero al viajar por el mundo exponiendo la enormidad del potencial humano que ahora la ciencia nos muestra que tenemos, además de enseñar a los educadores modos muy prácticos para mejorar la calidad del aprendizaje en sus aulas. Carla Hannaford es de las primeras en divulgar los nuevos descubrimientos que muestran el nuevo paradigma de unidad cuerpo-mente. Ella ha integrado con éxito los importantes hallazgos científicos sobre la manera en que el cuerpo estimula el crecimiento del cerebro gracias al movimiento, a los entornos sensorialmente ricos y al contacto humano, y ha llevado este conocimiento al mundo real donde el aprendizaje, la educación y la crianza de los hijos duran toda la vida.

Si está usted a punto de leer este libro, sepa que habrá de embarcarse en un fascinante recorrido por los procesos del crecimiento, el desarrollo y la adquisición de facultades del ser humano. Carla Hannaford presenta un vivo retrato del desarrollo del sistema nervioso, desde la etapa embrionaria hasta la edad adulta. Aquí aprenderá la flexible naturaleza del cerebro humano, su habilidad para reorganizarse y adaptarse y la manera en la cual los sistemas sensitivos y motores del cuerpo influyen en su crecimiento y sus capacidades. Conocerá, asimismo, cómo crear una armósfera sensorial próspera para el aprendizaje y verá que algunos de los métodos de enseñanza que empleamos en la actualidad, por desgracia, perjudican la creatividad, la imaginación y la alegría de aprender de nuestros hijos.

Es un placer para mí ver la nueva edición de este libro, que durante tanto tiempo se ha vendido muy bien, ya que trae a la vanguardia una importante obra para niños, adultos y para el mundo en general. Me emociona pensar que, al hallar cabida en este excelente libro, mi investigación, mis ideas y mis anhelos podrán llegar ahora a un público más amplio, formado por padres, maestros, profesionales de la salud y personas encargadas de dictar normas. En esta nueva edición, completamente actualizada, ella ha dado realce a las nuevas investigaciones y descubrimientos que rebasan mi libro, *Molecules of Emotion*, publicado en 1999.

Por ejemplo, me queda muy claro que la anticipación del placer es la clave de todo aprendizaje. Solamente los neuropéptidos y otras moléculas de información que promueven el placer en nuestras vidas pueden estimular y fomentar el proceso de aprendizaje. Todas las demás moléculas de emoción minimizan el aprendizaje porque dan prioridad a la supervivencia. El juego es el importante trabajo que realiza la niñez y es la base en la cual florecen todos los aprendizajes. Lo cierto es que en un ambiente donde hay placer, movimiento y creatividad, el aprendizaje se produce con mayor éxito. Aprender es, por naturaleza, una experiencia agradable y Carla Hannaford nos muestra la forma de regresar a ese estado, conforme explora la investigación, los caminos y medios para lograr un entorno óptimo para el aprendizaje.

Candace B. Pert
Universidad de Georgetown,
Escuela de Medicina Washington, D.C.

Prefacio a la segunda edición

A través de los avances de la ciencia, nos damos cuenta de la importancia que tiene la integración cuerpo-mente y del efecto del funcionamiento coherente, no solo en el aprendizaje y en la memoria, sino también en el mundo en general. Formamos una comunidad de seres humanos comunicados y, por lo mismo, nuestras vidas y nuestro futuro estarán determinados por la manera en que amemos a nuestros hijos y los proveamos de capacidades. Aprender es un proceso altamente natural y nuestra interacción con los demás le aporta vigor, por medio de nuestras experiencias motoras y sensoriales y del sentido de conexión y aprecio. Mientras no comprendamos esto, el aprendizaje será difícil, torpe y estará más interesado en la supervivencia.

A partir de la publicación de la primera edición en inglés del presente libro, las investigaciones acerca de la importancia de las experiencias sensoriales y motoras para el crecimiento y el desarrollo del cerebro han florecido de manera asombrosa. No es posible que continuemos limitando el entorno del aprendizaje a "permanecer sentados y quietos, callados y memorizando paja". Es hora de retornar a los "buenos tiempos", cuando los niños jugaban, cantaban, interactuaban verbalmente con otros niños y adultos de manera cotidiana y estimulaban su curiosidad, su imaginación, sus proezas físicas y su preocupación por sus semejantes.

Conforme se ha extendido la investigación, he sentido la necesidad de expandir mis propios puntos de vista con respecto a la conexión entre el cuerpo y la mente. Cuando escribí la primera edición, si bien era emocionante lo que conocíamos acerca del cerebro, también estábamos conscientes de que sabíamos muy poco. Los extractos de información y las experiencias personales que mostraban el poder del movimiento para ayudar al aprendizaje apenas estaban rozando el horizonte de la comprensión. Parece que hoy, por fin, logramos captar que el movimiento y las experiencias sensoriales son terreno fértil para el desarrollo vital y la madurez continua del cerebro y que, en verdad, estas experiencias ocasionan que este órgano se transforme constantemente de múltiples e inimaginables maneras plásticas. Parece que mientras nos hacemos más capaces de estar presentes, más en contacto y seguros dentro de nuestra experiencia humana, así como más coherentemente activos y conscientes, podemos lograr casi cualquier cosa en nuestra vida.

Ha sido maravilloso ayudar a que surjan tantas investigaciones nuevas, las cuales respaldan nuestra necesidad humana de estar en contacto, de sentir amor, de reír, jugar y compartir música para hacer de cada momento la mejor oportunidad posible para aprender. Los invito y los desafío a que tomen parte de los nuevos descubrimientos de la ciencia y a que exploren formas sencillas para optimizar nuestra experiencia y la de nuestros hijos, para vivir de un modo más completo, apasionado, creativo y satisfactorio.

Carla Hannaford

Primera parte

Maneras de conocer

Capítulo 1

No todo el aprendizaje depende de la cabeza

La mente, insondable generadora de realidad, cultura, historia y de toda la potencialidad humana, aún nos intriga y contraría en nuestro intento por comprendernos a nosotros mismos. Hemos tratado de explicar qué es la mente a partir de vislumbres y piezas que logramos reunir al enfocar la atención y la investigación en el cerebro, pero hemos pasado por alto un aspecto fundamental y misterioso: el aprendizaje, el pensamiento, la creatividad y la inteligencia no son procesos que pertenezcan únicamente al cerebro, sino a todo el cuerpo. Las sensaciones, los movimientos, las emociones y las funciones que integran al cerebro tienen su raíz en el cuerpo. Las cualidades humanas que asociamos con la mente no pueden existir independientemente del cuerpo.

Por supuesto, todos sabemos que el cerebro está encapsulado en el cráneo y que mantiene una incesante comunicación con el resto del organismo; sin embargo, en la práctica, cuando pensamos en el pensamiento, cuando tratamos de estimularlo, de moldear las condiciones favorables para el aprendizaje y el pensamiento creativo, tendemos a considerarlo como una especie de proceso separado del cuerpo, como si lo único que este realizara fuera llevar al cerebro de aquí para allá, para que pueda realizar la importante tarea de pensar.

En nuestra cultura está profundamente arraigada la noción de que la actividad intelectual puede existir, de alguna manera, independientemente de nuestro cuerpo. Esto tiene relación con la actitud de que las funciones corporales, las emociones y las sensaciones que sustentan la vida son inferiores y menos evidentemente humanas. Esta idea es, asimismo, la base de muchas teorías y prácticas educativas que hacen que el aprendizaje resulte más difícil y menos exitoso de lo que podría ser.

El pensamiento y el aprendizaje no solo dependen de la cabeza. El cuerpo desempeña una parte integral en todos los procesos intelectuales, desde que estamos en el útero hasta que llegamos a la vejez. Los sentidos corporales proporcionan al cerebro la información ambiental con la que este se forma una idea del mundo de la cual obtiene el material para crear nuevas posibilidades, y nuestros movimientos no solo expresan el conocimiento y permiten una mayor función cognitiva sino que, de hecho, cultivan el cerebro conforme aumenta su complejidad.

Toda la estructura del cerebro está estrechamente conectada con los mecanismos de movimiento internos del cuerpo y son estos los que lo hacen madurar.

La manera en que, en un principio, adoptamos y asimilamos el aprendizaje está determinada por nuestra seguridad y por la calidad de las relaciones con nuestros padres, las personas que nos cuidan y nuestros hermanos. Si la madre se encuentra tensa, el embrión y el feto que aún no nace reaccionarán con movimientos reflejos básicos para sobrevivir y así se inicia el aprendizaje de la supervivencia.

Si, por el contrario, la madre se encuentra en paz y está alegre, llena de entusiasmo y de tal manera, aprendiendo, el embrión, feto o recién nacido se sentirá seguro y libre para explorar su cuerpo y el entorno a partir del movimiento y de los desafíos sensoriales.

En un ambiente seguro y protegido, los movimientos cada vez más complicados que entraña la exploración se vuelven terreno fértil para que el cerebro crezca y se desarrolle. Tal es la conclusión que sustentan, de un modo cada vez más detallado, las investigaciones de la neurociencia. Aunque aún es mucho lo que desconocemos sobre la conexión entre el cuerpo y la mente, en los últimos años hemos aprendido mucho y creo que el conocimiento tendrá un efecto poderoso en cómo criemos y eduquemos a los niños y en la forma en que nos contemplemos y aprendamos a lo largo de la vida. Necesitamos hacernos más conscientes de la función que desempeña el cuerpo en el aprendizaje. Así lo demuestran de forma contundente las investigaciones científicas.

Este libro intenta sumar esos nuevos descubrimientos a un concepto del aprendizaje más válido y dinámico. En particular, se busca aportar una luz que ilumine la infinidad de formas en que el movimiento y las emociones originan y sustentan los procesos mentales.

¿Qué encontraremos en este libro?

La primera parte, "Maneras de conocer", se enfoca en el cerebro y el desarrollo físico, es decir, la maduración de las capacidades con las que nacen el cuerpo y la mente. La inteligencia, que con tanta frecuencia se considera solo una cuestión de habilidad analítica, medida y valorizada en puntos de cociente intelectual, depende más del cuerpo de lo que, por lo general, nos damos cuenta. El movimiento físico y la seguridad emocional, desde nuestros primeros años y durante toda la vida, desempeñan un papel importante en la creación de redes neuronales que son básicas para el aprendizaje. Exploraremos tres tipos de procesamiento cuerpo-mente, distintos pero relacionados entre sí: sensación, emoción y pensamiento. El conocimiento se funda en las sensaciones que reciben los ojos, oídos, nariz, lengua, piel, propioceptores y otros receptores sensitivos que apenas estamos empezando a comprender. El cuerpo es el medio de este aprendizaje, ya que reúne todas las sensaciones que nos informan acerca del mundo y de nosotros mismos.

Después examinaremos los profundos vínculos que unen el cuerpo, la emoción y el pensamiento. La manera en que consideramos el proceso emocional se ha transformado a partir de las más recientes investigaciones sobre el cerebro y el corazón. Lo que ha surgido es un nuevo panorama de emociones, en la forma de un sistema cuerpo-mente que optimiza el crecimiento del cerebro y aporta información importante para los procesos del razonamiento, así como un sistema inmunológico saludable.

A continuación, llevaremos nuestra atención al pensamiento y a la necesidad de moverse para fijar el pensamiento y construir las habilidades con las cuales expresamos nuestro conocimiento como aprendices de toda una vida. No importa qué tan abstracto parezca nuestro pensamiento, solo se puede manifestar mediante el uso de los músculos del cuerpo, al hablar, escribir, tocar música, hacer cálculos, etc. Nuestros cuerpos hablan, colocan la mirada en una página, sostienen el lápiz, tocan el instrumento.

En la segunda parte, "Nos movemos y aprendemos", partiremos de cero y veremos aumentar la importancia del movimiento y el juego. Exploraremos la razón por la cual movimientos integradores, tales como Gimnasia para el cerebro®, tai chi, yoga, canto, baile, tocar un instrumento musical e, incluso, juegos bruscos, estimulan el aprendizaje.

Por último, en la tercera parte, "Nutrir y proteger nuestros sistemas de aprendizaje", consideraremos la necesidad de manejar las tensiones, la nutrición y otros requisitos físicos para el aprendizaje. Como veremos, el estrés, además de sus ya muy difundidos efectos sobre la salud, es en extremo dañino para la capacidad de aprender. El estrés da lugar a muchos de los problemas de aprendizaje que observamos en esas personas que se catalogan como hiperactivas, con trastornos por déficit de atención (TDA), trastornos con déficit de atención por hiperactividad (TDAH), disléxicas y emocionalmente discapacitadas. Aquí obtendrá valiosas recomendaciones para reducir los efectos del estrés en su vida, por ejemplo, incrementar su contacto con los demás, practicar movimientos de integración y jugar.

¿Cómo empezó esta historia?

Mi fascinación con el papel del movimiento y el juego en el proceso del aprendizaje surgió a partir de los milagros que presencié en niños que habían sido denominados "discapacitados para el aprendizaje". Al trabajar con estos niños me di cuenta de que podían aprender con mayor facilidad cuando iniciábamos sus sesiones de aprendizaje con movimientos de integración sencillos, con todo el cuerpo, en un ambiente seguro y ameno para la exploración.

Mi fascinación continuó conforme yo misma experimenté mesuradamente una mayor facilidad para pensar, comunicar y aprender cualquier cosa que emprendía, desde escribir un libro hasta practicar el esquí en la nieve, todo por compartir con ellos esos movimientos.

Para mí nunca fue fácil aprender. Lo cierto es que si hoy fuera una niña y estuviera en la escuela, me etiquetarían enseguida como "discapacitada para el aprendizaje", o dirían que tengo "déficit de atención por hiperactividad", debido a mi incapacidad para aprender a leer antes de cumplir los diez años y a mi necesidad de moverme para aprender. Mi hija tuvo algunas de esas dificultades cuando iba a la escuela. Esa realidad me ayudó a entender por qué el movimiento es tan importante para consolidar el aprendizaje.

Me intrigaron tanto los cambios que esas sencillas actividades físicas de integración en un contexto ameno suscitaban en aquellos niños "discapacitados para el aprendizaje", que quise saber a qué se debían. Así comenzó la búsqueda que me ha llevado a reconocer que el movimiento activa el sistema nervioso de todo el cuerpo, haciendo que este sea el instrumento para el aprendizaje. Fue un gran paso, lejos de la idea de que todo el aprendizaje ocurre solo en el cerebro.

Si bien la ciencia moderna nos está ayudando a apreciar el papel del cuerpo y la necesidad de movernos y de jugar para un buen aprendizaje, es posible que la vida moderna se complique tanto, que eso dificulte sacar ventaja de tales descubrimientos. Los niños pasan ahora mucho tiempo frente a la televisión, las computadoras o juegos de video y, al igual que sus mayores, desarrollan estilos de vida que no dejan espacio a la práctica regular del ejercicio, a los juegos físicos espontáneos e imaginativos ni al contacto humano íntimo. Ahora, cuando nos movemos, tendemos a hacerlo como si fuera una competencia, de un modo tan compulsivo que nos arriesgamos a salir lastimados. Nuestra vida diaria es muy estresante. La sociedad está con miedo a la violencia personal y los medios de comunicación magnifican ese temor. Es posible que nos sintamos aislados e, incluso, deprimidos conforme disminuye la comunicación personal interactiva. Cada vez es más frecuente que las alternativas recomendadas para paliar el estrés, la hiperactividad y la depresión sean diversos tipos de drogas. Todos estos factores y muchos otros hacen que disminuya ostensiblemente la capacidad para aprender y, con ella, la habilidad para crear y alcanzar nuestro pleno potencial como seres humanos.

El primer paso para contrarrestar estas tendencias nocivas es entender la enorme capacidad innata para el aprendizaje que tiene el sistema cuerpo-mente y la función que cumplen el movimiento y el juego para activar esa capacidad. Me resulta infinitamente fascinante el despliegue de este panorama científico y creo que es de una inmensa importancia para nuestro futuro como individuos y como civilización global.

El movimiento y el juego mejoran de manera profunda no solo el aprendizaje, sino también la creatividad, el manejo del estrés y la buena salud. La inclusión de estos elementos puede tener (y ha tenido) un efecto inmediato en gente de negocios que necesita manejar las tensiones y seguir siendo productiva. También en las personas mayores, en su intento por mantener una mente clara, buena memoria y vitalidad. Lo mismo en el caso de los educadores, los profesores y los padres que se interesan en que sus niños obtengan buenos resultados, y en los niños y adultos a los que de antemano etiquetamos como "discapacitados para el aprendizaje", con "déficit de atención por hiperactividad" o "emocionalmente discapacitados", como si se tratara de verdaderas patologías. Estas personas han de encontrar opciones efectivas que no dependan de medicamentos para responsabilizarse de sí mismos, estimular sus capacidades para aprender, crear y llevar una vida próspera y feliz.

De tal modo, para iniciar este recorrido por el entendimiento, quisiera mencionar el milagro que observé, la sorprendente plasticidad nerviosa del sistema humano cuerpo-mente, en la transformación de una pequeña llamada Amy.

La transformación de Amy

Amy era una hermosa niña de 10 años, con largos rizos dorados y una sonrisa radiante. Tenía la estatura adecuada para alguien que va en quinto grado, pero caminaba cojeando, arrastrando una pierna detrás de la otra. Además, hablaba de un modo errático, con monosílabos, diciendo cosas que casi no tenían sentido. Había sufrido daños cerebrales por maltrato cuando tenía seis semanas de nacida. Sin embargo, el apoyo de su madre y de un buen padrastro la ayudaron a crecer y a ser una niña adorable y entusiasta.

Como Amy no sabía leer ni escribir ni se comunicaba bien, la escuela la puso en un salón de clases independiente, junto con cinco niños "emocionalmente discapacitados". Yo trabajaba como terapeuta de escuela primaria y me ofrecí para encargarme de tres de esos niños diariamente, durante el receso, para darle a los profesores la oportunidad de descansar un rato. Amy fue una de ellos. Los otros eran un par de niños de ocho años, uno considerado como retrasado mental (lo mismo que sus padres) y el otro, emocionalmente discapacitado, debido a sus estallidos de violencia.

Formábamos un grupo acogedor en mi oficina, que era del tamaño de un clóset grande y, para mí, aquella fue una experiencia memorable. Durante la primera semana reestructuré a cada niño utilizando el replanteamiento de lateralidad de Dennison. A partir de ese día, siempre dedicábamos cinco minutos, en plan de juego, a actividades de Gimnasia para el cerebro®. Se trata de movimientos físicos sencillos (que describiremos en el capítulo 7), los cuales activan todas las funciones cerebrales, en especial las zonas de los lóbulos frontales. También bebíamos mucha agua.

Después de eso, salíamos y pateábamos un balón de futbol soccer durante diez minutos. A los niños les encantaba; Amy perseguía la pelota dando agudos chillidos y riéndose a carcajadas. Si llovía, pasábamos el rato platicando, dibujando y cantando. Siempre nos estábamos riendo. A veces les leía cuentos; en otras ocasiones, inventábamos historias juntos, haciendo toda clase de voces chistosas y dialectos raros. Con frecuencia, pintábamos y actuábamos.

Si surgía una pelea, había puesto una regla que consistía en que durante dos minutos debíamos adoptar una postura de Gimnasia para el cerebro® que se llama Ganchos, todos sentados. Una vez que se habían aquietado e integrado de ese modo, los niños eran capaces de expresar con responsabilidad su frustración o su necesidad. Este proceso estimulaba expresiones emocionales más templadas y liberaba sus tensiones. Sentarse en ganchos constituía una herramienta interpersonal de gran valor, que cultivaba honestidad, sin temor o violencia.

Nos volvimos todos muy buenos amigos y nuestras actividades diarias eran una rutina. A los dos meses de que comencé a trabajar con Amy, su madre llamó para darnos muy gratas noticias. Su pediatra estaba sorprendido porque, de repente, ella podía hablar con frases enteras. Yo había estado tan cerca de Amy, que sencillamente no había notado el cambio.

Pasó el tiempo y Amy comenzó a tener también contacto con el balón; de hecho, lo pateaba, así los chicos disfrutaban más que ella participara en el juego. Había disminuido su cojera y Amy podía patear el balón "derecho, como flecha". A ella le encantaban los caballos, pero el que me dibujó el primer día que pasamos juntos solo parece caballo en el color. En cambio, el que me regaló cuando concluyó el año escolar era claramente un caballo.

Después de cinco meses, Amy leía como un niño de segundo grado y le gustaba escribir. A los siete meses nos contó una convincente mentira que demostraba su capacidad para acceder a un razonamiento creativo de un nivel más alto. Para cuando terminó el ciclo escolar, ya leía con una calidad muy cercana al nivel de su grado, escribía historias llenas de imaginación y se podía comunicar de manera efectiva.

Había estado en la escuela durante cinco años y apenas había tenido un pequeño avance bajo la atención de excelentes maestros. El repentino salto de sus capacidades coincidió con que a sus experiencias cotidianas se le agregó movimiento, ya fuera como Gimnasia para el cerebro®, futbol soccer, pintura, música o el juego con otros niños. También los otros chicos manifestaron un notable progreso en su desempeño académico durante ese año debido, quizá, a la atención y al animado contacto que tuvimos los cuatro. Asimismo, mejoró su capacidad para mantenerse calmados y para contener sus emociones cuando estas eran desafiadas por alguna situación. Esa experiencia reforzó ampliamente mi convicción de que el movimiento, el juego y el contacto interpersonal son, de algún modo, esenciales para el aprendizaje. Me fui dando cuenta cada vez más de que, cuando se trata de aprender, el cuerpo es tan importante como el cerebro. Eso me llevó a la formulación de muchas interrogantes y de un constante estudio que derivó en este libro. Había sido testigo de importantes logros académicos de niños y adultos después de que practicaron movimientos de Gimnasia para el cerebro®, pero la experiencia de Amy demostró una habilidad en aumento en todo lo que ella hacía.

Era fascinante y al mismo tiempo desconcertante. Hemos pasado años y hemos destinado muchos recursos a enseñarle a las personas cómo aprender y, sin embargo, las calificaciones que miden los logros acusan una decaída, mientras que el analfabetismo va en aumento. ¿No se deberá a que uno de los elementos clave que omitimos es, sencillamente, el movimiento?

Mi curiosidad me llevó a un examen más cercano del laberinto de la neurofisiología, la cual había estado enseñando en la universidad durante varios años. Mi búsqueda abarcó la base de información exponencialmente creciente acerca de la función cuerpo-mente y el vínculo esencial que tenían el movimiento, los sentidos y la emoción con el aprendizaje efectivo. Es hora de que veamos seriamente nuestros propios conceptos equivocados acerca del cuerpo. En tanto que hacemos esto, podemos liberar al sistema cuerpo-mente, de modo que pueda reclamar su infinito potencial para el aprendizaje, el pensamiento y la creatividad.

Capítulo 2

Redes nerviosas: supercarreteras al desarrollo

El cultivo de la mente humana sigue siendo una gran aventura.
En muchos sentidos es la mayor de las aventuras.
Norman Cousins

El marcado progreso de Amy fue milagroso para todos los que teníamos relación con ella, pues nos mostró que era, ante todo, un espíritu valiente. A la vez, su mejoría me dio una profunda y esperanzadora visión de la enorme plasticidad y capacidad autocurativa del sistema cuerpo-mente del ser humano. La naturaleza humana tiene, de por sí, un gran poder de adaptación y mucha flexibilidad. Como especie, nos hemos adaptado con éxito a una amplia variedad de climas, desde la húmeda selva ecuatorial hasta la tundra ártica. La plasticidad de nuestro sistema cuerpo-mente nos permite adaptarnos y construir una casa en un árbol o hacer un iglú.

La plasticidad neuronal es una beneficiosa característica intrínseca del sistema nervioso que nos ofrece la capacidad de aprender y adaptarnos, como respuesta ante el peligro, es decir, reaprender. Desde poco después de la concepción y a lo largo de toda la vida, el sistema nervioso se halla en un dinámico cambio, mediante el cual se organiza a sí mismo. No sigue un plan maestro determinado y nunca se queda estático. Desarrollamos la red nerviosa como respuesta directa a nuestras experiencias. La habilidad y el creciente potencial maduran de la mano. Conforme crecemos, moviéndonos, aprendiendo, las células del sistema nervioso se conectan en patrones altamente complejos de vías nerviosas. Esos patrones se organizan y reorganizan durante toda la vida, lo cual nos permite una mayor capacidad para recibir estímulos externos y llevar a cabo los miles de oficios que implica una vida humana (Clifford, 1999; Schwartz y Begley, 2002).

Esta plasticidad le confiere al sistema nervioso un potencial enorme para el cambio y el crecimiento. Cuando las neuronas se dañan, como le sucedió a

Amy, otras neuronas pueden "echar una mano" y tomar a su cargo la función que se ha perdido. También vemos esto, de un modo impresionante, en las personas que han sufrido un ataque cerebral y son capaces de reorganizar su sistema nervioso para restablecer las funciones perdidas, como el habla.

Los nervios no solo se reestructuran a sí mismos para reparar un daño, lo cierto es que hasta el día en que morimos siguen surgiendo nuevas neuronas de los "tallos celulares" nerviosos que se encuentran en los ventrículos del cerebro (parte de lo que denominamos sistema límbico). A partir de estos tallos celulares se forman alrededor de seis mil nuevas neuronas al día, principalmente en dos zonas del cerebro: el hipocampo, una estructura crucial para el aprendizaje y la memoria, y los bulbos olfatorios, que reciben la señal de las células que, en la nariz, perciben los olores y que también tienen relación con la memoria (Kempermann y Gage, 1999; Álvarez-Buylla y García Verdugo, 2002; Eriksson *et al.*, 1998; Gage, 2003).

Los investigadores que han trabajado con roedores y aves han descubierto que las células nerviosas prosperan en respuesta a un entorno seguro, complejo y con calidad, donde haya espacio para moverse y explorar, aire fresco, buena comida y agua, compañeros de juego y juguetes. Estas condiciones ofrecen mayores oportunidades para aprender, más interacción social y espacios para explorar y vivir en ellos. En su intento por comprender cuál era la faceta específica de un entorno fértil que más estimulaba el crecimiento de las células nerviosas, los investigadores descubrieron que los movimientos integrados contralaterales de los roedores que corrían a voluntad en ruedas giratorias duplicaron la cantidad de nuevas células nerviosas para su supervivencia. Los movimientos integrados hechos a voluntad parecían ser la clave. No sucedió lo mismo cuando los animales fueron obligados a correr en la rueda giratoria. Lo cierto es que a los que se les forzó a trabajar perdieron células nerviosas. En los experimentos con monos, los investigadores descubrieron que la mera repetición de una conducta no determina que se aprenda.

Las conexiones nerviosas solo se pueden modificar y cultivar cuando hay una total atención y uno concentra su interés en lo que hace. En tres semanas podemos obtener una mejoría de diez veces más en cualquier cosa que hagamos si nos conectamos emocionalmente y mantenemos nuestro interés enfocado (Clifford, 1999).

El movimiento, la exploración y la interacción que se ponen en marcha por propia iniciativa y la experiencia física que se emprende por el gusto y por el reto que representan propician la neurogénesis (el desarrollo nervioso) que ha de durar toda una vida (Van Praag *et al.*, 1999; Gould, *et al.*, 1999; Greenough, *et al.*, 1991). Las personas mayores que acostumbran bailar disminuyen en 76% el riesgo de padecer demencia o la enfermedad de Alzheimer y quienes tocan algún instrumento musical disminuyen ese riesgo en 69%. Se trata de dos actividades que involucran mucho al cuerpo, utilizan movimientos integrados contralaterales, son recreativos y estimulan el sistema de la memoria (Verghese, *et al.*, 2003; Churchill *et al.*, 2002). Se descubrió, asimismo, que la terapia consistente en participar en juegos bruscos reducía la hiperactividad de los niños que presentaban "trastornos con déficit de atención por hiperactividad" (Panksepp, *et al.*, 2003). Estos hallazgos enfatizan la importancia del movimiento y el juego para el crecimiento y la formación de nuestro mecanismo de aprendizaje.

¿Cómo aprendemos?

En esencia, la salud de los nervios tiene que ver con el aprendizaje. El cerebro de un recién nacido, por lo general, está apenas organizado, responde a los sonidos y a la gravedad y está dispuesto a asimilar o rechazar el mundo material. Aunque todos variamos en nuestra composición genética tenemos, básicamente, el mismo inmenso potencial. Si recibimos la cantidad adecuada de nutrientes, oxígeno, estímulos y libertad para movernos, todos diseñaremos y rediseñaremos sistemas nerviosos complejos… y ni pensaremos en ello. La plasticidad inherente y la capacidad de la mente son asombrosas. Muchos creen que los seres humanos ni siquiera hemos comenzado a desarrollar todo el potencial mental de que somos capaces.

El aprendizaje avanza conforme interactuamos con el mundo. En tanto que recibimos los estímulos sensoriales y empezamos a movernos, nuestras neuronas forman extensiones, llamadas dendritas, con otras neuronas. Las extensiones dendríticas ponen a la célula nerviosa en comunicación con otras células nerviosas. Los grupos neuronales forman patrones de comunicación que se convierten en vías y, con el uso, en supercarreteras por las cuales podemos tener fácil acceso al mundo y actuar en él.

En realidad, los procesos mediante los cuales las células nerviosas se conectan y forman redes son el aprendizaje y el pensamiento. A medida que se forman asociaciones y se sintetiza la información, las vías se convierten en redes complejas que se pueden modificar conforme el sistema se organiza a sí mismo de un modo cada vez más complicado.

Neuronas

Para seguir adelante con nuestra historia del aprendizaje, necesitamos echar un vistazo de cerca a ciertos personajes muy importantes, las neuronas. Se trata de células nerviosas especializadas, adaptadas de forma específica para la transmisión de mensajes eléctricos que recorren todo el cuerpo. Se cree que el sistema nervioso humano consiste en 10^{11} neuronas, aproximadamente, el mismo número de estrellas que hay en la Vía Láctea. No existen dos neuronas idénticas, sin embargo, su manera de funcionar se circunscribe a unas pocas categorías (Stevens, 1979).

Hay tres tipos principales de neuronas: sensitivas, intermediarias y motrices. Las neuronas sensitivas aportan información sensorial al sistema nervioso central (el cerebro y la médula espinal) desde todas partes del cuerpo: la piel, los ojos, los oídos, la lengua, la nariz y los propioceptores. Estos últimos son órganos sensitivos que reemiten información acerca de la posición o la tensión de un músculo o la actividad de las articulaciones y el equilibrio. Los propioceptores se localizan a lo largo de todos los músculos, tendones, articulaciones y los mecanismos del oído interno.

Las neuronas intermediarias tienen una función de red. En la médula espinal y el cerebro, las neuronas intermediarias (asociativas) retransmiten información por medio de sus dendritas hacia las redes de otras neuronas intermediarias que están por todo el cerebro (Tortora y Anagnostakos, 1990). La gran red intermediaria de neuronas asociativas representa 99.98% de todas las neuronas del sistema nervioso central (SNC). Son las que reúnen toda la información, la procesan y, entonces, animan al cuerpo, los músculos y las glándulas para que respondan por medio de las neuronas motrices (Scientific American, 1979). Se puede considerar que la gran red intermediaria es el *centro de mandos* y que tiene acceso instantáneo a toda la red de información del cerebro.

Una vez que se procesa la información, la gran red intermediaria empieza su acción enviando mensajes a las neuronas motrices adecuadas que tienen su origen en el cerebro. Las neuronas motrices llevan los mensajes desde el SNC a los músculos y glándulas para que estos activen sus funciones. Todas las acciones requieren la activación de las neuronas motrices. Para los movimientos motores más burdos como, por ejemplo, balancear el brazo derecho hacia atrás y adelante, una sola neurona motora puede estimular o causar la contracción simultánea de 150 a 2000 fibras musculares. Para movimientos más precisos, una neurona estimula a menos de diez fibras musculares. Esta distribución más concentrada permite un control más exacto para las acciones musculares que requieren habilidades de alto nivel, como las de un pianista concertista o un cirujano especialista en el cerebro (Tortora y Anagnostakos, 1990).

Varios manojos de neuronas forman los nervios, como el nervio ciático, que es un conducto de millones de neuronas, tanto sensitivas como motrices, que proveen la innervación de las piernas y los pies.

Todas las estructuras de una neurona participan en la guía y la programación del comportamiento de un organismo (Scientific American, 1979: 49). El cuerpo de la célula contiene un núcleo y otros pequeños órganos importantes. Por lo regular, los cuerpos de las células están alojados en la protección ósea de la columna vertebral y el cráneo, ya que ahí se encuentran todas las herramientas genéticas y regenerativas que requiere la célula.

Las dendritas son las extensiones gruesas del cuerpo de la célula que tienen múltiples ramificaciones. Estas reúnen información y conducen impulsos hacia el cuerpo de la célula. El axón es una fibra larga y delgada que conduce los impulsos nerviosos para llevarlos lejos del cuerpo de la célula hasta otra neurona, un músculo o una glándula. Conforme se utilizan las neuronas, van depositando por todo el axón una cobertura segmentada que se llama mielina, formada por múltiples capas blancas, fosfolípidas (grasosas); esta incrementa la velocidad de la transmisión del impulso nervioso y aísla, protege y auxilia la regeneración del axón si el nervio sufre algún daño.

La primera vez que aprendemos algo todo marcha muy lento, como quien avanza por un terreno donde no hay brechas, pero cuando las neuronas se activan repetidas veces es mayor la cantidad de mielina que se produce y por eso la transmisión se hace más rápida. Cuando las neuronas tienen mucha mielina, los impulsos viajan a 100 metros por segundo, por lo tanto, cuanto más se practica, más mielina se produce y el procesamiento se vuelve más veloz, como cuando uno conduce a gran velocidad por una autopista. Los investigadores han descubierto que las capas más gruesas de mielina se producen en cerebros más grandes y mejor dotados para coordinar rápidas decisiones de percepción. Las capas más gruesas de mielina dan fe de una mayor inteligencia (Posthuma y Luciano, 2003). La mielina es responsable del color de la sustancia blanca del cerebro, la médula espinal y los nervios de todo el cuerpo. Las fibras nerviosas que carecen de mielina se ven grises y, junto con los cuerpos de las células, constituyen la sustancia gris del cerebro y de la médula espinal.

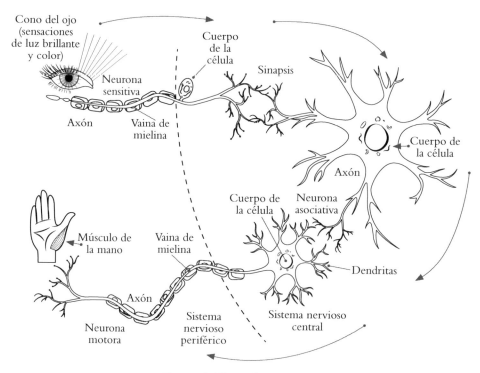

Figura 1. Tipos de neuronas.

La esclerosis múltiple y la enfermedad de Tay-Sachs se relacionan con la destrucción de las vainas de mielina (Tortora y Anagnostakos, 1990). La película *Un milagro para Lorenzo (Lorenzo's Oil)*, basada en una historia real, trataba acerca de una rara enfermedad que destruía la mielina de las neuronas. Dos padres amorosos decidieron no creer en el diagnóstico terminal de la enfermedad, estudiaron la composición de la mielina y lograron detener el mal. Luego, empleando ácidos grasos específicos (aceites), pudieron ayudar a la reformación de la mielina perdida. Una vez más, hablamos de un ejemplo de la notable capacidad de recuperación del sistema nervioso.

Algunos neurotransmisores de información son estimulantes y aumentan la transmisión del mensaje disminuyendo el potencial de la membrana o la polaridad iónica a través de la membrana. Otros son inhibidores y bajan la transmisión del mensaje al elevar el potencial de la membrana. Más adelante hablaremos del potencial de la membrana y de los neurotransmisores específicos. En las sinapsis es donde actúa la mayoría de las drogas que afectan al sistema nervioso y muchas enfermedades psiquiátricas se deben a trastornos de la comunicación sináptica (Tortora y Anagnostakos, 1990).

Al final de los axones están las teledendritas (árboles telefónicos) con sus botones terminales. En los extremos de estos botones terminales están las vesículas sinápticas que contienen químicos específicos, llamados neurotransmisores. Una vez que se activan, los neurotransmisores cruzan el espacio (sinapsis) que hay entre la neurona y los sitios receptores que están sobre la membrana de la célula de la neurona, músculo o glándula al cual se dirigen para estimular o inhibir la activación de esa membrana. La información se transfiere de una célula a otra en estos puntos de contacto especializados. Los nervios reciben un baño de químicos de información (transmisores, péptidos, hormonas, factores y ligaduras de proteínas) que los vinculan con los sitios receptores de las neuronas y disparan la función nerviosa (Pert, 1997: 135-148).

Los mensajes se transmiten químicamente por medio de las sinapsis al cuerpo de la célula y eléctricamente por todo el axón de la fibra nerviosa hasta la terminación de la teledendrita. Para darnos una mejor imagen del proceso, esbozaremos una serie de eventos que ocurren cuando, por accidente, ponemos el pie sobre una piedra filosa. Las dendritas en los receptores

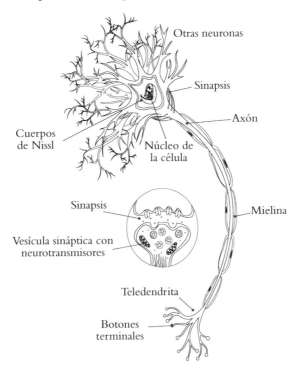

Figura 2. Neurona motora.

de dolor sobre la planta del pie captan el estímulo. Los mensajes de las dendritas se transmiten a lo largo del cuerpo de la célula y por todo el axón hasta la teledendrita y los botones terminales. De las vesículas sinápticas salen los neurotransmisores que atraviesan la sinapsis y así se activan los sitios receptores de la siguiente neurona que, por lo general, es una intermediaria en la médula espinal. Esta neurona contacta, vía sinapsis, con una neurona motora, cuyo axón lleva el mensaje a los músculos del pie, para sugerirles que no se apoyen demasiado sobre esa piedra. Al mismo tiempo, la neurona intermediaria se conecta con otra intermediaria que lleva el impulso a la corteza sensitiva del cerebro, donde uno se hace consciente de que aquella piedra filosa está debajo del pie.

Esta es la manera en que el cuerpo establece la comunicación entre el entorno externo y el interno. Esa constante comunicación molecular se puede reestructurar, dependiendo de su uso, para pasar por un cambio coherente y sincronizado conforme se asimila un aprendizaje. La maravillosa flexibilidad del sistema nervioso ofrece sitio a una gran diversidad de habilidades. El cuerpo puede desarrollar redes nerviosas para darle soporte al control muscular fino y al sentido musical que requiere un pianista o para la agudeza espacial que aplica un pintor. Depende en gran parte de cada persona. En cierta forma, diseñamos a la medida nuestro propio sistema nervioso, para que reúna las exigencias y necesidades de nuestros intereses y estilos de vida.

Redes nerviosas

Durante los procesos del pensamiento y el recuerdo y al estar mental y físicamente activos cultivamos nuevas dendritas, a partir de proteínas sinterizadas en los cuerpos de Nissl, al interior del cuerpo de la célula de la neurona. La cantidad de esas nuevas dendritas puede variar, desde menos de 12 hasta más de mil por célula nerviosa; actúan como puntos de contacto y abren nuevos canales de comunicación con otras neuronas en el momento del aprendizaje (Chopra, 1989: 26-50). Su función es absolutamente esencial porque, como observa Solomon Snyder (1985: 33), "la comunicación entre las células o los grupos de células es crucial para la supervivencia de cualquier organismo multicelular". En la figura 3 se puede ver el desarrollo de una red nerviosa.

Las dendritas crean redes de vías nerviosas que se interconectan de un modo cada vez más complejo y, a través de ellas, reacciones y pensamientos

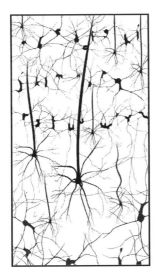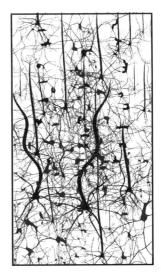

Figura 3. Redes nerviosas en un recién nacido
y en un bebé de dos meses de edad.

viajan en forma de impulsos electroquímicos. Estas vías constantemente desarrollan ramas. Si el estímulo persiste, las dendritas seguirán ramificándose. Cuando cesa el estímulo, se detiene la ramificación. Las vías cambian momento a momento durante toda nuestra vida (Diamond, 1988: 67-77) y, en esencia, forman solamente unas cuantas conexiones permanentes en las sinapsis con ciertas células en especial. Las experiencias subsecuentes pueden hacer que también esas sinapsis se modifiquen. Muchas conexiones sinápticas se establecen en cuanto ocurre un nuevo aprendizaje. Después, estos vínculos se cortan de un modo específico que incrementa la eficiencia del pensamiento (Lichtman *et al.*, 1994). Las neuronas pueden tener desde mil hasta diez mil sinapsis y recibir información de otras mil neuronas. Las que más conexiones tienen (en promedio 300 mil) se localizan en el cerebelo, que es el centro primario de movimiento en el cerebro, lo cual apunta, una vez más, a la importancia que para el aprendizaje tienen el movimiento y la experiencia (Stevens, 1979).

La gran red intermediaria

Según lo que actualmente comprendemos de la gran red intermediaria, la podríamos comparar con una red de información sin estructura, libre de formas, que utilizara procesadores paralelos simultáneos. Mientras que los impulsos eléctricos viajan a través de los circuitos de una computadora un millón de veces más rápido de lo que lo hacen los pulsos electrofisiológicos en una neurona, la computadora suele estar limitada a un solo procesador. No importa qué tan rápido sea ese procesador, uno solo terminará por saturarse de información y se suscitará un embotellamiento. Incluso, los intentos por desatascar esos embotellamientos utilizando procesadores paralelos de alta capacidad acabarán por convertirse en problemas para manejar esa información. Es muy difícil diseñar programas que puedan evitar el efecto del cuello de botella, es decir, evitar que algunos circuitos estén demasiado ocupados mientras otros están libres.

La gran red intermediaria no tiene esas limitaciones. A través de la compleja interconexión de las neuronas, aun cuando los impulsos sean muy lentos, se crea una verdadera red de información con forma libre, de modo que toda la información que hay en el cerebro está disponible en cualquier momento y desde cualquier punto. La comparación y el manejo de la información son, en verdad, simultáneos, sin que ocurran atascos de manera natural.

Tomemos una típica base de datos de información, por ejemplo una lista de correos. Esta reúne todos los datos aplicables (un subjuego de toda la información disponible), la compila en una sola colección y la almacena en la repisa de una biblioteca junto a muchas otras bases de datos. La única manera en que se pueden compartir extractos de información entre diferentes bases de datos de esa repisa es compilándolas de manera separada en las otras bases de datos que sean pertinentes. En tanto que la información que contienen las diversas bases de datos siga siendo precisa, no habrá problemas para manejarla. Sin embargo, cuando una base de datos se vuelve obsoleta, hay que reunir y volver a compilar datos nuevos de manera manual entre la colección ya existente para crear una nueva base de datos. Lo mismo tendrá que hacerse en el caso de todas las demás bases de datos que sea necesario actualizar y, así, el proceso de reunir y compilar continúa con el mismo afán de siempre ante la llegada de nueva información.

No obstante, la gran red intermediara es una verdadera red de información sin forma definida, que se mueve de un modo u otro según lo requiera la situación. No importa si se trata de un cerebro viejo. Toda la información —no solo uno o varios subjuegos— se actualiza de inmediato y ya está lista para ser utilizada, así como para auxiliar en el aprendizaje y el desarrollo. Mediciones realizadas con tomografía por emisión de positrones

(TEP) y con resonancia magnética nuclear (RNM), hechas en un intervalo no mayor a una semana, muestran cambios en cómo el cerebro opera sobre una misma situación o problema (Holloway, 2003). Consideremos un ejemplo sencillo, acabamos de conocer a alguien en un baile. La información de que disponemos —nombre, apariencia, el contenido de su conversación, el movimiento de su cuerpo al bailar, el entorno, el contexto emocional, etc.— se almacena a lo largo de toda la gran red intermediaria, relacionándose de un modo libre con toda la información ya existente. Cuando más adelante nos volvamos a encontrar con esa misma persona, la red se actualizará de inmediato con nueva información. La gran red intermediaria es tan flexible que, en realidad, no se asemeja en nada a una computadora. La programación y adaptación de un cerebro se llevan a cabo de un modo muy ágil y, por lo general, hay muchas vías alternas para procesar la información.

Si miramos las neuronas más de cerca con este gran sistema de procesamiento de la información, podemos apreciar mejor lo flexible que es el cerebro y comprobar que es absurdo compararlo, incluso, con las computadoras más avanzadas. En una computadora, la ubicación para la memoria más pequeña es 1 o 0 (encendido o apagado). Sin embargo, en el cerebro, la ubicación de memoria más pequeña (una neurona) representa en sí una computadora; tal es la cantidad de información que recibe en ese solo punto, que la neurona no es solo una simple computadora, sino una computadora que se adapta y cambia constantemente según lo que recibe.

El sistema nervioso es muy complejo, por una parte, debido a la cantidad de conexiones que tiene y, por otra, porque algunas sinapsis inhiben a la neurona a la que se dirigen mientras que otras las estimulan. El balance específico de fuerzas e información determina la manera en que opera esta exquisita sociedad organizada de neuronas. Con un estimado de un cuatrillón de conexiones nerviosas dentro del cerebro, en cualquier momento la combinación posible de mensajes que brincan por las sinapsis supera la cantidad de átomos que hay en el universo conocido (Chopra, 1989: 50).

Si comparamos las redes nerviosas con redes de personas, la conexión es el resultado de conexiones específicas (es decir, quiénes son nuestros contactos) y del tipo de interacciones sinápticas (lo que nos dice cada uno de ellos y lo que permitimos que el contacto siguiente conozca de lo que dijo el anterior) (Masland, 1986). El cerebro es un sistema de sistemas. Las neuronas se organizan en redes locales, las cuales se integran a regiones y estructuras dentro del cerebro, de modo que este trabaja en conjunto, como sistemas.

Construcción de patrones básicos

Para ilustrar de manera gráfica el modo en que formamos una estructura base de neuronas y sobre ella construimos nuestra vida, examinemos cómo se desarrollan las habilidades artísticas. Empezamos por hacernos sensorialmente consciente de la naturaleza, estableciendo en el cerebro estructuras nerviosas que representan esa conciencia. Estas estructuras se elaboran conforme asimilamos el mundo por medio del tacto, el sonido, el olfato, el gusto y la vista. Las áreas del cerebro que reciben los estímulos sensoriales del tacto comienzan a conectarse, por zonas de asociación, con aquellas que reciben el sonido y la vista. Estos contactos nos permiten tener una referencia cruzada de la experiencia y nos reportan una comprensión básica familiar de la naturaleza y de nuestra singular realidad subjetiva.

A medida que desarrollamos las habilidades motrices, la realidad sensorial se puede traducir en un movimiento de todo el cuerpo o en el movimiento específico de una mano. A partir de nuestras imágenes internas y del estímulo sensorial directo comenzamos a dibujar lo que experimentamos.

Quizá nuestros primeros dibujos sean manchones de color que representen nuestra conciencia sensitiva y las emociones. Al mismo tiempo, por medio de la coordinación de la mano y el ojo, aquella guía a la mirada en una danza que personifica nuestra comprensión táctil y cinética del mundo. A continuación, exploramos la línea y dibujamos a las personas y las cosas que hay alrededor, siempre con la referencia de nuestra comprensión básica del tamaño y el espacio. Esta comprensión se deriva de los patrones básicos que se establecen por medio de nuestra experiencia de la gravedad y de los sentidos táctiles y propioceptivos que se integran con la visión.

El conocimiento se expande cuando a nuestra comprensión del mundo tridimensional le aumentamos las técnicas aprendidas que nos permitan representar la perspectiva. Esto se elabora con el tiempo, conforme desarrollamos más terminales nerviosas en las manos y afinamos la coordinación motora. Los patrones básicos se integran más y el ojo se convierte en una ventana en la que podemos confiar para entender el mundo. Entonces, el ojo guía a la mano por medio de la coordinación de ambos mientras dibujamos lo que vemos, refiriéndonos ahora a la realidad que hemos adquirido, más que a nuestra mano.

El arte esencial se produce cuando logramos incorporar toda la estructuración básica derivada de nuestro conocimiento del mundo por medio de los sentidos, las emociones, el movimiento y las habilidades técnicas para crear algo que trasciende y difiere de nuestra realidad. Es desde este lugar de juegos donde el cerebro integrado y enriquecido con estructuras básicas busca nuevas posibilidades, que el artista que hay en cada uno de nosotros alcanza su culminación.

Mientras las redes nerviosas siguen en construcción y modifican nuestra estructuración básica a lo largo de la vida, así se incrementan la excelencia y la complejidad. Sin embargo, por muy grandes artistas que lleguemos a ser, aun en nuestra vejez seguiremos refiriéndonos a las estructuras básicas que desarrollamos cuando niños, pues por medio de las cuales asimilamos y entendemos nuestro mundo.

Como cualquier aprendizaje, el desarrollo de una habilidad se inicia con el establecimiento de la comprensión básica del mundo a través de los sentidos, las emociones y el movimiento. A estos modelos básicos les añadimos nuevos aprendizajes en forma de redes nerviosas cada vez más complejas. Estas estructuras básicas nos dan un marco referencial de información, a partir del cual se elaboran nuevas redes nerviosas para aumentar nuestra comprensión y nuestras habilidades durante toda una vida.

Remodelación del cerebro

La mayoría de las vías nerviosas se desarrollan mediante la estimulación y la experiencia que se obtienen de la interacción con el ambiente. Esto es particularmente cierto en el caso de las personas que están más abiertas a descubrir nuevas ideas y situaciones. Como señala Michael Merzenich (1995), "cada vez que adoptamos una nueva conducta el cerebro se remodela". El cerebro conserva esa capacidad incluso en la vejez. "En un cerebro sano", escribe Deepak Chopra (1989), "la senilidad, físicamente, no es normal". Cuanto más aprendizaje activo mantenga una persona, menos probable será que muestre síntomas de la enfermedad de Alzheimer.

Las actividades física e intelectual desarrollan un excedente de tejido cerebral que sirve para compensar daños. Mientras más usamos el sistema cuerpo-mente, más se desarrolla. Aprender o reparar una lesión nerviosa ocasiona que se refuercen las conexiones entre las neuronas, se creen más conexiones y se estimule la capacidad de cada neurona para comunicarse químicamente (Levin y Grafman, 2000: 35).

Tuve la fortuna de conocer a Brandy Binder, a quien le extirparon todo el hemisferio derecho del cerebro a los seis años de edad, debido a que sufría graves ataques de apoplejía. Entre los seis y los 18 años, ella pasó mucho tiempo con terapeutas y asesores de Gimnasia para el cerebro®, practicando juegos de integración y estimulación con mucha actividad sensitiva y motora.

En su casa, con su familia, tuvo mucho apoyo, cariño y oportunidades para retozar. A los 18 años, esta bella y muy bien educada chica bailaba sin problemas, cantaba, montaba a caballo, caminaba y escalaba sin cojear y se veía tan normal como cualquier joven de su edad. Ya había ganado dos importantes concursos de pintura, aun careciendo del hemisferio derecho del cerebro, y se había graduado con éxito en la escuela; tenía muchos amigos y muy buenas calificaciones, aunque algunos de sus procesos de memoria eran más lentos de lo normal (Roberts, 1997).

Cuando alguien sufre un ataque, incluso donde se encuentran las neuronas permanentemente dañadas en la parte afectada del cerebro, los registros hechos con TEP muestran que la víctima se puede recuperar (Golden, 1994).

Según Stanley Rapoport, jefe del Laboratorio de Neurociencias del Instituto Nacional para la Vejez en Estados Unidos, los cerebros que tienen mayor edad, en realidad, se vuelven a "cablear" por sí mismos para compensar sus pérdidas; pueden transferir la responsabilidad de ciertas tareas de una región del cerebro a otra (Schrof, 1994: 94).

La plasticidad y la delicada organización del sistema nervioso nos ofrecen una ventana para asomarnos al potencial que tenemos para aprender y curarnos de por vida. Cuando Amy y Brandy comenzaron a utilizar de un modo activo y consistente todos sus sentidos y les añadieron movimiento, fueron capaces de reorganizar sus redes nerviosas con mayor complejidad y eficiencia. Donde parecía haber un par de niñas con serias discapacidades físicas y para el aprendizaje, florecieron dos jóvenes que tan solo acusaban ciertas dificultades para aprender. Al vencer los retos, la complejidad y eficacia de sus sistemas nerviosos se desarrollaron. Cuentan con el equipo y las herramientas integradoras del sistema nervioso para procurarse un crecimiento y una reorganización continuos. Amy y Brandy nos recuerdan que todos estamos en proceso de convertirnos en alguien. Entonces, ¿por qué limitarnos con etiquetas como "discapacitado para el aprendizaje", "discapacitado emocional" e incluso "retrasado mental"?

Capítulo 3
Experiencia sensorial

El aprendizaje está en la experiencia.
Todo lo demás solo es información.
Albert Einstein

Quizá pase mucho tiempo antes de que podamos desentrañar los fascinantes misterios de la mente humana, si es que llegamos a hacerlo; misterios del pensamiento, las emociones, el aprendizaje, la imaginación, la creatividad y las muchas y maravillosas capacidades que cada persona posee.

Pero hay cosas que sí entendemos gracias al cúmulo de observaciones e investigaciones neurocientíficas de los últimos años. Estos nuevos descubrimientos ayudan a señalar un camino para el completo desarrollo de nuestras habilidades.

Un área que aporta hallazgos de largo alcance es la investigación del desarrollo del cerebro y su total interdependencia con el resto del cuerpo. A nuestro conocimiento de este desarrollo se ha sumado la luz de nuestra capacidad para observarlo, incluso antes del nacimiento, cada vez con mayor detalle.

La historia del desarrollo del cerebro es, de por sí, intrigante, pero lo que la hace aun más fascinante es lo que nos revela de la evolución de las capacidades de la mente humana.

Todo lo que sabemos, sentimos, aprendemos y pensamos está modelado por la manera en que lo sabemos, lo sentimos, lo aprendemos y lo pensamos. El modo en que hacemos estas cosas, a su vez, depende de los sistemas sensitivo y motor, que median entre nuestra experiencia del mundo y la de nosotros mismos. Estos sistemas, el sensitivo y el motor, dan forma a nuestra experiencia y son modelados por esta. De modo que si queremos entender cómo funciona el aprendizaje, necesitamos ver la manera en que operan estos sistemas.

Las sensaciones como información

El pensamiento, la creatividad y el aprendizaje surgen de la experiencia. Cada vez que tenemos una experiencia llevamos información a las redes nerviosas y las construimos. Eso nos permite utilizar la información para entender mejor el mundo y medrar en él. Un componente importante de la experiencia es el estímulo sensorial que nos llega del entorno a través de los ojos, los oídos, las papilas gustativas, la nariz y la piel, además de los nervios receptores que hay en cada músculo y órgano del cuerpo.

El cuerpo entero está diseñado como un receptor sensitivo de sintonía fina para recolectar información. Los órganos sensitivos (ojos, oídos y nariz) que reciben señales distantes se encuentran en lo alto, por arriba del tronco de nuestro cuerpo, que funciona como un bipié estable. Los sistemas receptores se asientan en ese bipié y hacen frente al ambiente. Los oídos parabólicos reflejan el sonido hacia los canales auriculares, los ojos abarcan la periferia y la amplitud que se despliega en torno y la nariz detecta los diminutos mensajeros químicos que hay en el aire. Sumemos a esto las papilas gustativas, que captan los químicos que se disuelven en la entrada de la garganta y la gran variedad de receptores táctiles.

En cada centímetro cuadrado de la piel hay receptores para el tacto, la presión, el calor, el frío y el dolor; sobre todo, los hay en los labios, las manos y la cara. Por medio de esos receptores, nuestra piel, como un traje espacial, puede obtener un registro preciso de la atmósfera externa y protegernos para que no perdamos agua. Internamente, cada movimiento envía un torrente de impulsos que se precipitan hacia el cerebro, para tenerlo informado de cualquier cambio de posición y ubicación del cuerpo en el espacio.

Además de los cinco sentidos que normalmente consideramos, Rivlin y Gravelle (1984: 11) han descubierto otros 14 para los que conocemos sitios receptores: la orientación magnética, la presión atmosférica, los cambios iónicos del aire, el ultravioleta, el sentido de húmedo y seco, etc. Esas sensaciones nos dan imágenes de nosotros mismos y nuestro mundo, y nos proporcionan el material para que surjan el conocimiento, el pensamiento y la creatividad.

Las experiencias sensoriales construyen redes nerviosas

El aparato sensorial es tan vital para el aprendizaje, que se empieza a desarrollar en el útero, cuando el embrión responde al sonido apenas 23 días después de la concepción (Niuhuis, 1992: 133). Lo primero que aprendemos es que hay gravedad por medio de nuestro sistema vestibular. El sonido y el movimiento estimulan directamente este sistema, considerado como la vía de entrada (vestíbulo) al cerebro, incluso desde antes del nacimiento. El oído, el olfato, el gusto y el tacto construyen nuestro sentido de la gravitación y, así, obtenemos las primeras imágenes del mundo. Solo más tarde podemos reunir estas imágenes sensoriales cada vez más complejas para hacerle un lugar a la vista.

Las redes nerviosas crecen a partir de nuestras particulares experiencias sensoriales y establecen modelos intrincados que gobiernan el desarrollo del nivel más elevado del cerebro. La experiencia determina la forma e intrincación de esas estructuras, que se establecen de acuerdo con las actividades en que participamos y con las circunstancias de nuestro ambiente (Damasio, 1994: 112-113). Cuanto más rico sea nuestro entorno sensorial y mayor nuestra libertad para explorarlo, más intrincadas serán nuestras estructuras para el aprendizaje, el pensamiento y la creatividad.

Las imágenes que se derivan de nuestra experiencia sensorial ofrecen material para el pensamiento y la creatividad. Las imágenes (en forma de figuras, colores, movimientos, sentimientos, tonalidades, palabras pronunciadas o sin pronunciar) surgen de las estructuras que adquirimos de todas las zonas del cerebro: las estructuras de color y de forma vienen del lóbulo occipital, los tonos y las palabras de los lóbulos temporal y frontal, las experiencias emocionales del sistema límbico y las estructuras del movimiento del ganglio basal también del sistema límbico. Si escuchamos la palabra camión, todas nuestras experiencias con camiones aparecen disponibles enseguida como imágenes: un vehículo pesado, ruidoso, peligroso, con ruedas grandes, el olor del diésel, la sensación de manejar uno de ellos, lo que se siente cuando uno de esos nos rebasa en la carretera y hasta la emoción de sentir los camiones como una extensión de nuestro poder. Es a partir de esas imágenes como le damos sentido a un nuevo aprendizaje. Unimos los recuerdos de las imágenes en diferentes formas y nos vienen nuevas ideas. El conocimiento con bases generales depende de estos complejos de imágenes que, aunque intrincados, son independientes y multisensoriales y han sido reunidos y trabajados varias veces a partir de nuestras experiencias sensoriales.

Consideremos, por ejemplo, cómo aprendemos nuevas palabras y las incorporamos a nuestro vocabulario. Cada sonido, palabra o frase está apoyada por el despliegue de una elaborada imagen interna. Siempre que leemos algo, el cerebro convierte las palabras en imágenes sensoriales conocidas para que las podamos entender. Observa que cuando no puedes crearte una imagen de algo que has leído, te cuesta trabajo determinar su significado.

Nuestras experiencias sensoriales, externas o internas, modelan nuestra forma de imaginar y, por lo tanto, de pensar. Un nuevo aprendizaje ocurre cuando las nuevas experiencias sensoriales modifican o hacen más complejas nuestras imágenes del mundo y de nosotros mismos. Nuestro cuerpo está totalmente involucrado en esta empresa.

El desarrollo de los sentidos

Con objeto de comprender la importancia que el estímulo sensorial tiene para el aprendizaje, el pensamiento y la creatividad, debemos explorar cómo el cerebro crece y madura, empezando desde sus primeras estructuras y funciones.

El doctor Paul MacLean, jefe del Laboratorio de Evolución y Conducta del Cerebro, del Instituto Nacional de Salud Mental de Washington, desarrolló una teoría que postula tres distintas zonas del cerebro humano, que se delinean, de alguna manera, biológica, eléctrica y químicamente y se basan en estructuras de desarrollo y funcionamiento evolutivo. MacLean (1978) llamó a estas tres áreas: *1)* el tronco encefálico o cerebro reptiliano, *2)* el sistema límbico o de mamífero en etapa primaria y *3)* la neocorteza o cerebro del nuevo mamífero. El cerebro reptiliano o tronco encefálico es la primera zona que se desarrolla; es la parte más antigua en la evolución del cerebro y se desarrolla entre la concepción y los 15 meses después del nacimiento. El trabajo de esta zona consiste en procurar la propia preservación. El cerebro reptiliano percibe el mundo exterior a través de estímulos sensoriales y luego activa el cuerpo para responder físicamente, de un modo que le asegure la supervivencia.

Las reacciones automáticas y reflejas, como cuando llora un bebé o cuando quita la pierna para no sentir un dolor, están reguladas en parte por esta zona del cerebro. Asimismo, asume el control cuando sentimos peligro o tensión, porque inicia y regula la respuesta de pelea o escape que emprende el cuerpo. El cerebro reptiliano vigila, ante todo, la supervivencia del cuerpo y la mente y se asegura de que las necesidades básicas se cubran antes que otras funciones más elevadas tomen el relevo.

Lo primero que el bebé ha de hacer es proveerse de alimento, calor, protección y seguridad, para eso aprende las respuestas convenientes que le indiquen a quienes lo cuidan que deben proporcionarle esas atenciones. Con el tiempo, gracias a sus sistemas sensitivos, el bebé aprende lo suficiente acerca del mundo y del modo en que puede operar su cuerpo para desenvolverse en su entorno y, en esencia, para obtener lo que necesita.

El cerebro reptiliano incluye el tronco encefálico, el bulbo raquídeo, el puente y el cerebelo. Todas las sensaciones pasan primero por el tronco encefálico y luego son enviadas desde el tablero de controles (el puente) al tálamo (en el cerebro límbico) o a la neocorteza para su interpretación. Las redes nerviosas se deben desarrollar primero en el cerebro reptiliano. Entonces, el resto del cerebro puede saber lo que está sucediendo en el mundo exterior y responder. Cuando cerramos el cerebro reptiliano, entramos a un estado de sueño y no recibimos lo que es del mundo exterior ni reaccionamos a él (Pearce, 1992).

El cerebro reptiliano forma redes nerviosas codificadas con las estructuras básicas sensitivas y motrices y, sobre ellas, por el resto de nuestra vida, construimos un aprendizaje. Los nervios aparecen tres semanas después de fertilizado el óvulo y, de inmediato, comienzan a ligarse con otros nervios. La formación de estas redes nerviosas se origina de los billones de neuronas que hay en el sistema nervioso central (Schiefelbein, 1986: 36). Al irse formando el cerebro reptiliano, antes de nacer y durante los primeros 15 meses de vida, desarrollamos aproximadamente 100 trillones de redes nerviosas que vinculan todos nuestros sentidos y movimientos musculares y nos permiten una comprensión del mundo material y de nuestra seguridad en este.

El sistema vestibular: sentidos del movimiento y el equilibrio

Cuando pensamos en nuestros sentidos, la mayor parte del tiempo solo consideramos los cinco que recogen la información del exterior: la vista, el oído, el olfato, el gusto y el tacto. Sin embargo, igual de importante para nuestro desarrollo y existencia es la integración de los estímulos sensoriales que nos brindan información acerca de la gravedad y el movimiento, y sobre los movimientos musculares de nuestro cuerpo y su posición en el espacio. Tal es la función del sistema vestibular y la propiocepción, que desempeñan un papel sorprendentemente significativo en nuestra conciencia del mundo y también, como ya veremos, en nuestra capacidad para comprender y aprender.

El primer sistema sensitivo que se desarrolla por completo y comienza a producir mielina a los cinco meses después de la concepción es el sistema vestibular, que controla el sentido del movimiento y el equilibrio. Se considera que es el sistema sensitivo que tiene la influencia más importante en el funcionamiento cotidiano, la habilidad para movernos y actuar contra la gravedad. El sistema vestibular, visto como la puerta de entrada al cerebro, es el sistema unificador que influye de manera directa o indirecta en casi todo lo que hacemos. El primer nervio craneal que se desarrolla, a los cinco o seis meses de estar en el útero, es el vestíbulo coclear u octavo nervio craneal, que brota directamente de este sistema.

El sistema vestibular mantiene el equilibrio, tanto el estático como el dinámico. El estático se refiere a la orientación del cuerpo, en especial de la cabeza, en relación con la gravedad; por ejemplo, cuando uno está de pie y sin moverse. El equilibrio dinámico mantiene la posición del cuerpo, principalmeme de la cabeza, en respuesta a los movimientos repentinos, como la aceleración, la desaceleración y la rotación cuando uno se mueve y camina (Tortota y Anagnosrakos, 1990).

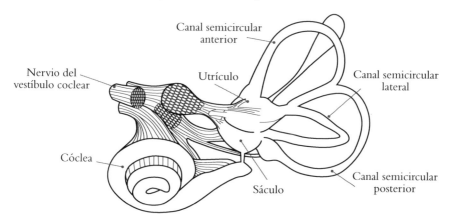

Figura 4. Mecanismos del oído interno.

Hay muchos órganos pequeños que participan en la sensación vestibular, estos reúnen la información acerca de la posición de la cabeza con respecto al suelo. Son los órganos más sensitivos de todos los que constituyen los sentidos y se encuentran en el hueso mastoideo (el montículo que está detrás del lóbulo auricular) y en parte del oído interno. Incluyen el utrículo, el sáculo, los canales semicirculares y los núcleos vestibulares del bulbo raquídeo y el puente (Ayres, 1972: 58).

El utrículo y el sáculo supervisan el equilibrio estático del cuerpo. Las paredes de ambos contienen la mácula, con células pilosas, una capa gelatinosa y otolitos (cristales de carbonato de calcio). Cada vez que movemos la cabeza, se mueven los otolitos y jalan la capa gelatinosa que, a su vez, trae consigo a las células pilosas y las hace doblarse. Cuando se pliegan estas células, comienzan a emitirse los impulsos nerviosos sensitivos y corren por el nervio vestibular hasta el cerebro. Los impulsos viajan a través de canales nerviosos hasta el cerebelo, que los supervisa y hace las correcciones y ajustes en las actividades musculares, incluyendo los movimientos oculares que se originan en la corteza encefálica. Este sistema se conecta directa o indirectamente con cada músculo del cuerpo. Entonces, el sistema motor aumenta o disminuye los impulsos para ciertos músculos, en especial los del centro (torso) y el cuello, para contraerlos o relajarlos. Así, los músculos se ajustan instantáneamente para que no perdamos el equilibrio (Tortora y Anagnosrakos, 1990: 392, 483-490).

Con la información recabada por el utrículo y el sáculo, podemos mantener una postura corporal estable con relación al suelo. Sin embargo, cuando viajamos en automóvil, en avión o en un transporte acuático, podemos tener una sensación de desequilibrio que, en ocasiones, nos causa mareos o náuseas.

La información que aportan los ojos también contribuye al sentido del equilibrio. "Cerca de 20% de los mensajes que mandan los ojos, desde la retina y los músculos extraoculares", señala Homer Hendrickson (1969: 4), "llega a las zonas del cerebro que tienen que ver con los mecanismos del equilibrio. Cada uno de esos subsistemas debe coincidir con los otros subsistemas y revisarlos para producir un equilibrio estático y dinámico congruente contra la gravedad".

¿Qué sucede cuando leemos en un auto? Tenemos los ojos estáticos mientras leemos, pero el resto del cuerpo se mueve, en especial la cabeza. El sistema tiene que trabajar mucho para mantener los ojos nivelados y estáticos en una cabeza que se está moviendo. Al mismo tiempo, trata de tener un balance entre el resto del cuerpo y el constante cambio de gravedad, aceleración y desaceleración. Cuando no se da una resolución a la confusión, el cuerpo vomita, lo que quizá sea su manera de llamar la atención para que dejemos libres los ojos. En los teatros con pantallas IMAX sucede algo semejante. Los ojos se tienen que mover mucho, el cuerpo está quieto y la comunicación entre ellos es confusa.

A los niños les encanta pasar horas girando en carruseles y ruedas que se impulsan manualmente. Eso activa el sistema vestibular pero, ¿has notado que los adultos prefieren nada más ver? Hay una razón. Cuando pasamos por la pubertad, el fluido de la endolinfa en los canales semicirculares se espesa, como respuesta a las hormonas reproductoras. Esto ocasiona que las células pilosas se plieguen más tiempo, de modo que el sistema en conjunto tarda más en retornar a un equilibrio confortable. Una activación sencilla y regular del sistema vestibular, ya sea al caminar, nadar, andar en bicicleta, escalar, practicar tai chi, mantener posturas de yoga o la postura del "elefante", son muy útiles a lo largo de la vida para mantener al cuerpo en equilibrio y al cerebro despierto, activo y cultivar nuevas neuronas.

Los "deportes extremos", como el salto en *bungee,* el deslizador aéreo y los juegos de muchos parques de diversiones, son verdaderamente efectivos para estimular el sistema vestibular, ya que continuamente lo sacan de balance. Con esto no solo obtenemos una experiencia corporal completa, sino también un "golpe" de adrenalina, que es nuestra droga para la supervivencia. Esta permite que tengamos una mayor estimulación sensorial y libera más cortisol en el cuerpo. Sin embargo, aunque pueden parecer actividades muy divertidas, tienen su costo, ya que la adrenalina y el cortisol inhiben y destruyen el crecimiento y el desarrollo de las nuevas células nerviosas.

Los tres canales óseos semicirculares se encuentran, aproximadamente, en ángulos rectos entre sí y mantienen el equilibrio dinámico al detectar cualquier anomalía en sus tres planos. Si la cabeza se mueve, debido a la rotación del cuerpo, la endolinfa de los conductos semicirculares fluye sobre las células pilosas y las pliega. Los impulsos de estas células plegadas siguen las mismas vías que cuando se trata del equilibrio estático.

Según Eugene Schwartz (1990), basta la más ligera alteración del fluido y de los otolitos que están en los canales semicirculares para que ocurran cambios en los músculos del cuello, el tronco, las extremidades y el ojo. El sistema vestibular ya es visible en un embrión de dos meses. Hay mucha activación de la cabeza cuando el feto se mueve en el líquido amniótico y también después, cuando el niño pasa por sus primeros movimientos y luego gatea, camina y corre. La estimulación de estos movimientos es crucial para el procesamiento del cerebro.

Los núcleos vestibulares, un plexo de las neuronas que se hallan en el bulbo raquídeo y en el puente, llevan los impulsos desde los canales semicirculares y el cerebelo hasta el sistema de activación reticular (SAR) en el tronco encefálico. El SAR es un retículo nervioso que transporta los impulsos desde el bulbo raquídeo y el puente hasta la neocorteza. Desde que

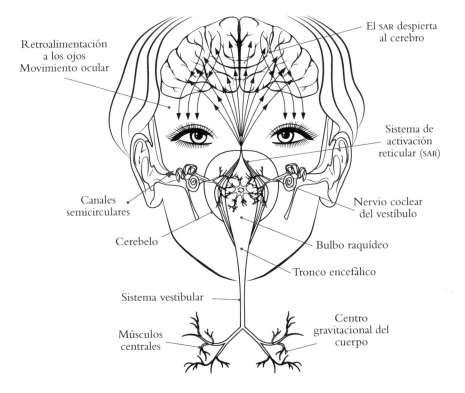

Figura 5. El sistema vestibular.

el bebé está en el útero, el SAR "despierta" a la neocorteza, incrementando la excitabilidad y la capacidad de respuesta a los estímulos sensoriales que se reciben del entorno. Una vez que el SAR nos "despierta", estamos listos para captar y responder al ambiente y aprender (Ayres, 1972: 70; Hernández-Peón, 1969). La conexión entre el sistema vestibular y la neocorteza, así como la de los ojos y los músculos del centro, son de gran importancia para el proceso del aprendizaje. Si no nos movemos y no activamos el sistema vestibular, no asimilamos la información del ambiente.

Desde la concepción hasta 15 meses después del nacimiento, el sistema vestibular tiene mucha actividad. El niño obtiene un sentido de la gravedad y de conocimiento del entorno físico mediante el movimiento. En cada momento de su vida, el niño estimula su sistema vestibular, que estimula al cerebro para que adquiera nuevos aprendizajes. A partir de este "despertar" sensorial y esta comprensión básica de la gravedad, el niño puede ejecutar las proezas de equilibrio más notables. Empezando apenas con los movimientos reflejos al nacer, el niño aprende a pararse, caminar e, incluso, correr en un campo gravitacional en el lapso aproximado de un año. Cuando se trepa a los muebles o salta sobre ellos, entrena a todos sus músculos para que trabajen en conjunto, lo mismo que cuando, por naturaleza, brinca, gira y camina en una superficie angosta. También trabajan los músculos de sus ojos, de los que tanto dependerá su aprendizaje más adelante. En los Jardines Forestales de Niños, en Dinamarca, Suecia y Alemania, vi cómo los niños desarrollaban activamente sus sistemas vestibulares. Los pequeños de dos a seis años rodaban por una ladera, trepaban sobre grandes rocas sin ayuda, se subían a las escaleras y a los árboles, caminaban sobre troncos y giraban alrededor cantando canciones populares (Friedrich, comunicación personal; Ministerio de Educación, 1992). Cuando entraron a la escuela, ya sus cuerpos estaban totalmente listos para aprender.

El sentido del oído

El embrión y el feto están rodeados por los primeros patrones de sonido que absorberá el sistema nervioso, que incluyen los latidos del corazón de la madre, la sangre de ella bombeada por las venas, su respiración, su digestión y su voz. A las 12 semanas, el feto se mueve de un modo más organizado con respecto al sonido. Los nervios, los pulmones y el diafragma se empiezan a sincronizar, y ejercitan a los pulmones para lo que será su primera respiración al nacer. A los cinco meses, el feto responde con movimiento a los fonemas de lenguaje (vibraciones variables de sonido, como las vocales) que pronuncia su madre y él escucha a través del líquido amniótico. Hay, aproximadamente, cincuenta fonemas en el lenguaje a escala mundial. Esta respuesta sensitiva y motriz a los fenómenos le permite al feto comenzar el proceso de aprender el lenguaje en el útero (Tomatis, 1991: 208-215; Campbell, 1989).

A las 24 semanas (seis meses), el feto ya presenta movimiento ocular rápido durante el sueño, responde a la música parpadeando y se mueve como si bailara al ritmo. Se cree que para el séptimo mes el feto presentará movimientos más intencionales que reflejos (Schiefelbein, 1986: 36-39).

Una vez que el líquido amniótico sale de las trompas de Eustaquio y de los canales auriculares, el sentido del oído se convierte en uno de los más precisos e importantes para el recién nacido. Para la mayoría de nosotros, el sentido del oído se halla perfectamente formado al nacer y todo marcha muy bien desde ese momento. La cóclea, en el oído interno, está compuesta por un elaborado mecanismo de células pilosas dispuestas en forma similar a las teclas de un piano. Estas células responden a determinadas vibraciones que estimulan ciertas terminales nerviosas. Este sofisticado "teclado interno" puede seleccionar 100 tonos en sus más de 32 mil nervios, con el rango de notas más elevado que se desarrollan primero en la cóclea (Goddard, 1996: 44). De manera instintiva hablamos "parentese" (un modo de hablar vibrante y más alto) con el bebé porque es un gran estimulante para la cóclea y el cerebro, y porque motiva una respuesta más despierta, alerta y conectada por parte del recién nacido.

El oído es la primera línea de defensa del bebé. Este, por instinto, dejará libre su oído dominante cuando duerma para recoger los sonidos del entorno. Si un sonido le resulta extraño, fuerte o repentino, se estremecerá y gritará para tratar de espantar el peligro y para pedir ayuda.

Como adultos, seguimos usando ese mecanismo. Si estoy en un lugar que no me es familiar, por instinto pongo hacia arriba mi oído dominante cuando voy a dormir, de manera que me alerte si se presenta algún peligro. En casa, donde me siento segura, por lo regular duermo sobre mi oído dominante, para ahogar los sonidos que vienen de fuera. Como se trata de uno de nuestros primeros sentidos, el oído llega a ser muy importante para alertar al cerebro cuando se aproxima un nuevo aprendizaje, ya sea para protegernos o para comprender.

La contaminación auditiva (sonidos fuertes o constantes durante cierto período), sobre todo en un rango de sonido muy alto, destruye las delicadas células pilosas de nuestro "teclado interno", con lo que reduce nuestra agudeza auditiva. El doctor Tomatis descubrió que estas altas vibraciones de sonido también desempeñan un importante papel para mantener el estado de alerta y la energía dentro del sistema y para entonar los músculos y adoptar una buena postura. Notó, por ejemplo, algunas consecuencias sorprendentes cuando los monasterios en Francia dejaron los cantos gregorianos en un intento por modernizarse, en la década de 1960. Esos cantos aportaban la vibración de registros altos y las armonías (sobretonos) que mantenían alerta a los monjes. Como consecuencia, los hombres de esos monasterios necesitaban dormir más, se hicieron menos productivos, presentaban síntomas de depresión y tendían a enfermarse con mayor frecuencia. Tomatis lo comparó con la experiencia de unos obreros que también habían perdido el rango más alto del oído debido al constante ruido de la fábrica y que, de manera similar, se volvieron apáticos, se deprimieron, producían menos y se encorvaban (Tomatis, 1978). Los sonidos excesivamente fuertes, por encima de los 85 decibeles, o la exposición a sonidos repetitivos y constantes pueden ocasionar daños (Lonsbury-Marrin, 1993: 141). Cualquier afección del mecanismo auditivo ocasionará que haya una imitación inexacta del sonido y se presentarán dificultades para el aprendizaje y para hablar un idioma. La pérdida del oído en un rango de 500 Hz (hertz) da como resultado una percepción deficiente de las consonantes mudas *(m, n, p, t* y *f)* que definen el lenguaje. Esto impide que los niños aprendan con facilidad y puede significar otra fuente de confusión que fomente la dislexia (Berard, 1993: 15-37). En la actualidad, los conciertos de rock con sonido muy fuerte registran 150 decibeles mientras que las podadoras de pasto, las herramientas de los talleres, el tráfico de los camiones y los trenes subterráneos típicamente registran los 90 decibeles. Casi 28 millones de estadounidenses han perdido el oído parcialmente; 34% de esa pérdida se le puede achacar al ruido excesivo (Naselmento y Ward, 2003). Es importante proteger nuestro maravilloso mecanismo auditivo, no solo por supervivencia y por mantener el oído activo, también para mantenernos alertas, con una sólida estructura para la comprensión y para tener una postura balanceada, todo lo cual favorece de manera específica el desarrollo del lenguaje y al aprendizaje.

Los aromas de la vida

También el olfato es muy agudo en el momento del nacimiento. Hay millones de diminutas células pilosas dentro del puente de la nariz, bajo el lóbulo frontal del cerebro, que estimulan la red nerviosa del olfato para cada olor (químicos en el aire) conocido por el hombre. El olfato tiene un fuerte vínculo con la memoria y desempeña un papel importante en los primeros aprendizajes del bebé y durante toda la vida. Piensa en las situaciones en que has percibido un olor y esa sensación te trajo un cúmulo de recuerdos. Un experto del desarrollo en Alemania afirma que la memoria se puede favorecer con gran éxito tallándose la nariz antes de aprender algo que uno de verdad desea recordar (Stiller y Wennekes, 1992: 2846).

Asimismo, el olfato nos alerta del peligro. Cuando las personas o los animales tienen miedo, segregan feromonas que otros animales pueden percibir (por ejemplo, los perros) y reaccionan ante ese temor. Al igual que un perro, es posible que un bebé o un niño capten la sensación de peligro y miedo que se siente dentro de su entorno inmediato y que actúen para protegerse.

El sentido del olfato adquiere también su importancia durante la pubertad, cuando se incrementan los olores sexuales; estos aromas son fuertes estimulantes para que el cerebro reptiliano adopte cierta conducta (acicalarse y afeitarse), busque pareja y elimine a los intrusos (protege su territorio). ¡Aunque la sociedad se esfuerza en erradicar esos impulsos naturales, siguen apareciendo puntualmente en los adolescentes! (Hopson, 1979: 78-85).

El sentido del tacto

La piel es el órgano más extenso del cuerpo y está repleta de sensores nerviosos que captan un leve roce, un fuerte golpe, la presión, el calor, el frío, el dolor y la propiocepción. Esta última es la sensación de los músculos, los tendones y el sistema vestibular que le permite al cerebro determinar el movimiento y la posición del cuerpo y de sus partes en el espacio. Todas estas sensaciones pasan por el tronco encefálico y llegan al tálamo y, luego, a la corteza somatosensitiva del cerebro (el lóbulo parietal) (Tortora y Anagnosrakos, 1990: 427-433). Con todos esos sensores, la piel se convierte en uno de los órganos principales para el aprendizaje ambiental primario.

El simple hecho de ser tocado hace que se incremente la producción de una hormona específica dentro del factor de desarrollo nervioso (FDN) del cerebro, que estimula el crecimiento del axón y el desarrollo de redes nerviosas, ayuda a mantener la función neuronal e incrementa la síntesis de acetilcolina (Tortora y Anagnosrakos, 1990: 336-337). El FDN estimula las neuronas sensitivas durante el desarrollo embrionario. Ya en la edad adulta, el FDN estimula las neuronas del sistema nervioso simpático, que controla los impulsos sensoriales del sistema nervioso autónomo, el cual incita las respuestas de lucha o huida. Cuando los niños y los adultos extrañan el toque de otras personas, manifiestan una depresión de las funciones motrices y mentales. Es posible que, en verdad, haya una relación entre la falta del contacto humano y el descenso en los niveles de acetilcolina que se observa en los pacientes que padecen la enfermedad de Alzheimer (Restak, 1988: 87; Levi-Montalcini, 1982).

Jean Ayres (1972) descubrió también una relación entre la sensibilidad al tacto (incapacidad para tolerar el tacto de otra persona) y los problemas de aprendizaje en los niños. Su exitoso programa para problemas de aprendizaje tiene que ver con el despertar del sistema sensitivo por medio de la activación adecuada de todos los receptores del tacto. Ella emplea roces, presiones, brochas finas y pelotas que hace rodar por la superficie de la piel, en especial en los brazos, las piernas y la espalda, todo esto integrado al movimiento.

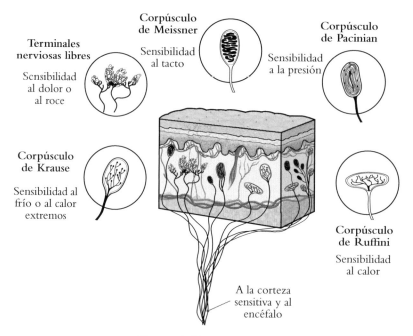

Figura 6. Zonas sensitivas de la piel.

El tacto, especialmente a lo largo de la espalda, los brazos, las manos, los pies y la cara del bebé, estimula el desarrollo de las terminales nerviosas sensitivas que participan en los movimientos motores, la orientación espacial, la percepción visual y la respuesta al estrés (Levine, 1957: 405-406; Meaney *et al.*, 1988). Si no se activan esas terminales nerviosas, el SAR (sistema de activación reticular) que despierta a la neocorteza no funcionará en su totalidad. Esto dará lugar a movimientos musculares afectados, asimilación sensorial cortada, reacciones exageradas al estrés y una gran variedad de problemas emocionales y defectos en el aprendizaje (Pearce, 1992: 113; Francis y Meaney, 1999: 128-134).

La falta de contacto puede hacer tan lento el desarrollo nervioso que quizá no ocurra el desarrollo esencial de las funciones corporales y sobrevenga la muerte. En un estudio realizado en los orfanatos de Francia, durante la Segunda Guerra Mundial, se observó que los huérfanos a los que no se les tocaba manifestaban altas tasas de muerte prematura. Joseph Chilton Pearce habla de un programa —el "Proyecto canguro"— en el que a los bebés prematuros los cargan en una bolsa que la madre o la enfermera llevan al frente, cerca de la piel. Este contacto constante ha logrado bajar notablemente la tasa de mortalidad en casos de nacimientos prematuros.

El puro contacto estimula el desarrollo sensitivo y motor y el de las redes nerviosas, además de dar al bebé la posibilidad de defenderse mejor en la vida (Pearce, 1986).

Tocar y aprender

Los recientes hallazgos indican que las interacciones entre padres e hijos que incluyen mucho contacto, juegos y presencia constante pueden ser cruciales para el desarrollo cognitivo. El contacto de los miembros de una familia que se siente muy vinculada incrementa la actividad en el hipocampo, un centro muy importante para el aprendizaje espacial y general, así como para la memoria (Liu *et al.*, 2000). La adolescencia puede ser una etapa extraña. El niño está produciendo una piel con una superficie de mayor extensión y más sensible a los roces, ya que esos receptores tardan más en desarrollarse. Si tocamos ligeramente a los adolescentes, puede suceder que estén demasiado sensibles y se alejen porque sientan molestia. Lo mejor cuando los hijos se encuentran en esa etapa es que los padres les den "abrazos de oso", con contactos más fuertes y que retocen con ellos, de modo que los muchachos sientan el perímetro de sus cuerpos. Esto ayuda a estimular el desarrollo de todos los receptores del tacto en su nueva piel y los hace menos sensibles a los roces ligeros. Panksepp descubrió que los juegos toscos eran el mejor modo para detener la conducta hiperactiva de los adolescentes (Panksepp *et al.*, 2003). Incluso las dificultades que los adultos presentan para aprender y la susceptibilidad a las enfermedades se relacionan con la falta de contacto en la niñez (Oitzl *et al.*, 2000; Hofer, 1996).

Además de la necesidad esencial de sentir el contacto, los bebés (como cualquier otra persona) necesitan tocar para aprender. Hay una mucho mayor cantidad de receptores para el tacto alrededor de la boca y las manos que en cualquier otra parte del cuerpo. Esto lo demuestra el esquema original que realizan Penfield y Jasper (1954: 28) de las cortezas sensitiva y motriz del encéfalo (véase la figura 7). Como gran parte de las cortezas sensitiva y motriz del cerebro tienen que ver con la mano, esta modela nuestro desarrollo cognitivo, emocional, lingüístico y psicológico (Wilson, 1998; Connolly, 2001). El contacto es una parte integral y natural de la vida. A los bebés les encanta llevarse las cosas a la boca, no para comerlas, si bien eso puede ocurrir de manera eventual, sino para tocarlas y sentirlas completamente con la boca y las manos.

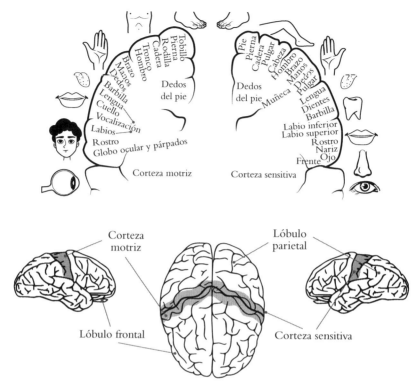

Figura 7. Esquema de las cortezas sensitiva y motriz del encéfalo (de acuerdo con Penlield y Jasper, con modificaciones de Phantom Limb Research).

Durante toda la vida, el uso de las manos y el contacto en el proceso de aprendizaje incrementa enormemente la eficiencia de este. Mis alumnos universitarios me han comentado que el simple hecho de poder jugar con un poco de plastilina mientras escuchan una conferencia les permite asimilar mejor la información. Siempre que se combina el contacto con los demás sentidos, se activa una parte mayor del cerebro, con lo cual se construyen redes nerviosas más complejas y se destapa un mayor potencial para el aprendizaje.

El contacto ayuda a afianzar la conducta y el aprendizaje. Si se le toca suavemente el hombro a los niños mientras leen, el cerebro relaciona ese toque estimulador con la lectura y ayuda a afianzar la experiencia positiva. Un profesor de una escuela primaria en Canadá me contó recientemente acerca de un experimento sobre el contacto en el salón de clases en el cual se destaca lo anterior. Los maestros se concentraron en los alumnos que no tenían un buen comportamiento en clase y no hacían su tarea o no la entregaban. Cinco veces al día el profesor atrapaba a esos alumnos "portándose bien" y los tocaba en el hombro mientras les decía (con buena aceptación) "me da gusto que estés trabajando". Cuando su comportamiento era malo, el profesor los ignoraba. En todos esos casos, al cabo de dos semanas esos alumnos se estaban portando bien en clase y entregaban sus tareas.

El contacto juguetón es muy profundo, en cuanto sirve para integrar a las personas. Grandes zonas del cerebro participan en el contacto festivo que estimula la producción de dopamina y activa una mayor elegancia en el movimiento y el aprendizaje (Panksepp, 1998: 280-310). Me doy cuenta de que en la sociedad hay temor al contacto inapropiado, lo cual nos ha llevado a evitar tocarnos, justo cuando los niños (y adultos) más lo necesitamos. Es hora de que aprendamos a tocarnos otra vez, de un modo adecuado, como compañeros que se apoyan, con un espíritu juguetón y que valoremos la función que esto tiene para el desarrollo y el aprendizaje.

Sensibilidad cenestésica

La cenestesia, o sea, la sensación que el cuerpo tiene de sí mismo en el espacio, es una de nuestras principales formas de conocimiento. Charles Sherrington la describe de forma magnífica como "nuestro sentido secreto, nuestro sexto sentido". Como señala Oliver Sacks (1987: 43), de tal manera damos por hecho la cenestesia que no fue sino hasta que Sherrington la "descubrió", en la década de 1890, cuando comenzamos a apreciar su papel característico en nuestro sentido de nosotros mismos.

Todos nuestros músculos tienen receptores cenestésicos que perciben el grado de tensión en el músculo. Estos receptores de la tensión nos permiten saber constantemente todo acerca de nuestra postura física y nos proporcionan la retroalimentación necesaria para movernos y mantener el equilibrio. Los receptores cenestésicos son herramientas muy finas, gracias a las cuales podemos explorar el entorno y entenderlo por medio del sentido de nuestros músculos.

Desde el punto de vista del desarrollo, el sistema cenestésico está íntimamente ligado al sistema vestibular, que permite el equilibrio necesario para movernos a partir de una posición de inercia. Los bebés empiezan a moverse desde los músculos centrales, los músculos internos del tronco. Hay una retroalimentación constante de los receptores cenestésicos a la corteza motriz del cerebro que posibilita la ejecución de movimientos cada vez más complejos. De tal modo, los bebés empiezan moviendo la pancita, después ruedan sobre sí mismos, se sientan, se paran y, finalmente, caminan.

Un movimiento bien hecho requiere un equilibrio seguro, lo cual depende de un sofisticado sistema cenestésico que alinee constantemente cada parte del cuerpo. La cenestesia ofrece la retroalimentación necesaria para mantener la contracción o la relajación muscular óptimas, para tener un balance en nuestro medio. De manera que la frase popular "estar centrado" evoca la importancia del sentido receptor cenestésico al practicar yoga o artes marciales. Estas habilidades ponen el énfasis en los músculos centrales de la postura en los cuales, por medio de la cenestesia, aprendemos primero qué son el equilibrio y la gravedad. Cuando la retroalimentación del sistema entre los receptores cenestésicos y los músculos está bien desarrollada debido a su uso, se mantiene un equilibrio constante (Crum, 1987: 54-56). Cuando el estrés interfiere con la activación balanceada de este sistema, sentimos que "no estamos centrados", perdemos el equilibrio y el sentido físico de nosotros mismos en el espacio. Es entonces cuando ocurren accidentes, nos rasguñamos, nos pegamos o nos fracturamos un brazo o una pierna, porque nuestra atención cenestésica está concentrada en escapar del peligro más que en mantener el equilibrio.

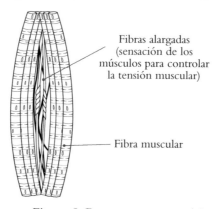

Fibras alargadas (sensación de los músculos para controlar la tensión muscular)

Fibra muscular

Figura 8. Receptores cenestésicos.

Es común que los padres y maestros noten algún período de torpeza física y falta de coordinación en los niños que están en mitad del crecimiento o acaban de atravesar por esa etapa. Lo que ven es, precisamente, un rezago entre el desarrollo del cuerpo y el sentido cenestésico que este tiene de sí en el espacio. Cuando el sentido cenestésico se adapta a las nuevas tallas y proporciones, desaparece la torpeza.

Nuestro sentido cenestésico envía una retroalimentación constante al cerebro, el cual reajusta el equilibrio de los músculos de hombros y cuello para que los ojos conserven su nivel mientras leen. Este sistema vigila nuestra habilidad para sentarnos en una silla, escuchar la información y tomar notas. También nos permite saber qué coreografía muscular se requiere para caminar sobre un terreno disparejo sin tropezar.

El mimetismo, la formación de modelos y el ensayo

Además de supervisar el equilibrio corporal, la sensibilidad del sistema cenestésico nos permite aprender acerca del entorno. Si has salido a pasear con un niño pequeño, quizá hayas notado que cuando se encuentra con algo nuevo que le intriga, mueve el cuerpo para imitar la configuración del objeto. Los niños son grandes imitadores. Están conscientes de la manera en que los adultos caminan, hablan, mueven las manos y ejecutan otras actividades y, luego, toman esos movimientos como modelo. Esta forma de modelar su cuerpo les permite percibir el mundo que los rodea, desde su interior, para comprenderlo.

Los niños son muy observadores, pasan horas mirando y jugando a desempeñar diferentes papeles. Gracias a su rica imaginación pueden ensayar movimientos complicados, como correr, nadar y hasta volar. Es un ensayo que cada vez requiere más sofisticación por parte de las vías nerviosas, de modo que se van construyendo las redes nerviosas necesarias para dominar las habilidades más complejas.

Lo mismo hacen los adultos cuando aprenden algo nuevo. Los esquiadores principiantes ven cómo lo hacen los expertos y van modelando sus movimientos en detalle para que sus músculos comiencen a entrenar la sensación de esquiar. Los investigadores han corroborado la teoría de muchos entrenadores deportivos de que los atletas que se imaginan los movimientos que van a hacer y los "ensayan" mentalmente tienen más éxito al ejecutarlos.

Si para aprender una habilidad motriz uno la observa y la practica mentalmente mediante la visualización, el cerebro ensayará, asimismo, las vías nerviosas que controlan a los músculos que han de participar en esta.

Estos ensayos incluyen las pequeñas fluctuaciones musculares que envían una onda de información sensorial del músculo al cerebro y fortalecen esas redes.

No solo vemos con los ojos

El tacto, el oído y la cenestesia son importantes organizadores de los aspectos visuales del aprendizaje. La visión es un fenómeno muy complejo, del que solo un pequeño porcentaje (menos de 5%) ocurre en los ojos; 95% de la visión sucede en el cerebro, a partir de la relación con el tacto, el oído y la cenestesia. Cuando un bebé palpa su entorno, aprende cuál es la dimensión, la textura, conoce la línea e, incluso, el color. Para ver el mundo con total agudeza, la percepción del color y la visión binocular tardan en desarrollarse cerca de un año después del nacimiento (Hainline, 1998). El tacto es muy importante para la visión. Cuando un niño ve algo nuevo, de inmediato intenta tocarlo y te dice: "¡déjame verlo!". El tacto es el sentido que más contribuye a la comprensión completa de la visión.

Las imágenes que entran por los ojos son volteadas de cabeza y vueltas a girar cuando entran en el nervio óptico y cruzan el quiasma óptico. Entonces, se conducen a través del tálamo hasta el lóbulo occipital, donde se procesa la visión primaria. Para que se produzca la visión completa, hay que ingresar la información proveniente de todos los lóbulos encefálicos. La información de las cortezas sensitiva y motriz relaciona la imagen con las funciones sensoriales y de movimiento que se han aprendido. La información gravitatoria y vibratoria de los lóbulos temporales relaciona la imagen con el lugar que ocupamos en el espacio. Como señalamos antes, aproximadamente 20% de los mensajes que pasan por los ojos, la retina y los músculos extraoculares llegan a las zonas del cerebro que tienen que ver con los mecanismos del equilibrio. En conjunto, toda la información nos permite enderezar la imagen y darle un contexto pleno en las zonas de asociación visual (Tortora y Anagnosrakos, 1990: 475-480).

Un experimento en el que los científicos utilizaron lentes especiales demuestra cómo nuestra visión está educada para asimilar el mundo. Esos lentes tenían espejos que volteaban de cabeza lo que se veía con ellos y lo que en realidad estaba al frente aparecía al fondo. Al principio, los desorientados experimentadores apenas podían moverse sin tropezar con algo pero, después de unos días, se adaptaron y ese mundo enrevesado empezó a parecer que estaba en la posición "correcta". El tacto y el sentido cenestésico que guían la visión habían ajustado el nuevo estímulo visual a esta nueva orientación física.

El sistema vestibular, totalmente intacto, "sabía" que el mundo no se había trastornado. Esto, junto con el tacto y la cenestesia, aportaron la retroalimentación necesaria para que se adaptara la mirada. Los científicos ya podían andar sin problemas y lo que veían les parecía bien, hasta que se quitaron los lentes al final del experimento. Entonces, tuvieron que pasar de nuevo por un proceso de aprendizaje; mientras este duró, volvieron a tropezar y a golpearse con las cosas (Kohler, 1962: 62-86; Gregory, 1966: 204-219). Este experimento demuestra, de manera gráfica, que el cerebro tiene que ensamblar nuestro mundo visual a partir de piezas que va aprendiendo por medio de los demás sentidos, en especial del tacto y la cenestesia.

Es fácil olvidar o ignorar cuánto de la visión es aprendido. Debemos entrenarnos, por medio de los libros, las películas y el arte, a ver en tres dimensiones en un espacio bidimensional. Podríamos denominarlo educación visual. Los grupos tribales que he visitado en África y Australia y que nunca han utilizado libros simplemente no pueden ver una montaña en una fotografía sobre una página bidimensional. Perciben el color y la línea, pero no la textura ni la perspectiva porque, en realidad, no hay ninguna (Grady, 1993: 58).

La perspectiva lineal, tan convincente que parece natural, en realidad es un invento artístico que surgió en el siglo xv. Es una técnica desarrollada para aportar una realidad más tridimensional a la pintura. El artista M.C. Escher (1981) utilizó la imprecisión visual y la dependencia de imágenes cerebrales internas para el manejo de la ilusión en sus obras. En la década de 1960, el doctor Bella Julesz exploró también la ambigüedad del ojo mediante las primeras imágenes en tercera dimensión, generadas por computadora, de puntos colocados al azar, para estudiar la profundidad de la percepción de los seres humanos. A partir de ese trabajo, Dan Dyckman y Mike Bielinski fueron más lejos y realizaron su popular serie de libros *Ojo mágico*, con el empleo de la tecnología avanzada de la computadora para añadir un pequeño defecto visual o una mancha de luz que el ojo reemite al cerebro. Este interpreta esa mancha como un indicio de que la situación es tridimensional, de modo que produce una imagen tridimensional en la corteza visual y percibimos, así, la tridimensionalidad que hay en los libros *Ojo mágico* (Thing, 1993).

Ojos en movimiento

Los ojos están diseñados para moverse y ajustarse a la luz, para brindarnos el mayor detalle sensorial acerca del mundo. Tienen que moverse todo el tiempo para que suceda el aprendizaje. Muchos de los nervios craneales (que vienen del bulbo raquídeo) contactan con el ojo, entre ellos el trigémino, el facial, el abductor, el oculomotor y la tróclea. Estos activan el movimiento del globo ocular en todas direcciones, contraen o relajan los músculos de la pupila para regular la luz que entra en la retina y cambian la forma del cristalino para adaptar la visión a lo que se quiera ver de cerca o a lo lejos. También regulan la tensión receptora cenestésica y las sensaciones táctiles sobre el ojo y alrededor del mismo.

En un ambiente tridimensional, como estar al aire libre, el ojo se mueve constantemente y reúne la información sensorial para construir paquetes intrincados de imágenes, los cuales necesarios para el aprendizaje. El cerebro integra estos paquetes de imágenes con otras informaciones sensoriales, como el tacto y la cenestesia, para construir un sistema perceptivo visual. Los ojos tienen diferentes tipos de enfoques visuales, de los cuales el tridimensional es vital para aprender. Sin embargo, en las situaciones de aprendizaje, enfatizamos el enfoque bidimensional con libros, láminas, computadoras y videojuegos.

La retina, la capa nerviosa sensitiva del ojo, contiene células receptoras de luz, de las cuales, aproximadamente, 95% son bastones (llamados así por su forma) y 5% son conos. Los bastones están distribuidos alrededor de la periferia de la retina y su mejor estimulación ocurre cuando las condiciones son de poca luz. Los conos son los que nos dan la visión a color y están agrupados en una pequeña zona de la retina, llamada fóvea central, que requiere luz brillante para su estimulación. Durante la lectura, en un campo bidimensional, la mayor concentración en la fóvea se denomina foco foveal. La combinación de bastones y focos nos permite tener un enfoque tridimensional o uno bidimensional, una visión diurna y una nocturna, y un enfoque periférico o uno foveal (Tortora y Anagnostakos, 1990: 476-477).

Si consideramos la proporción de conos y bastones, resulta sorprendente que no estemos diseñados para sentarnos durante horas, ocupados exclusivamente en actividades de enfoque foveal, como leer y ver la televisión o la pantalla de la computadora. Los ojos necesitan experimentar el mundo de manera activa en su totalidad para que la visión se desarrolle en plenitud. La actividad de las funciones sensitivas y motrices de los ojos ayuda a que el cuerpo se habitúe a las figuras y los movimientos de las formas naturales, para que desarrolle la conciencia espacial necesaria que le permita tener percepciones claras y ayude a estructurar la visión, esencial para cualquier aprendizaje.

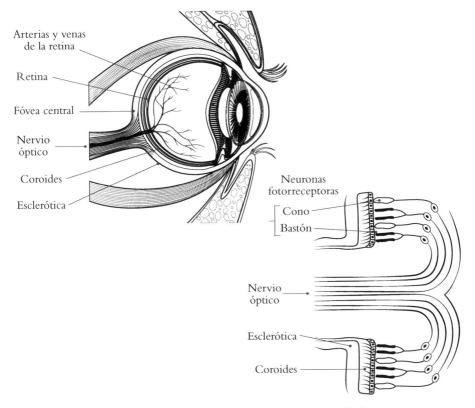

Figura 9. El ojo y las células receptoras de la luz.

La importancia del aprendizaje sensorial

Aun cuando en el cerebro cada sentido tiene una zona y un sitio receptor especializado, el procesamiento de los sentidos es muy integrador. La visión se desarrolla bajo la continua influencia del oído y el tacto, por lo cual la información sensorial se puede procesar con gran velocidad en la neocorteza como una experiencia completa (Wallace, 2004). Las experiencias y las sensaciones constituyen el conocimiento y el aprendizaje. Las sensaciones conforman la comprensión básica de la cual se derivan los conceptos y el pensamiento. Para el aprendizaje es imperativo tener un entorno sensorialmente rico, como descubrió la neuroanatomista Marian Diamond en sus trabajos con ratas. Estos entornos fértiles incluían grupos de juegos de 10 a 12 ratas en grandes jaulas de varios niveles, llenas de puentes, escaleras, columpios y resbaladillas, además de muchos juguetes y estímulos variados.

Diamond descubrió que, en comparación con las ratas que tenían una movilidad y estímulos restringidos, las que se hallaban en un ambiente exuberante desarrollaban cambios estructurales en el cerebro y manifestaban una conducta que se podría interpretar como una muestra de inteligencia en aumento (Diamond y Hopson, 1998: 30; Diamond 1988: 9-62).

En el estudio longitudinal de Nueva York se hizo un seguimiento de 133 sujetos desde la infancia hasta la edad adulta. Se descubrió que la competencia en la etapa adulta se derivaba de tres factores principales en los primeros ambientes donde ocurrió el aprendizaje: *1)* buenos entornos sensoriales, tanto en interiores como en exteriores, *2)* libertad para explorar el ambiente, con pocas restricciones y *3)* padres disponibles que actuaban como consejeros cuando los niños hacían preguntas (Thomas y Chess, 1997: 18-26, 93-107, 183-190; 1984: 1-9).

Esa importancia y necesidad de gozar de un entorno sensorialmente rico y a nuestro alcance para aprender de él prevalece durante toda la vida. No obstante, muchas de nuestras prácticas educativas provienen de la suposición no comprobada de que las personas aprenderán mejor si se les da mucha información, ya sea como conferencia o por escrito, de manera bidimensional. Además, se cree que para aprender uno debe sentarse quieto, mantener su mirada al frente y tomar notas. Basta con observar los ojos vidriosos y las miradas vacías de los alumnos en un salón de clases para saber que lo mejor es abandonar esta creencia.

En general, nuestro sistema de educación formal se apoya demasiado en el lenguaje como medio de instrucción. ¿Y cuál es el problema con eso? Para responder me gustaría referirme de nuevo a la máxima expresada por Einstein: "el aprendizaje está en la experiencia. Todo lo demás solo es información". Los investigadores del conocimiento lo definen ahora como la capacidad de tener experiencias (Russell, 1999). Las palabras, aunque son importantes, solo son pedazos de información. No son la experiencia y resultan un pobre sustituto de la calidad directa y la frescura que tiene el aprendizaje donde uno puede tocar.

Las palabras solo son comprensibles cuando evocan alguna imagen en la mente del aprendiz. Si los estudiantes no pueden tener acceso a las imágenes fundamentales, no podrán entender las palabras, pues no habrá un contexto o una comprensión visual. Se produce una gran confusión cuando los alumnos no captan el sentido de las palabras del profesor. En cambio, las experiencias son directas y reales, involucran los sentidos, emociones y movimientos y el estudiante participa totalmente. Suceden grandes cosas cuando experimentamos con los sentidos y, al hacerlo, observamos, relacionamos lo que vemos con experiencias anteriores y nos damos cuenta de patrones. Las palabras son útiles en este proceso, nos ayudan a organizar lo que pensamos acerca de las sensaciones, pero no son un sustituto para la fuerza y la autenticidad de la experiencia verdadera.

El aprendizaje fue más fácil para mis alumnos de biología en la universidad cuando hacíamos salidas para estar en contacto con la naturaleza y, ahí, discutíamos los conceptos científicos conforme los experimentábamos. La segunda mejor opción era asegurarnos de que cada sesión en el laboratorio tuviera abundantes experiencias sensoriales y que las clases en el aula fueran breves y se convirtieran en debates orientados hacia lo sensorial, con actividades donde uno pudiera tocar.

El aprendizaje entra primero por los sentidos. Conforme exploramos y experimentamos en nuestro mundo material, establecemos patrones sensoriales sobre redes nerviosas elaboradas. Estas estructuras sensitivas de inicio se convierten en el eje de nuestro sistema de información libre de forma, que se actualiza y se refina con cada nueva experiencia. Estos patrones sensoriales iniciales se vuelven nuestros puntos de referencia y nos aportan el contexto para cualquier aprendizaje o pensamiento y para la creatividad. Luego, a esta base sensorial le podremos añadir emociones y movimiento durante toda la coreografía del aprendizaje de nuestra vida.

Capítulo 4
El papel de las emociones

> Mis investigaciones me ha persuadido de que la emoción es
> parte integral del proceso del razonamiento. Incluso, sospecho
> que la humanidad no está padeciendo de una falla
> en su competencia lógica sino, más bien, de una falla en las
> emociones que informan el despliegue de la lógica.
> *Antonio Damasio* (1994: 144)

No es extraño que muchos de nosotros pensemos que la emoción es, de alguna manera, antagonista del pensamiento. La noción de que las mejores ideas ocurren a la clara y fría luz de la razón, muy por encima de la distracción y el desorden de la emoción, tiene una larga historia que podría remontarse a Platón, Kant y Descartes. Es una idea que ha influido profundamente en nuestra cultura, sobre todo en la educación.

La gente distingue entre pensamiento y emoción del mismo modo que entre mente y cuerpo. Sin embargo, a pesar de nuestras profundas y enraizadas suposiciones, son distinciones infundadas. Cuerpo, pensamiento y emoción están íntimamente ligados a través de las intrincadas redes nerviosas y funcionan como una unidad para enriquecer nuestro conocimiento. Las investigaciones de las neurociencias ayudan a explicar cómo y por qué un rico desarrollo emocional es esencial para entender las relaciones, el pensamiento racional, la imaginación, la creatividad e, incluso, la salud del cuerpo.

Hasta los científicos especialistas en computación que buscan estimular el pensamiento humano reconocen que la inteligencia artificial es limitada e incompleta porque carece de emoción. El cibernético David Gelernter afirma decididamente: "Las emociones no son una forma de pensamiento, no son otro modo de pensar ni una habilidad cognitiva especial extra, sin embargo, son fundamentales para el pensamiento". Si al pensamiento le quitamos la emoción, lo que queda es tan solo el extremo de un espectro continuo, el pensamiento lógico lineal, y tratar de identificar esta angosta barra de alto enfoque con el pensamiento en general es totalmente impreciso (Gelernter, 1994: 46-47).

Gelernter dice, además, que las emociones son inseparables del pensamiento y están, asimismo, "inextricablemente vinculadas a los estados corporales. El estado corporal es parte de la emoción, la alimenta y ayuda a definirla. Esto significa que, en esencia, uno no solo piensa con el cerebro; lo hace tanto con el cerebro como con el cuerpo" (Damasio, 1994: 205-223).

Demostración de los vínculos que hay entre la razón, la emoción y el cuerpo

Lo que discierne Gelernter proviene de la creciente cantidad de investigación sobre el cerebro, en particular en torno a la interrelación que existe entre emoción y pensamiento. En una serie de experimentos muy ingeniosos, Antonio Damasio y sus colegas demostraron que cuando las emociones y el cuerpo se disocian de la cognición no hay ni conducta racional ni aprendizaje (Damasio, 1999; 1994: 205-223). No se puede soslayar la importancia que este hallazgo tiene para nuestra comprensión del aprendizaje y para la teoría y la práctica de la educación.

Los sujetos que participaron en los experimentos de Damasio fueron pacientes que presentaban daños en el lóbulo frontal del cerebro, sobre todo en la zona que se conecta de manera directa con la sustancia negra del sistema límbico, que es donde se procesan las emociones. Si bien el daño no impedía que funcionaran el intelecto ni la memoria de los pacientes de ninguna manera que se pudiera detectar, sí los alteraba en dos aspectos profundos y extraordinarios. Primero, eran incapaces de tomar decisiones razonables en cuestiones personales y sociales (decisiones que podían tomar de manera normal antes de sufrir el daño del lóbulo frontal); ahora, en cambio, sus elecciones eran absurdas, imprudentes e irracionales. En segundo lugar, tenían muy limitadas sus reacciones emocionales. Los mismos pacientes reconocían este cambio grave y repentino, cuando veían que ya no reaccionaban de manera emocional a cosas que ellos "sabían" que les habrían afectado antes de sufrir las lesiones cerebrales.

Damasio y sus colaboradores exploraron los vínculos fundamentales entre estos dos síntomas, la irracionalidad y la falta de emoción ocasionadas por el daño del lóbulo frontal de sus pacientes. En una serie de pruebas, conocidas como "experimentos de los jugadores", los sujetos participaban en un juego de naipes en el que las cartas se obtenían de un modo en el cual una persona normal, poco a poco, podría ir aprendiendo cómo acumular las mejores cartas para ganar. Si, como producto de la manera en que se robaban las cartas del mazo, un jugador aprendía a elegir racionalmente, se le premiaba. En cambio, las elecciones irracionales que pasaban por alto este aprendizaje se castigaban con pérdidas. Los pacientes que tenían dañado el lóbulo frontal no lograban aprender de sus errores, por muy cuidadosos que trataran de ser. Los sujetos normales, incluso los que se consideraban a sí mismos como jugadores arriesgados, aprendían sin problemas la estrategia menos riesgosa para ganar.

Ver cómo aprende el cuerpo

Entonces, los investigadores le dieron al experimento un giro inquietante. Conectaron a los jugadores a un polígrafo para llevar un registro continuo de sus elecciones, junto con las respuestas de la conducta de su piel. Al principio, tanto los jugadores en estado normal como los que tenían un daño cerebral respondieron del mismo modo cuando ganaban o perdían. El polígrafo registraba reacciones similares después del turno de cada uno pero, después de algunas vueltas, los polígrafos de los jugadores en estado normal comenzaron a exhibir un patrón nuevo y sorprendente. Antes de que hicieran una jugada riesgosa, se registraba una respuesta en el polígrafo. Conforme pasaba el juego, cada vez que estaban a punto de tomar una decisión riesgosa, el registro de la respuesta que lo anticipaba era más notorio. "En otras palabras, poco a poco, los cerebros de los sujetos normales estaban aprendiendo a predecir un mal resultado e indicaban lo relativamente inadecuado de su posible decisión antes de que, en verdad, hicieran su tirada" (Damasio, 1994: 205-223).

Esta curva del aprendizaje, que corresponde paso a paso con la respuesta emocional expresada dentro y a través del cuerpo, demuestra de forma elocuente la interrelación que tienen el saber y el sentir con el cuerpo. El elemento crucial para el aprendizaje, que es precisamente lo que no hay en los pacientes cuyas emociones no se conectan con sus pensamientos, es esta alarma corporal. Cuando las emociones y las sensaciones corporales están disociadas del pensamiento, no es posible un verdadero aprendizaje.

Las emociones y la supervivencia

A partir de estos experimentos, Damasio desarrolló su teoría de que las emociones aportan los criterios esenciales sobre los cuales se basan las decisiones racionales que tomamos en la vida. Él supone que las emociones informan al proceso del pensamiento acerca de la dirección correcta en la que hay que ir, de acuerdo con la supervivencia o los riesgos sociales. Las emociones se sienten como estados corporales y son el medio por el cual la mente se entera de los sentimientos del cuerpo, como criterio para la supervivencia cognitiva (Damasio, 1994: 199). Cada vez que hacemos planes, estrategias, razonamos y creamos nuevas ideas, confiamos en el conocimiento que hemos acumulado en la vida. Supongamos, por ejemplo, que debemos decidir si renunciar a un empleo o no. Correrán de pronto por la mente un torrente de experiencias y de proyecciones del futuro que llevan consigo un contenido emocional. Los recuerdos de lo bien o mal que nos ha ido al tratar de encontrar un nuevo empleo dan lugar a que se reproduzcan las sensaciones estomacales que se relacionan con el hecho (Damasio, 1994: 170-173).

Según Damasio, esta manera de marcar la experiencia con valores emocionales nos asegura que, ante todo, procuremos nuestra supervivencia corporal. Las cualidades buenas o malas para nosotros según lo registra el cuerpo, las podemos recordar y se convierten en la base para predecir los resultados. Esto nos garantiza que nuestras estrategias de razonamiento contribuyan a la supervivencia (Damasio, 1994: 200).

Además, la capacidad para marcar y recordar las experiencias es importante para que sobreviva la sociedad. Las emociones añaden el elemento de placer o dolor al aprendizaje de la conducta social. Esto asegura que cada individuo aprenda las reglas y los valores que protegen los propósitos de la sociedad y permiten que esta funcione. Sin el sano desarrollo emocional de los individuos, los humanos no podríamos llegar a ser socializados de forma adecuada y se perderían los valores, las normas y la sabiduría sociales. Entonces, ¿cómo se desarrollan las emociones y qué condiciones promueven el sano desarrollo emocional?

El sistema límbico

Las emociones se encuentran en la intersección del cuerpo y la mente. Esto casi es literalmente cierto, ya que la mayoría de los procesos emocionales ocurre en el sistema límbico, la zona que se halla entre el cerebro reptiliano y la corteza encefálica. El sistema límbico se vincula con la neocorteza y esto permite que haya un procesamiento emocional-cognitivo. Además, trabaja en armonía con el cuerpo para manifestar los rasgos físicos de algunas emociones, como el rubor cuando uno se siente avergonzado y la sonrisa cuando uno está alegre. Las emociones del sistema límbico determinan también la liberación de los neurotransmisores que refuerzan o debilitan el sistema inmunológico.

El sistema límbico consiste de cinco grandes estructuras en el cerebro: tálamo, hipotálamo, ganglios basales, amígdala e hipocampo (Coutler, 1985).

El tálamo actúa como estación de retardo para todos los sentidos que transmiten al interior, excepto el olfato. También retarda los impulsos motores de la corteza encefálica a través del tallo cerebral hasta los músculos. Además, el tálamo interpreta el dolor, la temperatura, los roces y las sensaciones de presión y funciona en las emociones y la memoria.

El hipotálamo controla la glándula pituitaria, la temperatura normal del cuerpo, la ingestión de alimentos, la sed, el estado de vigilia y el sueño. Es, asimismo, el centro para los fenómenos en los que la mente domina sobre el cuerpo y permite que haya notables actos de fuerza física y de resistencia durante las emergencias, y actúa cuando surgen la ira, la agresión, el dolor y el placer.

La amígdala tiene relación con las zonas del cerebro involucradas en el proceso cognitivo y con las que actúan en los estados corporales relacionados con toda la gama de emociones, desde las reacciones intensas de aflicción y dolor hasta las de placer y alegría. Estas emociones producen recuerdos y controlan bioquímicamente el enrutamiento y la migración de los monocitos, que son fundamentales para el sistema inmunológico. Este asiento de las emociones es el punto focal de los receprores para los neuropéptidos que llegan de todo el cuerpo y que nos hacen conscientes, al ayudarnos a seleccionar la información sensorial que nos permita comprender las situaciones a las que nos enfrentamos en nuestro entorno (Pert, 1986). Tiene que ver con el reconocimiento de las expresiones faciales y el lenguaje corporal. Nos permite evaluar una situación mediante la coordinación de las reacciones del cuerpo que sirven como advertencias internas, para que podamos responder de la manera adecuada, con temor, ansiedad o felicidad (Damasio, 1994: 406).

El hipocampo, donde a lo largo de toda la vida se desarrollan las nuevas células nerviosas, utiliza el estímulo sensorial que llega a través del tálamo, la coordinación de movimientos en el ganglio basal y las emociones en el hipotálamo para formar una memoria a corto plazo. Esta memoria, con la activación de la red nerviosa en el hipocampo, puede ingresar una provisión permanente como memoria de largo plazo para todo el cerebro y el resto del cuerpo. Los investigadores han visto que, mientras dormimos, hay estallidos de actividad eléctrica en el hipocampo, que estimulan la zona del cerebro que maneja la información sensorial. Este descubrimiento sustenta la noción de que la comunicación entre estas zonas, durante el sueño y la vigilia, fortifica nuestros recuerdos (Buzsaki, 2003).

El ganglio basal conecta los impulsos entre el cerebelo y el lóbulo frontal y los orquesta, con lo cual ayuda a controlar los movimientos del cuerpo. Vuelve posible el control de los movimientos finos de nuestros músculos faciales y oculares, necesario para comunicar a otras personas nuestros estados emocionales y para la memoria aprendida que se basa en el movimiento, por ejemplo, para tocar el piano (Tortora y Anagnostakos, 1990: 400-401). El ganglio basal es una de las zonas que se conectan con el lóbulo frontal, por medio de la sustancia negra que coordina el pensamiento que tiene que ver con la planeación del orden y el tiempo de la conducta en el futuro (véase figura 9) (Middleton y Strick, 1994: 284). Esto encaja con los descubrimientos de Damasio de que la emoción, el cuerpo y la razón son fisiológicamente inseparables.

Las intrincadas conexiones del sistema límbico muestran que para aprender y recordar algo debe haber un estímulo sensorial, una relación emocional personal y movimiento. Conforme entramos en contacto con el mundo, el *collage* de imágenes y las acciones con las que respondemos pasan por un filtro emocional en el sistema límbico, donde se determina qué valor tienen, qué significado y qué potencial para la supervivencia, a la luz de las experiencias del pasado (Pert, 1997: 135-148). Desde un punto de vista social, todo lo que hacemos se deriva de la necesidad de ser aceptados por nuestro grupo y, así, poder sobrevivir. Las emociones interpretan nuestras experiencias y nos ayudan a organizar la forma en que vemos el mundo y nuestro lugar en él.

Al parecer, todo nuestro procesamiento emocional y cognitivo es bioquímico. La manera en que nos sentimos en determinada situación pone en marcha los neurotransmisores específicos. Hablando de un modo objetivo, para el cuerpo y la mente cualquier experiencia es solo algo que sucede; el modo en que decidimos verla, teñido por nuestras emociones, determina la forma en que respondemos y la posibilidad de que aprendamos de esta. Por lo menos 80% de lo que percibimos en la vida adquiere forma en nuestra mente, dependiendo de dónde concentramos la atención. Podemos cambiar nuestra realidad si cambiamos aquello en lo que nos enfocamos y en lo que ponemos la atención (Clifford, 1999: 16-20).

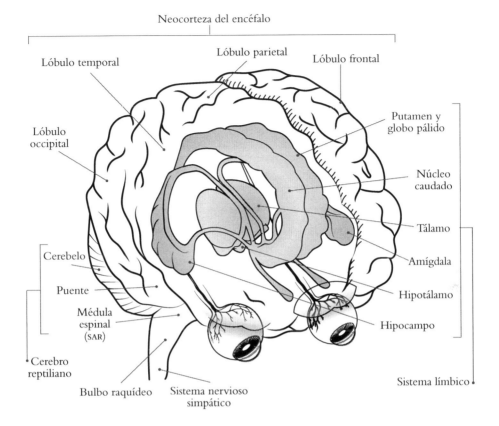

Figura 10. El sistema límbico.

Si percibimos un evento como un desastre, liberamos la adrenalina del neurotransmisor y el cuerpo y la mente responden con una serie de reacciones
orientadas hacia la supervivencia. Con el aumento de la adrenalina, también producimos el cortisol del neurotransmisor, que disminuye nuestra
capacidad para aprender y recordar (Meaney, 1993: 332), pero si, en cambio,
decidimos tomar ese evento como una oportunidad para aprender, como
una aventura, se liberan otros neurotransmisores, como dopamina, ácido
gamma aminobutírico (GABA), acetilcolina, el factor del desarrollo nervioso,
interferona e interleucinas (Chopra, 1991). Todos estos incrementan nuestra capacidad para establecer o reorganizar las redes nerviosas, de modo
que podamos pensar y recordar de manera efectiva. Más adelante, en otro
capítulo, retomaremos el tema de los neurotransmisores. Lo importante
aquí es señalar que los neurotransmisores que liberan están estrechamente
entrelazados con la función cognitiva.

¿Y esto qué tiene que ver con la educación?

> Hemos mandado el desarrollo social y emocional al asiento de atrás
> y eso afecta gravemente a los niños y a la sociedad.
> *Rachelle Tyler* (2001)

Las implicaciones de estos hallazgos son enormes, en especial en el ámbito de la educación. Elizabeth de Beauport (1983) lo deja muy claro cuando escribe: "¿Qué es lo que nos está faltando entre tantos esfuerzos que hacemos por la educación? ¡El cerebro sensible! El afecto ha sido la primera característica en el crecimiento de los mamíferos. Cuando empezamos a sentir cariño fue porque estuvimos de acuerdo en no ser como los reptiles y simplemente escurrirnos por ahí".

El entorno emocional es un elemento importantísimo para el crecimiento y el aprendizaje. En el útero, las características nerviosas y químicas del estado emocional de la madre afectan el desarrollo del embrión y el feto. Si después del nacimiento se separa a la criatura de su madre, se le niega o ella lo rechaza, el pequeño tendrá una reacción exageradamente estimulada de estrés. Es probable que, más adelante, eso le cause un déficit cognitivo (85% de los niños que tuvieron una relación traumática con sus padres o tutores muestran importantes problemas de conducta y lenguaje) y una creciente susceptibilidad para enfermarse (sobre todo del corazón), tanto de niños como de adultos (Francis y Meaney, 1999: 128-134; Oitzl *et al.*, 2000; Goddard, 1996; Prescott, 1997; Russek y Schwartz, 1994; Gorski, 2001).

Cuando, ya sea como embriones, fetos, niños o adultos, experimentamos algún trauma o descuido, nuestro cerebro en desarrollo se vuelve muy predispuesto a esperar ese tipo de problemas. Podemos observar esto en los niños autistas, que muestran zonas mayores de emoción y de memoria en el cerebro, a través de mediciones hechas con un aparato de resonancia nuclear magnética (RNM) (Amaral, 2004).

Los expertos en el desarrollo concuerdan en que el único factor que ha demostrado optimizar el potencial intelectual del niño es una relación segura y confiable con sus padres o con sus cuidadores. El tiempo que uno dedica a abrazar a los niños, jugar con ellos, acompañarlos y comunicarse conscientemente establece un vínculo de seguridad, confianza y respeto, sobre el cual se basa la pirámide de su pleno desarrollo (Kluger, 2001: 53). También los niños que asisten a la escuela deben sentirse seguros, aceptados e incluidos en el grupo para que puedan aprender.

Una de las cosas más importantes que un profesor puede hacer, sobre todo con los alumnos que tienen alguna discapacidad, es crear lazos con ellos. Las mediciones hechas con tomografía axial computarizada (TAC) muestran que los niños procesan la información, primero, a través de sus emociones y aprenderán lo que les parezca más emocional, lo que para ellos resulte emocionalmente más relevante. Por otra parte, la inseguridad y el miedo pueden poner un alto definitivo al aprendizaje, al cerrarse las conexiones más elevadas del cerebro (Chaloner y Wesson, 2003).

Nuestro sistema mente-cuerpo aprende cuando experimenta la vida en su contexto, con relación a todo lo demás. Son las emociones y los sentimientos los que participan en ese contexto. Para poder aprender, pensar o crear, los estudiantes tienen que comprometerse emocionalmente. De otro modo, la educación se vuelve solo un ejercicio intelectual (Van Pragg *et al.*, 2000). No obstante las escuelas, en general, entregan el conocimiento en pedacitos, separándolo por temas, en un ambiente que no es ni social ni emocional. Por lo regular, es muy remoto el contacto con los intereses personales del alumno o con su futura supervivencia. La mayoría de las lecciones escolares esperan que los estudiantes se dediquen a trabajos serios, intelectuales, desprovistos de contenido social o emocional. Mientras, los profesores se quejan de tener que vigilar la disciplina en lugar de hacer su labor de educadores, cuando se esfuerzan por ponerle una tapa a las interacciones sociales y emocionales de los miembros de su salón de clases.

Los estudiantes que se sienten seguros, respetados y queridos tienen muchas motivaciones para aprender y poseen ya un compromiso emocional. Aprenderán porque les encanta aprender. Otros lo harán bien porque han llegado a entender la importancia que para la supervivencia personal tiene la educación por cuestiones de éxito social y, por lo tanto, se acercarán al aprendizaje con cierto compromiso emocional y de supervivencia. Mas los que no se sienten seguros emocionalmente, no tendrán un compromiso emocional con las exigencias educativas y quienes no consiguen apreciar el modo en que podrían aplicar en su vida lo que se les enseña quizás experimenten un amargo fracaso en la escuela.

La educación sería más efectiva si los hogares y las aulas se convirtieran en sociedades de aprendizaje, donde participaran de manera activa las emociones y las relaciones sociales al servicio de la adquisición del conocimiento. El sistema escolar danés se acerca mucho a este ideal en varios aspectos (algunos de los rasgos de este sistema educativo se describen en los capítulos 5 y 15).

Desarrollo de emociones

Para que el sistema límbico se desarrolle y se relacione con otras zonas del cerebro, es necesaria la exploración y la expresión de las emociones. Al igual que en el desarrollo sensorial, no nacemos con esa capacidad completamente formada. Tenemos que desarrollar las redes nerviosas que apoyen el procesamiento emocional mediante la expresión y la experiencia social. Nuestras primeras emociones tienen que ver con la seguridad. Los bebés que reciben cariño se sienten seguros para explorar el mundo sin preocuparse constantemente por su supervivencia. Cuando tienen unos 15 meses de edad, su sistema límbico inicia un proceso para añadir emociones más complejas a las estructuras básicas de la estimulación sensorial y el funcionamiento motor aprendido. A partir de esta unión se descubren las relaciones entre el individuo y su mundo y estas se almacenan en la memoria, primero a corto plazo y luego a uno más largo.

Si ponemos a dos niños de un año juntos en un cuarto, difícilmente notarán la presencia el uno del otro, ya que estarán ocupados en su labor sensitiva y motriz de comprender el mundo material. Pero cuando cumplen 15 meses, pondrán atención al otro niño y comienza la interacción. De ese modo, aparece la atención del niño a su lugar en el mundo y empieza a percibirse como un ser individual y separado, que se relaciona con otros porque tienen un parentesco común, lazos emocionales, un lenguaje y determinados paradigmas culturales. Entre los dos y los tres años, los niños se dan cuenta que ellos y su madre son seres aparte y desarrollan el concepto de "yo". Desde este nuevo punto de separación recién descubierto, el niño reconoce que "esta es mi mamá, este es mi papá, este es mi juguete". Así, el pequeño se relaciona con sus padres, hermanos y personas que lo atienden. El sentido social y familiar de interés o protección que crecen con la vinculación y que aseguran la supervivencia social se afianzan en el desarrollo emocional del sistema límbico.

La música ha demostrado ser un factor relevante para el desarrollo de las emociones, incluso antes del nacimiento. Los recién nacidos son capaces de reconocer la música que oían sus madres durante el embarazo. Los bebés de entre dos y seis meses prefieren los sonidos consonantes a los disonantes y mantienen un estado de tranquila atención cuando se les canta con armonía. Los sonidos armónicos activan el cuerpo calloso y la zona frontal del cerebro, que se asocian con la recompensa y el placer. Las investigaciones han comprobado que tanto niños como adultos disfrutan la música porque produce emociones y sentimientos, incluyendo el estremecimiento, las risas y las lágrimas, con lo cual se contribuye al desarrollo del sistema límbico y su conexión con la memoria y el razonamiento más refinado. Cuanto más pronto se les enseña la música a los niños pequeños, para que escuchen, canten y jueguen al conocer los instrumentos musicales y bailen, más se desarrollan sus cerebros y mejor pueden sentir y expresar sus emociones con responsabilidad, de un modo saludable (Weinberger, 2004: 94-95; Justin y Slobosa, 2001).

Aprendizaje por imitación

En esos primeros años, la exploración adquiere una nueva dimensión. Los niños empiezan a imitar a la gente que hay en su mundo y eso les da una comprensión física y emocional de las personas y las relaciones sociales más significativas para ellos. Los investigadores han descubierto que hay neuronas reflejantes en la corteza premotriz y otras zonas del cerebro que podrían ser el sustrato neuronal de nuestra capacidad para imitar a los demás, para percibir lo que otros sienten y piensan, y para visualizar, con empatía, un plan de acción conjunto (Ramachandran, 2010). Cuando el infante tiene 14 meses de edad ya es un maestro en el arte de la imitación y no solo copia indiscriminadamente. A veces, opta por un modo más sencillo de hacer lo que un adulto le enseña. Esta flexibilidad da muestras de una floreciente capacidad para evaluar la sensatez de la conducta de otras personas (Melzoff, 2002). Ese puede ser el eje de la enseñanza y el aprendizaje que nos acompañará el resto de la vida.

Lo que llamamos la "conducta terrible de los dos años" no es más que la exageración que el niño hace de nuestros movimientos y emociones para obtener una comprensión completa, sensorial y motriz de sí mismo. El niño está intrigado con las sensaciones físicas de esas emociones recién descubiertas y por eso, a veces, hace tanto drama. Quizá etiquetemos esos arranques como berrinches temperamentales cuando solo son actividades multisensoriales de aprendizaje emocional y físico. Para el aprendizaje de las emociones es muy importante la expresión por medio del movimiento. A esta edad, el niño no tiene un pensamiento cognitivo o manipulador que dirija la emoción. ¡Simplemente se convierte en la emoción! Si los padres entienden esto, podrán entretenerse con un loco y maravilloso espectáculo que es un reflejo de sí mismos, en lugar de pensar que la conducta de los niños de dos años es terrible. La cantidad y la frecuencia con que se dan esos comportamientos disminuirá conforme los responsables de la educación del niño se den cuenta de la importancia del ejemplo que ellos le dan.

Esta relación entre lo físico y lo emocional continuará durante toda la vida, mientras el cuerpo siga siendo el vehículo principal para la expresión de los sentimientos. Observa lo que sientes cuando ves una escena profundamente conmovedora en el teatro o cuando escuchas una pieza musical que te llega al alma. Nota cómo se mueven los miembros del coro cuando están cantando emocionados y absortos. Mira tus propios movimientos cuando expresas una honda emoción. Es prácticamente imposible expresar una emoción sin moverse. Las principales zonas sensitivas de la cara y las manos, por lo regular, están muy activas en el proceso. Las expresiones de las emociones con las manos y el rostro estimulan grandes zonas del cerebro para que se establezcan relaciones más sofisticadas entre la emoción y el pensamiento.

Entre los 15 meses y los cuatro años de edad, el niño explora la riqueza emocional de su mundo. La exploración inicial implica las emociones generadas por el hipotálamo y la amígdala, lo cual incluye estados de ira, terror y agresión. Estos, para su expresión, se relacionan de manera directa con el cerebro reptiliano y, de tal forma, se convierten en reacciones burdas, sin ninguna comprensión ni control cognitivo. Conforme se desarrollan las redes nerviosas y se unen con los centros corticales de los lóbulos temporales para el pensamiento y las funciones cognitivas más refinadas, surgen emociones como la tristeza, la felicidad y la frustración. Esta vinculación nerviosa con las zonas cognitivas permite que esas emociones burdas lleguen a hacerse conscientes y es así como nos pueden afectar emocionalmente los cuentos, los acontecimientos históricos y todo lo que vemos en los medios de comunicación (Restak, 1988: 319).

Por qué necesitamos expresar las emociones

La exploración y la expresión de esas emociones burdas son esenciales para el posterior desarrollo de emociones más refinadas, como el amor, el altruismo, la compasión, la empatía y la alegría, que evolucionan conforme las redes nerviosas se vinculan con los lóbulos frontales del cerebro. Entonces, las emociones nos aportan la pasión y la acción que requerimos para una vida plena.

Cuando las emociones se ligan de un modo directo con la supervivencia y el miedo, su expresión puede convertirse en una reacción explosiva que se centra en el sistema nervioso simpático y en el tronco encefálico. Este tipo de emoción reactiva, si bien es natural en un niño de dos años, resulta temible en un adulto ya que, a menudo, lleva a la violencia. A los niños muchas veces se les reprime por ese temor a la violencia cuando expresan emociones fuertes, incluso cuando ellos apenas las están descubriendo.

Cuando animamos a las personas para que expresen sus emociones, aunque sean de ira o tristeza, estamos mostrando respeto por sus sentimientos. Entonces, como esa persona siente que se le valora, por lo regular sus respuestas emocionales se vinculan con la razón. Cuando a los niños se les enseña con el ejemplo y se les permite que expresen sus emociones de forma responsable y natural, aprenden a darles un uso constructivo y creativo en su vida. Es muy beneficioso hablar de los sentimientos con ellos porque hacemos que participen en los procesos del pensamiento y la razón, para incluir y expresar verbalmente la experiencia emocional. Esto ayuda a fortalecer la importante relación entre emoción y cognición.

Por otra parte, si no se le permite a la gente dar una salida a la expresión de sus emociones, es posible que empiece a dudar de su valor personal. Las emociones que se suprimen pierden su conexión con la atención consciente y este estado de negación se liga con los centros de supervivencia. El resultado es que la emoción se conecta con el miedo y la duda sobre uno mismo. Cuando por fin se expresan esas emociones, es posible que lo hagan como una erupción violenta y explosiva. Si las emociones se quedan reprimidas o negadas, ocasionan una liberación crónica de adrenalina, con lo cual se deprimen el aprendizaje, la memoria y el sistema inmunológico. Esto, aun, puede dar lugar a la generación de un cáncer o una enfermedad cardíaca que ponga en peligro la vida (Grunberg y Singer, 1991: 247-250). Si animamos a los niños y a nosotros mismos a expresar las emociones de un modo humano, podremos relacionarnos con seguridad y honestidad. Para el aprendizaje es crucial esa relación segura, así como para vivir muchos años con buena salud.

En la década de 1940, la Universidad de Harvard comenzó un estudio longitudinal en el que los estudiantes (entre 18 y 24 años, en promedio) contestaban diversas preguntas. Con el paso de los años se hacía un seguimiento de esos estudiantes, para comprobar si las percepciones que tenían en aquella década afectaba su vida tiempo después. Cuando ese grupo llegó a la edad de 65 años, se evaluaba también su condición cardíaca (ya que los ataques al corazón ocupan el primer lugar entre las causas de mortandad en Estados Unidos) y se observaba si las respuestas que dieron cuando eran jóvenes mostraban alguna correlación con la condición cardíaca que manifestaban. Se descubrió que 93% de los sujetos de 65 años que de jóvenes habían sentido que no habían tenido unos padres cariñosos, sufrían del corazón, a diferencia de 35% que sentía que solo había tenido un padre cariñoso y de solo 25% que sentía que sus dos padres habían sido muy afectuosos con ellos (Russek y Schwartz, 1994: 195-208). El sentido que tiene una persona de su relación con los demás y las emociones que eso le produce son muy importantes para la salud y el aprendizaje.

En mis visitas y mis oportunidades de enseñar a muchas otras culturas, a lo largo de los últimos 16 años, con frecuencia me he sentido profundamente impresionada por las brillantes actitudes que las sociedades tienen hacia la expresión de las emociones. Entre los nativos de Botswana y Lesotho sentí mucha alegría y pasión. Las personas de esas culturas no tienen miedo de expresar sus emociones con todo su ser, no importa si se trata del enojo por la injusticia, la tristeza o la alegría. Sobre todo, expresaban alegría con todo el cuerpo y la mente. Se manifestaba en canciones, en radiantes y eternas sonrisas y en cálidos abrazos. Expresaban pronto su alegría por cosas tan sencillas como encontrarse conmigo, por una cosecha, por ver a sus niños o por levantarse de la cama otro día.

En nuestra cultura es más común que se exprese la ira que la alegría y, muchas veces, ni siquiera se ve como algo raro. En cambio, si alguien expresa su alegría en la calle, lo ven como a un loco. ¿Por qué será que estamos más entonados con las expresiones de ira que de alegría y somos más respetuosos con ella e, incluso, quizá, más hábiles para demostrarla? ¿Será que el miedo a expresar una de ellas nos ha llevado a ser muy cautos con la manifestación de la otra y eso, a su vez, nos conduce a descalificar e intelectualizar cualquier cosa que pueda interpretarse como "emotiva"? Sin embargo, como lo afirma hoy la ciencia, nuestras emociones, motivos y pensamientos están unidos inextricablemente (Lazarus y Lazarus, 1994: 203-208, 290-297). Las emociones son parte del pensamiento; una vez que aparecen se quedan para siempre. Cuando respetamos esta inseparabilidad y afirmamos un lugar productivo para las emociones en cualquier ambiente educativo, cultivamos un terreno fértil para el aprendizaje, el pensamiento y la creatividad.

Sentí esas emociones tan satisfactorias entre las comunidades africanas, que todo lo incluyen, y con la gente en Rusia y Polonia, países donde la honestidad y la lucha son una importante forma de vida. Esos ambientes han confirmado mi creencia en el valor de la emoción para la salud y el bienestar de cualquier sociedad. Las relaciones apasionadas y significativas son una gran parte de lo que nos estamos perdiendo y que tanto buscamos en nuestra sociedad. La estimulación y la aceptación de un rico desarrollo emocional son esenciales para nuestra vida como individuos y como sociedad.

Altruismo a temprana edad

En sus primeros años, el desarrollo del sistema límbico del niño le permite establecer relaciones y vínculos sociales. Es la oportunidad perfecta para enseñar al pequeño cómo comportarse con los demás y cómo cuidar a otros niños, a las mascotas, los objetos y su ambiente. Los signos del desarrollo del altruismo y la empatía aparecen alrededor de los tres años de edad. Estas cualidades son esenciales para la supervivencia de la especie (Coulter, 1986). El desarrollo de una conducta altruista comienza cuando enseñamos al niño a poner atención a las necesidades de los demás y a interesarse por ellos. El pequeño pasa de la relación posesiva a la preocupación por la posesión: "esto es mío y tengo que cuidarlo". El tiempo extra que dedicas a atender a tu mascota cuando tu hijo de tres años descubre que ya le falta comida es una enseñanza que honra el altruismo y que dejará una impresión en el niño para toda la vida, aunque llegues un poco tarde a tu trabajo.

Lo mismo sucede si muestras tu preocupación por un juguete perdido y te pones a buscarlo en lugar de decir "ya compraremos otro". El niño adquiere un sentido del valor de las cosas. Si le dices al niño que te sientes triste y dejas que te conforte, le estás enseñando empatía y generosidad. Es importante aprender a ser altruistas en una sociedad en la que cuesta tanto trabajo que germinen conceptos como "reducir, reutilizar y reciclar". Es posible que el crecimiento de nuestros tiraderos y el incremento de la población en los hospitales y las instituciones de salud mental se deba a que no germinaron las semillas del altruismo durante el desarrollo límbico (Pearce, 1992: 44-51).

Aprender a controlar las emociones también es una tarea adecuada para el cerebro. Para evitar conflictos, es común que le demos a los niños lo que quieren y cuando lo quieren. Esto les priva de la oportunidad de aprender lo que es la gratificación retardada. Una forma en que se puede ayudar a este importante proceso del aprendizaje y que no es dolorosa puede ser practicar un juego de tiempo. Cuando el niño pide una golosina puedes decirle: "sí, te la daré en tres minutos". Entonces, puedes voltear un pequeño reloj de arena, por ejemplo, y pedir al niño que te indique cuando sea el momento. Al terminar ese lapso, entrégale la golosina. El tiempo del juego puede alargarse conforme se asimile el aprendizaje. Si el niño sabe que sus necesidades serán satisfechas, es fácil que desarrolle un sentido del tiempo y aprenda lo que es la gratificación retardada. Es una lección que le puede servir muy bien para el resto de su vida (Coulter, 1986).

La emoción y la memoria

¿Qué relación hay entre la conciencia sensorial física y la emoción que nos trae recuerdos? Si les pedimos a las personas que traigan a la mente sus primeros recuerdos, por lo regular retrocederán hasta un tiempo posterior al cual el sistema límbico comienza a madurar. Al entrar en acción el sistema límbico, las redes nerviosas conectan las estructuras básicas sensitivas y motrices con la emoción y, así, se establece la memoria.

Inténtalo por un momento. Trae a la memoria alguno de tus primeros recuerdos. ¿Cómo eran los colores, los sonidos, los olores, los sabores, las emociones? ¿Qué recuerdas acerca de tus movimientos? ¿Quién más estaba por ahí y qué sentías por esa persona? En general, los recuerdos vienen cargados de sensaciones corporales, como imágenes, sonidos, aromas, sabores, emociones y movimientos. La forma en que se relacionan las redes nerviosas de esas sensaciones produce las imágenes de nuestros recuerdos.

De lo primero que me acuerdo es de que mi madre me mecía en un columpio pequeño en el patio trasero. El columpio colgaba entre la casa y un árbol. Recuerdo bien que hacía frío. Quizá era otoño. En el aire y en los árboles el colorido era claro y brillante. Los olores eran típicos de otoño, secos y acres. Recuerdo que me sentía segura mientras miraba la cara de mi madre, con su bufanda azul. Ella me hablaba y se reía de mis risas. Recuerdo la sensación de mi cuerpo que iba y venía, al principio con suavidad, pero después sentía el jalón en mi estómago conforme aumentaba la fuerza con la que me mecía. Es un recuerdo sensual, físico y lo veo ahora como si lo recreara en una película. La imaginación, los sueños y la cognición surgen de este intrincado interludio que ocurre en el sistema límbico.

El sistema límbico nos permite ver las cosas en su contexto por primera vez. Usamos esta conciencia recién descubierta para entender la propiedad, la relación que tenemos con todo lo demás y nuestro lugar en la sociedad. "Ese objeto" se vuelve algo particular y no solo una cosa que ingiero para sobrevivir. Ahora, lo reconozco como "espagueti", largo y enredado, del mismo color de mi camisa, mío, no de mis hermanas y podría crear una historia con él.

Asimismo, es un período importante para las impresiones físicas, que son el desarrollo de la memoria corporal. Cuando los niños se encuentran con información nueva, se mueven para asimilarla con todo su cuerpo, sus músculos y sus sentidos. Deja que un niño de tres años te guíe en un paseo. Verás que cuando se topa con algo nuevo mueve su cuerpo para adoptar la configuración física de ese objeto, para entenderlo mejor. El movimiento facilita el proceso del entrenamiento para comprender físicamente las relaciones (Coulter, 1986).

Las estructuras básicas y la memoria

La naturaleza de la memoria ha sido siempre un tema de muchas conjeturas y debates. Entre los científicos que estudian el cerebro hay un consenso cada vez mayor en cuanto a que los recuerdos no se almacenan en un solo sitio de ese órgano, sino que se construyen poco a poco a partir de las vías nerviosas que se accionan al mismo tiempo, como estructuras que ocupan todo el cuerpo. Algunos expertos, como Candace Pert, creen que los recuerdos se forman como en un holograma de nuestro sistema en conjunto, donde cada parte se conecta con todas las demás (1997: 135-148). Estas redes están sujetas a cambios y elaboraciones constantes, de modo tal que podemos vincular las ideas y los recuerdos haciendo combinaciones infinitas.

Las estructuras básicas de la memoria se forman mientras experimentamos, cada vez con mayor detalle, nuestro entorno sensorial. Las diferentes zonas sensitivas del cerebro captan determinadas sensaciones; el desarrollo de las estructuras nos permite recrear como un solo recuerdo esas diferentes sensaciones. Dichas estructuras se relacionan con las zonas específicas del cerebro donde se procesa cada información sensorial especializada; por ejemplo, las sensaciones visuales en el lóbulo occipital o el sonido en el lóbulo temporal. Cuando a alguien le llega un recuerdo de su madre en una ocasión particular, las imágenes, los sonidos, las palabras, los olores, los movimientos y las emociones que están surgiendo vienen desde diferentes lugares del cerebro, pero están vinculados de un modo neuronal y es así como pueden formar un solo recuerdo. Claro que eso nos puede llevar, directamente, a otro recuerdo más, ya que las redes nerviosas están entretejidas de un modo muy complejo.

De acuerdo con este modelo, es así como integramos un nuevo aprendizaje. Las estructuras que van evolucionando se convierten en puntos básicos de referencia para entender la nueva información. Cuando nos enfrentamos con el nuevo aprendizaje, el cerebro recuerda las experiencias anteriores y se despliega una imagen simultánea de las estructuras básicas, proveniente de cada zona del cerebro. La información fresca se integra, entonces, a las estructuras básicas ya existentes y, de ese modo, cambian y se enriquecen las redes nerviosas y nos ofrecen un panorama más complejo.

La información comienza como un recuerdo a corto plazo en el sistema límbico, donde las imágenes sensoriales se combinan con los componentes emocionales, los cuales añaden información importante para la supervivencia. Si la información se pondera y se pone en práctica, se convierte en un patrón para la reorganización de las estructuras anteriores. A su vez, la reorganización de las estructuras básicas se convierte en una memoria a largo plazo en el sistema de información libre de forma, a través de todo el sistema cuerpo- mente; durante toda la vida continuamos con la elaboración y modificación de la estructura. Las estructuras básicas, de las cuales 90% se adquieren en los primeros cinco años de vida, nos dan el molde sobre el cual afirmamos cualquier aprendizaje futuro (Damasio, 1999).

Los registros hechos con el TEP muestran que a lo largo de todas las partes del cerebro corre una carretera de información celular, para coordinar los recuerdos de los sucesos que uno experimenta de manera personal y que se denominan recuerdos de episodios. En un estudio de la Universidad de Toronto, los participantes demostraron tener una memoria más poderosa para las palabras que se analizaban por su significado que para las que se repasaban cuidadosamente letra por letra. Los recuerdos de episodios (o, al igual que en el caso del estudio hecho en Toronto, las palabras significativas) tienen un componente emocional extra, el cual parece necesario para el desarrollo complejo de la memoria (Tulving et al., 1994; Science News, 1994: 199). El despliegue de imágenes y recuerdos en el cerebro es ubicuo y, al parecer, lo ocasiona la experiencia de los episodios, más que el proceso de tratar de aprender algo de corrido. La función de la memoria es más que un sistema bibliotecario lineal. La memoria parece ser un sistema de información libre de formas que nos permite recabar la información de manera instantánea y simultánea, proveniente de todas las experiencias corporales, por lo tanto, para poder recordar algo de un modo más eficiente, lo mejor es conectarlo con los episodios físicos, emocionales y sensoriales.

Los patrones de cada persona son específicos y únicos. La cantidad de estructuras básicas posibles es infinita. Estas estructuras determinan la manera en que procesamos y actuamos en el momento del aprendizaje. Como modelos, estas estructuras básicas se pueden modificar, reorganizar y arreglar para que sean más eficientes a medida que se incrementa el conocimiento (Clifford, 1999), además proveen las bases de nuestras creencias que, a su vez, se pueden transformar a causa de la nueva información y de una percepción más amplia. "La experiencia modifica el mapa somatotrópico en el cerebro", señala Eric Kandel (1991: 1024-1025), "y el aprendizaje puede conducir a alteraciones estructurales en él". El desarrollo del cerebro límbico, con sus vastas conexiones emocionales con todas las zonas del cerebro, nos permite aumentar constantemente nuestra base de datos. Las estructuras básicas sensitiva, motriz y emocional se convierten en el molde para un nuevo aprendizaje. Cada paso ayuda a que el sistema aprenda, procese y reorganice la información con mayor facilidad y madure con una comprensión y una complejidad cada vez más grandes.

Una joya límbica: la imaginación

> La imaginación es más importante que el conocimiento,
> porque mientras el conocimiento apunta hacia todo lo que hay,
> la imaginación se dirige hacia todo lo que habrá.
> *Albert Einstein*

Conforme se elaboran las conexiones límbicas, ocupan su sitio todos los elementos para desarrollar la imaginación. Esta brotará de manera natural a partir de la estructuración sensorial y motriz y la relación de estas con la emoción y la memoria. En realidad, es posible observar cómo se despliega este proceso por la forma en que responden los niños cuando uno les lee. Ellos se concentran en escuchar y se quedan absolutamente quietos. En su cerebro, están elaborando imágenes internas y emociones que se conectan a la comprensión que ya han adquirido. De un modo activo, están formando nuevas redes nerviosas.

Cuando uno termina de leerles un cuento, los niños dicen de inmediato: "¡Léelo otra vez!" y "¡otra vez!" y "¡otra vez!". La repetición les da la posibilidad de elaborar y cubrir de mielina las nuevas vías neuronales. Si al leer de nuevo cambias una palabra te lo dirán. La consistencia es importante para la integridad de las imágenes que se crean. Después, ellos te contarán el cuento para personificarlo con sus movimientos y sus emociones mediante la narración. Finalmente, lo representarán con una actuación. El juego físico les da la comprensión sensorial de los conceptos y así afirman todo el conjunto (Pearce, 1992: 141).

Luego, el niño crece y ya le podemos contar historias más complejas, de preferencia de libros que no tengan ilustraciones o que traigan muy pocas, porque eso estimulará su proceso imaginativo. Asimismo, siempre es bueno animar a los niños para que inventen sus propias historias y las cuenten.

Jugar

En los primeros años, durante la formación, el juego es
casi un sinónimo de la vida. Solamente lo superan en importancia
la alimentación, la protección y el cariño.
El juego es un ingrediente básico del crecimiento físico,
intelectual, social y emocional.
Ashley Montague

Nunca terminaremos de señalar la importancia que tiene jugar con la imaginación (Singer y Singer, 1990). Un niño puede tomar lo que hay en su mundo y, por medio del juego y la familiarización, organizarlo en patrones mentales y emocionales cada vez más complicados. Entre los dos y los cinco años de edad, el niño pasa por una etapa crucial para el desarrollo cognitivo, ya que aprende a procesar la información y a expandirla con su creatividad. Ese proceso se acelera a través de la comunicación interactiva y el juego, cuando los niños aprenden también de la imaginación de sus compañeros.

Son cambios maravillosos que suceden de manera natural y que, por suerte, no requieren la supervisión ni la intervención de los adultos. Desafortunadamente, sin embargo, parece que en la actualidad hay menos tiempo y oportunidades para que los niños simplemente jueguen. Hasta los grupos de juego parecen estar organizados y estructurados; es como si existiera la suposición de que los niños tienen que ser entrenados y los juegos deben estar orquestados. Encuentro mucho esto en los deportes organizados para niños; los adultos tienen el control y el objetivo es competir. Es muy raro ver ahora que los niños, sencillamente, empiecen un juego casual, como era la costumbre cuando yo era niña.

Una muy buena parte de mi aprendizaje más valioso ocurrió cuando jugaba con los niños vecinos en el gran terreno vacío que había detrás de la casa. Había un árbol en el centro y zanjas, rocas, espacios con arena, arbustos; con eso, teníamos material de sobra para fabricarnos un escondite o un arco y una flecha. Teníamos bastante espacio para cabalgar en nuestros imaginarios corceles y jugábamos a los indios y los vaqueros. Pasaban las horas y los días y nosotros tramábamos una idea tras otra. Hacíamos nuestros juguetes con palos, plumas, piedras, gis, cuerdas, pegamento, cajas grandes de cartón, ropa vieja de nuestros padres, lo que fuera. Crear tus propios juguetes en conjunto con un compañero, de manera espontánea, estimula tremendamente el desarrollo cerebral. El juego aporta la chispa emocional que enciende la atención y los sistemas de solución de problemas y de respuesta ante la conducta, de forma que se adquieran las habilidades necesarias para la cooperación, la creatividad en equipo, el altruismo y la comprensión.

El doctor Paul MacLean relaciona el proceso del desarrollo de la imaginación con el del juego, que se convierte en la esencia de la creatividad y el razonamiento refinado. Él percibe que la relación entre el cerebro límbico emocional y el lóbulo frontal de la neocorteza hace posible la expresión fundamental de la creatividad y el desarrollo humanos (MacLean, 1990: 559-560). Nuestras emociones básicas —felicidad, sorpresa, temor, disgusto, ira y tristeza—, en general no se activan en nuestra sociedad tan juiciosamente controlada, pero cuando jugamos de verdad, estas emociones pueden salir a la superficie sintiéndose seguras y eso abre las posibilidades a una vida apasionada y con muchas motivaciones (Sylvester, 2000).

El juego representa la integración total del cuerpo y la mente. Varias masas de neuronas se destinan de manera específica a la generación del juego tozudo. En particular, estas vías cubiertas de mielina se hallan entre el tálamo del sistema límbico, la zona sensitiva (el complejo parafuscicular y los núcleos posteriores del tálamo) en el lóbulo parietal, el cerebelo y la corteza motriz de los lóbulos frontales de la neocorteza. El juego brusco reduce eficientemente la hiperactividad y los síntomas de TDAH, en especial durante los primeros años de la adolescencia, cuando el cuerpo del niño cambia de un modo tan radical y más que nunca siente la necesidad del contacto fuerte (Panksepp, *et al.*, 2003: 97-105).

Cuando jugamos, liberamos dopamina y esta induce el júbilo, la excitación, e instrumenta el desarrollo de la red nerviosa y su alineación por todo el cerebro (Panksepp, 1998: 281-291). En el momento en que tenemos la oportunidad de asimilar nuestra carga de estímulos sensoriales, los procesamos y los integramos junto con unas estructuras básicas ricamente desarrolladas y, entonces, expresamos las nuevas percepciones de un modo creativo, tanto física como verbalmente, ya estamos jugando, en realidad. El ímpetu que los humanos sentimos por crear viene del impulso que da el juego. Los juegos de palabras, los retruécanos y el ingenio han contribuido al pensamiento creativo en la literatura y el teatro durante muchos años. Los compositores, los coreógrafos y todo tipo de artistas emplean el juego para expresar su integración. El alegre juego de la ciencia moderna se derrama sobre las matemáticas, los acertijos paradójicos y el idioma (MacLean, 1990: 559-575).

Como padres, maestros y seres humanos, nuestras relaciones se vuelven mucho más efectivas cuando hay juego y una conexión de corazón a corazón. En cuanto a las investigaciones sobre el papel que el cariño desempeña en el juego y en el aprendizaje provechoso, expongo aun más material en mi libro *Awakening The Child Heart. Handbook for Global Parenting* [*Despertar el corazón del niño, un manual de educación global para los padres*] (Hannaford, 2002).

Resulta interesante que la Asociación Nacional para la Educación esté descubriendo la importancia de las artes, en especial del teatro y la música, para garantizar el éxito en la enseñanza de las matemáticas y la lectura, así como para disminuir los problemas de conducta, mejorar la asistencia y estimular la concentración y la disposición para aprender. La actuación y la música permiten a los estudiantes expresar sus emociones mediante el juego y aprender por medio de todo su sistema sensitivo y motor. Los alumnos que practican las bellas artes tienen un promedio de 40 a 60 puntos más en su desempeño verbal y de 15 a 40 puntos más en aritmética, en las pruebas de aptitud académica. Además, se ha demostrado que los estudiantes minoritarios de bajos ingresos y los más débiles en el aspecto académico obtienen más provecho si desarrollan alguna actividad artística. Los alumnos que participan en actividades artísticas tienen un mejor desempeño, virtualmente, en todas las mediciones, que aquellos que no cultivan las artes. Las escuelas más eficaces están integrando las artes en todos los aspectos de sus planes de estudio, de manera que puedan ofrecer más puntos de aprendizaje a los estudiantes que asimilan mejor en un contexto con mayor Gestalt (Loschert, 2004: 20-29).

Estamos descubriendo, asimismo, que el juego ayuda a que los individuos se integren al entorno social en el que ha de transcurrir su vida. Contribuye a que el sistema vestibular desarrolle un cerebro sano, creativo y brillante, al efectuar movimientos contralaterales y en espiral, los cuales incrementan también los niveles de dopamina, importante para la plasticidad neuronal y para un óptimo aprendizaje. El juego aporta el contacto que se requiere para que el factor de desarrollo nervioso apoye el crecimiento y la buena salud de las redes nerviosas de interconexión masiva en todo el cuerpo y la producción de oxitocina, que contribuye al aprendizaje, la concentración y a construir un sentido de seguridad (Uvnäs-Moberg, 2003). Además, el juego nos enseña la forma de convivir con los demás, fomentando el sentido de pertenencia y de seguridad en todos los niveles (Siviy, comunicación personal).

Con el incremento masivo de autistas (en California, simplemente, hubo un aumento de 273% en casos de autismo entre 1987 y 1998) (Byrd, 1999) se ha descubierto que el juego es el agente que mejor garantiza el éxito en la "construcción de relaciones". El proyecto "Juego" de la Universidad de Michigan capacita a los padres para que jueguen con sus hijos por lo menos durante 15 horas a la semana, obteniendo claves por parte de los niños para modelar esta interacción. Más de 62% de los niños que jugaban con sus padres durante un lapso mayor a las 15 horas semanales, manifestaban un progreso bueno o excelente, en comparación con el,

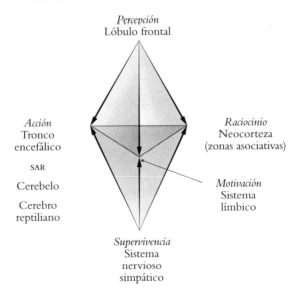

Figura 11. Modelo de Trowbridge del funcionamiento equilibrado.

apenas, 20% cuyos padres convivían con ellos menos de 10 horas (Solomon, comunicación personal; Greenspan *et al.*, 1998).

El juego, tanto en el nivel físico más simple como en los más refinados alcances del intelecto, depende del equilibrio de todos los elementos que componen nuestra humanidad. Anthony Trowbridge (1992) ha demostrado en su propia elaboración de la teoría del cerebro trino, de Paul MacLean, que la emoción es uno de los elementos clave para lograr ese balance. Cuando las emociones entran en un equilibrio dinámico con la razón, la percepción, la acción e, incluso, la supervivencia, el aprendizaje se convierte en un proceso racional y creativo. Si alguna parte del procesamiento cerebral se excluye del proceso de aprendizaje, se limitan la integración de las estructuras y las acciones adecuadas. Cuando se pierde el equilibrio dinámico, lo resienten el aprendizaje y la creatividad.

La televisión y la imaginación

La televisión, la computadora y los videojuegos suelen ocupar un tiempo que los niños podrían emplear de un modo menos pasivo. Si a los niños se les da espacio y se les anima a crear, se entretendrán solos con toda naturalidad, sin necesidad de artículos sofisticados ni de la intervención de los adultos. El simple hecho de encontrarse en un lugar donde la espontaneidad está permitida da lugar al surgimiento de mucha creatividad. Estoy toralmente de acuerdo con lo que afirma Joseph Chilton Pearce (1992: 164-171) y con la recomendación que hace Jane Healy (1990) de prohibir la televisión a los niños menores de ocho años, con la finalidad de que puedan establecer su capacidad para imaginar y expresarse.

Figura 12. ¡Precaución: No hay niños jugando!

Es muy elocuente esta imagen de la Asociación Estadounidense para las Afecciones Cardíacas. La televisión afecta el movimiento corporal, la comunicación interactiva, el juego, la motivación, el uso de más de dos sentidos, la solución de los problemas, la curiosidad y la productividad. Podríamos añadir a esto la falta de imaginación durante el desarrollo, la cual demanda una práctica sensitiva, motriz, emocional y de interacción e intercomunicación humana completa.

Soñar despiertos y los juegos imaginativos promueven la madurez perceptiva, el crecimiento emocional y el desarrollo creativo del niño. La televisión inhibe el proceso e interfiere con la forma en que el niño aprende a jugar.

Los niños, por naturaleza, aprenden haciendo las cosas y a través de su interacción con los demás. En este sentido, el aprendizaje por televisión es antinatural. Además, el aprendizaje requiere un tiempo para reflexionar, absorber y procesar las experiencias.

Un estudio demostró que los alumnos que veían mucha televisión (más de seis horas al día) tenían mayores probabilidades de exhibir un cociente intelectual bajo que los que veían menos televisión (como mucho, dos horas al día). "La televisión le da a los niños extractos de información impresionantemente complejos", escribe Kate Moody, "pero se trata de un conocimiento que, en general, no está integrado y carece de suficiente contexto y significado" (Moody, 1980: 37, 51, 53).

La televisión bombardea al espectador con un torrente de imágenes, palabras y movimiento en constante cambio que resulta demasiado rápido para que lo asimile un cerebro joven. El niño puede llegar a repetir lo que oye, pero sin ninguna profundidad de entendimiento. Y es justamente esa profundidad de comprensión, derivada de la integración de las nuevas experiencias con el desarrollo de las estructuras corporales y mentales del niño, la que conduce a la imaginación y al razonamiento creativo. Al final, el niño se vuelve pasivo y ya no tiene la participación interna mental, emocional ni física que se necesitan para el desarrollo cognitivo.

En su intento por seguir lo que sucede en la pantalla del televisor, la capacidad para procesar del niño se agota debido a una estimulación exagerada. Sus ojos comienzan a manifestar una cerradura ocular (en la mirada) y una audición que no logra asociar bien (no relaciona entre las palabras y las imágenes). El cuerpo se tensa y se inhiben el aprendizaje y la memoria. Entonces, el niño se vuelve irritable y temeroso (Kraut, 1998; Jennings y Healy, 1990: 201-202; Singer *et al.*, 1999).

Es importante enfatizar que, en sí, el acto de ver televisión, independientemente de lo que se vea, tiene un efecto duradero en el aprendizaje de los niños. Entre los dos y los cinco años de edad, el niño se encuentra en un período crucial para el desarrollo cerebral. El cerebro se prepara para aprender la manera de asimilar y relacionar la información. Cuando los niños ven televisión, se acostumbran a un estado de aprendizaje en el que no hay participación física, emocional, ni siquiera sensitiva (con el olfato, el gusto y los propioceptores). Esta costumbre termina por afectar a las estructuras de aprendizaje que nos guiarán toda una vida.

La Fundación Familiar Henry J. Kaiser tiene registrado que entre los niños menores de dos años, 43% ve un promedio de dos horas diarias de televisión. Son dos horas durante las cuales los infantes no exploran, no juegan, no aprenden ni interactúan con otras personas que los quieren y que les podrían estar enseñando cómo ser creativos y usar su imaginación.

En los hogares donde se ve mucha televisión, solo 34% de los niños con edades que van de los cuatro a los seis años sabe leer bien, en comparación con 56% de buenos lectores de esa misma edad que producen los hogares donde la televisión se ve poco tiempo.

En ese mismo estudio, se descubrió que 27% de los niños de entre cuatro y seis años de edad utilizan una computadora todos los días; 24% de los varones de esa edad se divierte con juegos de video, en comparación con solo 8% de niñas que lo hacen. Las niñas se desempeñan mejor en la escuela que los varones (Shapiro y McDonough, 2003; Wallis, 2003).

Con frecuencia, en la actualidad, oigo decir a los profesores que los niños están más irritables, que no tienen imaginación y que les cuesta mucho trabajo aprender. A pesar de las guías y los consejos, lo que les falta a muchos niños son las vías nerviosas básicas para jugar con las ideas y ser creativos.

John Rosemond, director del Centro para la Paternidad Asertiva en Gastonia (Carolina del Norte), cita un estudio que muestra cómo los preescolares que veían muchos episodios de Plaza Sésamo tendían a desempeñarse menos bien en la escuela que los niños que no veían televisión (Rosemond, 1994: 105-106).

Stephen Hinshaw, en Berkeley, preocupado por la eliminación o la limitación del recreo que gozan estos niños "criados por la TV", afirma que "aun más importante que leer a temprana edad es aprender a jugar con las habilidades, porque estas forman las bases de las capacidades cognitivas" (Wallis, 2003).

Los sueños

En los sueños tenemos la oportunidad de experimentar con toda la riqueza de nuestra imaginación. El sistema límbico es la zona de los sueños, la expresión interna de nuestra imaginación. Durante la vigilia, el sistema límbico depende del cerebro reptiliano en cuanto a la expresión de la imaginación, pero cuando este se cierra (o se apaga) para dormir, el sistema límbico da lugar a nuestra expresión interna en los sueños. La mayoría de estos son experiencias sensoriales completas, con diversos y fuertes estratos emocionales.

Es importante soñar para el procesamiento de los sucesos emocionales y, al parecer, también porque ayuda a dejar que fluyan las situaciones emocionalmente estresantes. Así lo demuestra, de manera gráfica, un estudio en el cual el movimiento ocular rápido (MOR) durante el sueño se relacionó con una oleada de adrenalina que, por lo menos, se duplicaba durante la etapa MOR del sueño (Gachelman, 1993: 85; Somers *et al.*, 1993: 303-307). Las elaboradas conexiones del sistema límbico, que forman el puente entre el cuerpo y la neocorteza, nos proporcionan los elementos emotivos necesarios para vivir y relacionarnos en los niveles más refinados.

Consejos para el sano desarrollo del sistema límbico de los niños

a) Estrecha los vínculos con tus hijos. Dedica tiempo para estar con ellos. Estimúlalos para que jueguen espontáneamente con su imaginación, ya sea solos, con sus padres o quienes los cuidan o con otros niños. Jueguen a trepar, chapotear, arrastrarse y girar en un entorno natural, y permitan que dirijan el proceso del juego. Los juegos toscos son buenos para tu hijo y para ti. Deja que él o ella creen sus propios juguetes y evita los de producción comercial, totalmente hechos y nada creativos.

b) Lee para ellos y participa con toda tu atención. Anímalos a que inventen de manera creativa sus propios cuentos y a que los actúen.

c) Fomenta y permite que expresen sus emociones de un modo pleno, para pasar después a un diálogo racional si ya tienen entre tres y cinco años de edad.

d) Ponles música fina y armónica. Canta y baila con ellos. Anímalos a que toquen algún instrumento y a dominar un estilo musical que les guste.

e) Estimula que haya mucho movimiento y participación con otros niños, para que establezcan reglas de juego, aprendan a compartir y siembren las semillas de una conducta altruista.

f) Enséñalos a proteger a otras personas, cuidar a las mascotas y las cosas en general.

g) Fomenta el sentido del tiempo y de esperar con paciencia las recompensas.

h) Anímalos para que no vean televisión y no usen videojuegos ni computadoras antes de cumplir los ocho años.

i) Proporciónales un ambiente cariñoso, sin graves tensiones, y ayúdalos a modelar una amplia expresión emocional y una estabilidad. Modela su alegría.

j) Controla diariamente el estrés que implica cuidar a los niños con movimientos como los de Gimnasia para el cerebro® (Ganchos), yoga, tai chi, caminatas, natación y mediante otros movimientos de integración.

Capítulo 5
Establecer contactos

> Cuando intentamos tomar alguna cosa
> por separado, descubrimos que está unida
> a todo lo que hay en el universo.
> *John Muir*

Hace algunos años, en Colorado, cuando empezaba a dar clases en la universidad, tenía un cerebro en un frasco. Siempre que lo sacaba para estudiarlo con mis alumnos me causaba una sensación imponente, de reverencia. He aquí, en mis manos, una parte del universo de lo que ha sido esta persona, una parte de su memoria genética y celular, de la historia de su vida, de sus imágenes y de su comprensión del mundo, de sus sentimientos de amor y odio, de los controles merced a los cuales se movía e interactuaba con su entorno, de sus pasiones y de sus sueños sagrados. En mis manos sostenía el registro físico, las relaciones neuronales de un individuo singular, un ser como no hubo antes otro igual ni lo habrá de nuevo. Aún me siento así, maravillada, cuando en verdad estoy con otro ser humano de cualquier edad. Esta persona, única e ilimitada, bien puede ser la puerta de entrada a otros mundos, los cuales jamás podría visitar de otra manera. En aquellos mismos años trabajaba también con un geólogo y juntos organizábamos prácticas de campo, cada primavera. Fue todo un aprendizaje y una aventura percibir el desierto a través de los ojos y la mente de 28 estudiantes. Cada uno de ellos tenía su muy particular marco de desarrollo, con su entendimiento emocional y una forma muy específica de procesar la nueva información. Cada uno sintetizaba lo que entendía con sus singulares capacidades y patrones de pensamiento. Cada uno hacía que el desierto fuera algo novedoso y fascinante, gracias a sus infinitas maneras de vivirlo y percibirlo por primera vez y, para mí, cada uno se convirtió en una rica fuente de nuevas percepciones.

La muy particular serie de conexiones que cada persona establece desde el primer momento en que tiene contacto con el mundo modela su comprensión de sí mismo y de lo demás. Lo cierto es que esas conexiones somos nosotros mismos, moderando constantemente nuestras experiencias y con frecuencia cambiando conforme integramos la experiencia con las demás relaciones que ya hemos establecido. Estas se expresan y se personifican por medio de los conocimientos, las capacidades y las habilidades que caracterizan a cada ser humano como único e irremplazable.

Todas nuestras experiencias comienzan en el tronco encefálico. Después, pasan por el sistema límbico, que incorpora las emociones y da seguimiento a las sensaciones. Por último, nos hacemos conscientes de las experiencias en la neocorteza, que nos entrega una relación de lo que es el mundo. La neocorteza es la zona más plástica del cerebro. Es la parte novedosa, le encanta recibir estímulos frescos y toda la variedad que pueda ofrecer la vida. Al igual que otras partes del cerebro, la neocorteza es totalmente interdependiente y forma una sola entidad con todo el cuerpo. No obstante, su desarrollo y su desenvolvimiento obedecen a un tiempo propio. Si entendemos este proceso, obtendremos una visión mucho más clara, no solo de nuestras enormes capacidades, sobre todo para el aprendizaje, sino también de la forma en que podemos impedir o contribuir a que ese potencial florezca.

Presentación del centro de control

La estructura más grande del cerebro humano es el encéfalo, y es ahí donde reside el centro de control. Nos podemos dar una idea de su tamaño si juntamos las manos cerradas, con los pulgares apuntando al frente. El encéfalo está cubierto por una delgada cáscara similar a la de una naranja que se llama corteza o neocorteza. La palabra neocorteza se refiere al progreso evolutivo que manifiesta el cerebro de los mamíferos sobre el de las demás especies. La neocorteza se compone, principalmente, de tres tipos de neuronas en una capa delgada, de dos a cinco milímetros de espesor, que cubre la superficie de todas las circunvoluciones del encéfalo. Contiene entre 10 mil y 20 mil millones (o más) de células nerviosas, en especial la gran red intermediaria de neuronas asociativas, que es lo que llamo centro de control.

Las neuronas del centro de control se mantienen unidas gracias a una cantidad de entre 80 y 100 mil millones de células que forman la neuroglia, un fino tejido de soporte constituido por células nerviosas o estructuras lineales dentro del cerebro y la médula espinal. Algunas de estas ligan el tejido nervioso con las estructuras de soporte y unen a las neuronas con los vasos sanguíneos.

Si extendiéramos la neocorteza, cubriría una superficie de 1 250 cm^2; utiliza 70 centilitros de sangre por minuto y quema 400 calorías diarias. Constituye apenas un cuarto del volumen total del cerebro, sin embargo, contiene aproximadamente 85% de las neuronas que hay en él (Harvey,1985: 7).

La neocorteza está compuesta de la sustancia gris, los cuerpos celulares de las neuronas que carecen de mielina. Esta sustancia tiene la ilimitada capacidad de formar nuevas dendritas y de reorganizar estructuras dendríticas a partir de las nuevas experiencias de una persona. Se calcula que las redes nerviosas que se encuentran en la neocorteza de un adulto tienen un cuatrillón (es decir, un millón de trillones) de conexiones en un cerebro normal y pueden procesar mil piezas nuevas de información por segundo. Esto significa que, en cualquier momento, las combinaciones de señales que pueden saltar entre las sinapsis de un cerebro superan la cantidad de átomos que hay en el universo (Chopra, 1990: 50).

La sustancia blanca está compuesta de axones cubiertos de mielina que se extienden desde los cuerpos de las células de la neocorteza o que van hacia estos. Los axones conducen rápidamente la información sensorial a la neocorteza y llevan sus órdenes motrices al cuerpo.

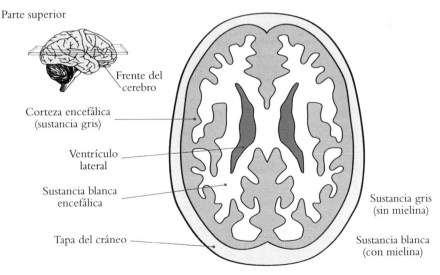

Figura 13. Sustancia blanca y sustancia gris del encéfalo.

En este preciso segundo, mientras lees estas palabras, tu cerebro registra la luz, el calor, el frío, los sonidos y los olores que te rodean; lleva un registro del funcionamiento de todos tus órganos y de cada contacto y presión sobre tu cuerpo; sabe qué y quién está contigo en el lugar donde te encuentras; sabe dónde está cada músculo de tu cuerpo, cuál está relajado y cuál contraído; todo el tiempo ajusta tus músculos, en especial los de los ojos, para que estén alineados con el libro; mueve los músculos oculares para que sigan las letras por todo el renglón, los ajusta a la distancia adecuada y también a la luz; visualmente, capta las palabras de esta página y las integra a ciertos recuerdos de imágenes, sonidos y movimientos específicos que has tenido en tu vida, para comprender cada frase y su sentido dentro de tu contexto particular, de modo que puedas evaluar la relevancia del texto, juzgues su contenido y consideres la mejor manera de utilizarlo. ¡Es sorprendente!

Cuando nacemos, la neocorteza pesa 350 gramos, 25% del peso que tendrá cuando lleguemos a la edad adulta. Crece conforme se incrementan sus dendritas y las células de la neuroglia, en una escala de un miligramo por minuto para alcanzar 50% de su peso total en seis meses, 75% cuando cumplimos los dos años y medio y 90% cuando llegamos a los cinco años. Con estas cifras, podemos imaginar que 90% de las estructuras nerviosas básicas se forman incluso antes de que el niño comience a ir a la escuela. Cuando cumplimos los cinco años de edad ya tenemos un dominio motor grueso sobre la gravedad, hemos aprendido un mundo de información por medio de los sentidos, nos expresamos mediante el lenguaje, la música y el arte y tenemos la suficiente socialización para interactuar con la familia y los extraños de un modo culturalmente aceptable. Esta fabulosa hazaña del desarrollo nervioso, que asimila las experiencias sensoriales y crea modelos mentales, continúa refinándose y creciendo durante toda la vida.

De la experiencia sensorial a la comprensión

La experiencia sensorial inunda nuestro sistema, viaja a través del tallo encefálico y el sistema de activación reticular y pasa por el tálamo del sistema límbico. Todas las vías que van desde las terminales nerviosas sensitivas hasta la neocorteza pasan por el tálamo, excepto las del olfato. El tálamo no solo supervisa los estímulos sensoriales y le añade un contexto emocional a la información, sino que también tiene conexiones directas con todas las zonas de la neocorteza. Esta relación estrecha, desde el tálamo a la neocorteza y, luego, de vuelta de la neocorteza al tálamo, es lo que se denomina sistema tálamo-cortical.

Estas transacciones invisibles y sutiles entre las zonas sensitiva, emocional y motrices del cerebro nos permiten extraer un sentido de nuestras experiencias. Son varios los lóbulos del encéfalo que participan en el proceso de desarrollo de las estructuras básicas que organizan la experiencia: el lóbulo occipital para la comprensión visual; el lóbulo temporal para el oído y para entender la gravedad, y el lóbulo parietal para el tacto, la presión, las sensaciones de dolor, calor, frío y la cenestesia de todo el cuerpo.

La relación que tienen entre sí estas zonas nos aporta las imágenes que comprenden nuestros recuerdos. Tú puedes recordar, por ejemplo, alguna ocasión en la que dejaste caer una pelota y esta rebotó con el típico sonido del plástico. También podrías recordar cuando tiraste un vaso de vidrio y se rompió en muchos pedazos. Es gracias al recuerdo de estas experiencias como podemos construir conceptos como: todas las cosas se caen; si son de vidrio, se rompen; si son de hule, rebotan. Mediante nuestras estructuras básicas elaboramos modelos de la forma en que funcionan las cosas, hacemos predicciones, organizamos las respuestas físicas y llegamos a tener una comprensión más compleja cada vez, conforme asimilamos un nuevo aprendizaje.

Un esquema del encéfalo

Es posible que la curiosidad por saber cómo funciona cada zona del cerebro haya existido desde los tiempos de Aristóteles, pero desde que Wilder Penfield comenzó a explorar el cerebro durante las operaciones que hacía no hemos dejado de intentar trazar un esquema específico de todas las zonas y funciones del cerebro.

En la década de 1930, el doctor Penfield descubrió que el cerebro en sí no tiene receptores que perciban el dolor. Esto le permitió efectuar cirugías cerebrales utilizando solo anestesia local en un paciente que estuviera completamente despierto. Mientras llevaba a cabo una operación, Penfield tuvo la oportunidad de utilizar una sonda eléctrica con una corriente moderada para estimular las neuronas de un cerebro vivo y totalmente consciente, a la vez que platicaba con su dueño sobre lo que estaba pasando. A cada estímulo, el paciente daba una respuesta física o verbal o, bien, venía a su memoria una imagen que describía como el recuerdo coherente de una experiencia anterior (Penfield, 1977). Así, Penfield pudo empezar a identificar la función de las diferentes zonas del cerebro. Hoy podemos emplear la tomografía por emisión de positrones (TEP), la resonancia nuclear magnética (RNM) y el superconductor de interferencias cuánticas (SIC o SQUID) para entender mejor las funciones del cerebro (Begley *et al.*, 1992: 66-70).

Con el TEP se mide la escala en la que el cerebro quema la glucosa, que es su combustible principal. A los voluntarios se les inyectan pequeñas cantidades de un compuesto de glucosa radiactiva que absorben las células del cerebro. Entonces, el TEP registra en qué zona se emplea más glucosa mientras se realizan ciertas actividades (Haier, 1994: 236-237).

Cada hemisferio del encéfalo contiene cuatro lóbulos, que se pueden observar en la figura 14 (Tortora y Anagnostakos, 1990: 433-438). Dicho de un modo muy elemental, los cuatro lóbulos encefálicos funcionan así:

Lóbulo occipital: La zona visual primaria recibe impulsos sensoriales por parte de los ojos, interpreta la forma, el color y el movimiento; la zona de asociación visual relaciona las experiencias visuales del pasado con las del presente, reconoce lo que ve y lo evalúa.

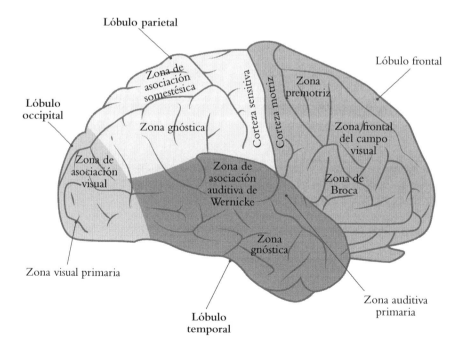

Figura 14. Los cuatro lóbulos de la neocorteza.

Lóbulo temporal: La zona auditiva primaria interpreta las características básicas del sonido, el tono y el ritmo; la zona de asociación auditiva (zona de Wernicke) interpreta el discurso; la zona vestibular capta las sensaciones que provienen de los canales semicirculares, el sentido de la gravitación, el equilibrio y las vibraciones; y la zona olfatoria primaria percibe las sensaciones relacionadas con el olfato. Estas zonas se vinculan de manera directa con los centros de la memoria del sistema límbico.

Lóbulo parietal: La zona sensitiva general percibe contacto, presión, dolor, frío, calor y cenestesia (Tortora y Anagnostakos, 1990: 433), la zona de asociación somestésica integra e interpreta las sensaciones: su forma y textura, cuando no hay estímulo visual, la orientación de los objetos, su relación con las partes del cuerpo y las experiencias sensoriales del pasado; la zona del gusto registra las sensaciones de sabor: dulce, salado, ácido y amargo.

Lóbulo frontal: La zona motriz primaria controla músculos específicos a lo largo de todo el cuerpo (Tortora y Anagnostakos, 1990: 438), la zona premotriz se ocupa de las actividades motrices aprendidas de naturaleza secuencial compleja y de los movimientos que requieren habilidad; la zona frontal del campo visual controla los movimientos oculares voluntarios de reconocimiento, la zona de Broca traduce los pensamientos en discurso y desarrolla el discurso interior, según lo describe Luria (1981: 103-113). Los investigadores han descubierto que existe una relación entre el buen desempeño académico y la creciente densidad de neuronas en los lóbulos frontales (Thompson, 2003: 92-93).

Estos lóbulos reciben estímulos externos e información proveniente del lado opuesto del cuerpo, por medio del tronco encefálico y el sistema límbico. Después, la información se integra, se organiza y se reorganiza con la memoria sensitiva y motriz en la zona de asociación y la zona cognitiva de la neocorteza (la gran red intermediaria), con la finalidad de comprender las experiencias nuevas a la luz de las pasadas.

Las zonas de asociación ocupan la porción más grande de cada lóbulo y tienen que ver con la memoria, las emociones, el razonamiento, la voluntad, el juicio, los rasgos de la personalidad y la inteligencia. La zona cognitiva es la de integración común; reúne información que proviene de los cuatro lóbulos. Se encuentra entre las zonas de asociación somestésica, visual y auditiva. Además, recibe impulsos de gusto y olfato, información sensorial del tálamo e impulsos de las porciones más bajas del tronco encefálico; además, integra las interpretaciones sensoriales que vienen de las zonas de asociación y los impulsos de otras zonas, para formar un pensamiento común con base en los diversos estímulos sensoriales. Un ejemplo de esa imagen integradora que surge podría ser así: "esta manzana fría y roja es suave, pero tiene un aroma fresco y estoy seguro de que tiene buen sabor". A continuación, transmite señales a otras partes del cerebro para propiciar que ocurra la respuesta física adecuada, una vez más, por medio del sistema límbico y del tronco encefálico (Tortora y Anagnostakos, 1990: 403). Tal respuesta podría ser, quizá, "llevar la manzana a la boca, abrir esta y morder la fruta".

Las zonas occipital, temporal y parietal se desarrollan de manera parcial junto con el tronco encefálico y el sistema límbico, pero manifiestan un esfuerzo de mayor crecimiento aproximadamente a los cuatro años de edad. No es sino hasta que uno tiene alrededor de ocho años cuando los lóbulos frontales exhiben un crecimiento más evidente.

La integración del conjunto

Para tener una imagen más nítida del complejo funcionamiento que ocurre al juntar todos los tabiques de este edificio, basta con mirar lo que sucede cuando vemos florecer los primeros botones de las violetas en la primavera. Para ver las violetas, el cuerpo y los ojos deben adoptar cierta posición y enfocar. Es un acto que requiere una integración motriz gruesa en el tallo encefálico, la coordinación mediante el ganglio basal en el sistema límbico y una coordinación motriz fina en el lóbulo frontal de la neocorteza. Los movimientos posteriores se suceden conforme los músculos del iris se contraen para que pase mejor la luz y los músculos ciliares sobre el cristalino se ajustan de acuerdo con la distancia.

La luz que reflejan las violetas se registra en los conos y los bastones fotosensitivos de las retinas de ambos ojos que envían mensajes neurológicos específicos por medio de las neuronas sensitivas a la zona primordialmente visual del lóbulo occipital del encéfalo. Esto nos permite "ver" las violetas. El campo visual frontal coordina el movimiento de los ojos para poder llevar la mirada a las flores. Las líneas y las formas se integran en una estructura y una tridimensionalidad por medio de imágenes asociativas con las zonas propioceptivas de la corteza sensitiva en el lóbulo parietal; de ahí, los impulsos se difunden a través de las redes nerviosas, reuniendo la información que les dan las zonas asociativas de los lóbulos parietal y temporal.

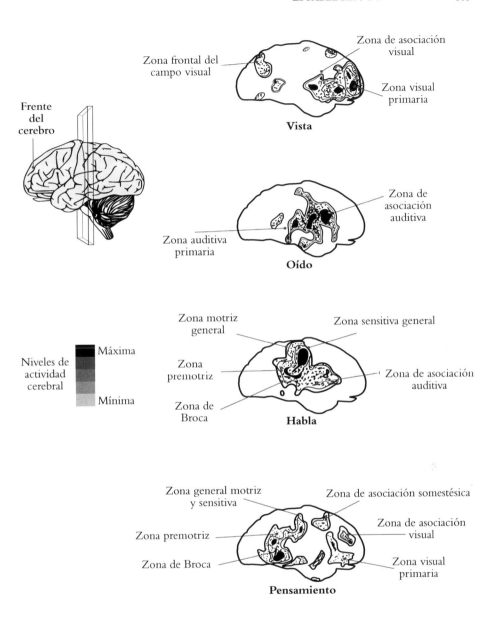

Figura 15. Representaciones esquemáticas de registros realizados con TEP de los lóbulos y sus funciones.

Las imágenes combinadas que aporta el cerebro en su conjunto nos ofrecen un concepto de las violetas, incluido nombre, función, dónde y qué hacen en este tiempo y este espacio, cómo es su aroma, qué gusto tienen, y nos traen algún recuerdo de la relación física y emocional que hemos tenido con ellas. Con ese recuerdo, podemos establecer nuevas relaciones, por ejemplo, juntar algunas de ellas y elaborar tarjetas con las flores prensadas, extraerles el tinte, preparar una ensalada, dibujarlas o calcular cuántas de ellas habrá en esa región. Estas nuevas formas de relacionarnos con ellas nos pueden inspirar para resolver algún acertijo, tomar una decisión, crear algo nuevo o emplear físicamente ese objeto en nuestra vida. De tal modo, el cerebro puede, entonces, propiciar diversas respuestas por parte de los músculos, como cortar algunas violetas, guardar unas en un libro, comerlas, saltar sobre ellas, en fin… (Orrison, 1995: 479).

Esta activación de todas las zonas del cerebro en una danza asociativa e integradora nos permite jugar con las violetas (o cualquier otro objeto) en la mente y, así, generar ideas nuevas y creativas acerca de objeto.

La importante conexión entre el corazón y el cerebro

En 1995, cuando se publicó por primera vez este libro en inglés, mi comprensión de la forma en que aprendemos se centró en la importancia del cerebro y el movimiento. Desde entonces, ha habido un cúmulo de investigaciones que muestran que el cerebro, en realidad, está regulado por el corazón. Parece que el corazón, por medio de los nervios, las hormonas y otros químicos informantes (neurotransmisores) que llegan al cerebro, determina la salud y la calidad del aprendizaje, ya sea que este resulte fácil y natural o difícil y débilmente asimilado (McCraty, 1997).

Hay más fibras nerviosas que van del corazón al cerebro que al revés, y el corazón late por sí mismo, sin que el cerebro lo estimule por innervación (Armour, 1991). Las fibras nerviosas que hay entre el corazón y el cerebro se conectan con la amígdala, el tálamo e, incluso, con la corteza prefrontal, lo cual relaciona a las emociones con los sentidos y conjunta toda la información de modo que esté lista para el aprendizaje. Asimismo, como se ha visto con las mediciones hechas con el superconductor de interferencias cuánticas (sic), el corazón genera un campo electromagnético que es, por lo menos, mil veces mayor que el campo que produce el cerebro y que se extiende a una distancia (que se puede medir) de dos y medio a cinco metros del cuerpo (Russek y Schwartz, 1996). Puesto que nuestros campos cardíacos se montan unos sobre otros en un área de entre dos y medio y cinco metros, me parece que el famoso dicho "hazlo de corazón" es intrínsecamente relevante cuando se trata de compartir, enseñar y educar a las personas más cercanas.

Todos los químicos informantes que se encuentran en el cerebro se hallan también en el corazón (Pert, 1999). Hay dos hormonas muy poderosas que segrega este órgano: el factor natriurético auricular (FNA) y el adrenérgico cardíaco intrínseco (ACI), que afectan de manera directa la función cerebral. El primera afecta las regiones del cerebro que regulan nuestro estado emocional, influyen en el aprendizaje y la memoria, y equilibran las hormonas del cuerpo por medio de la glándula pituitaria (Cantin y Genest, 1986: 76); el segundo regula la síntesis y la liberación de dopamina y adrenalina, que estimulan o reprimen el aprendizaje y la memoria (Armaour y Ardell, 1994).

Cuando nos sentimos en paz, dispuestos a aprender, relajados, entusiastas y cariñosos, el corazón muestra un patrón de variabilidad muy coherente de frecuencia cardíaca (utilizando el conductor R de un electrocardiograma, el patrón de ondas del corazón es bastante uniforme). En este estado, el corazón envía un mensaje nervioso a la amígdala, para que esta funcione en un estado parasimpático (relajado, receptivo y seguro). También parte un mensaje del corazón hacia el tálamo y, así, lo estimula para que asimile con facilidad la información sensorial que viene del ambiente. En ese estado coherente se producen nuevas células nerviosas en el hipocampo. Además, llega un mensaje a la corteza prefrontal, para establecer un patrón coherente que permita la comprensión total de la información sensorial que se está recibiendo, de modo que la podamos aprender y recordar. En este estado de coherencia, el FNA y el ACI contribuyen a un óptimo funcionamiento hormonal en todo el cuerpo y, entonces, podemos tener una buena salud.

Según los investigadores, para poder percibir, aprender y recordar nuestras experiencias correctamente, los grupos de neuronas deben tener una actividad coherente, en especial las de la corteza prefrontal, para que obtengamos escenas y sentidos unificados a partir de las diversas sensaciones que captamos en el ambiente (Rodríguez *et al.*, 1999: 430-433).

Cuando estamos estresados o sentimos miedo o frustración, el corazón muestra un patrón de variabilidad incoherente en su frecuencia cardíaca (el patrón de onda de un conductor R es errático). En este estado, el corazón envía un mensaje nervioso a la amígdala para que funcione en un estado simpático (el estado de supervivencia de lucha o huida) y envía un mensaje al tálamo para que no admita ninguna información sensorial que no tenga relación con el esfuerzo de la supervivencia; el mensaje que llega a la corteza prefrontal del cerebro es incoherente, de modo que no podemos aprender ni recordar. En este estado de incoherencia, las células del hipocampo pierden sus conexiones dendríticas y mueren. Como resultado, tenemos mala memoria, ideas confusas y falta de creatividad. También se inhiben el FNA y el ACH lo cual altera el equilibrio hormonal y afecta nuestra salud (Diamond y Hopson, 1998: 80; Sapolsky, 1996: 749-750; 1998).

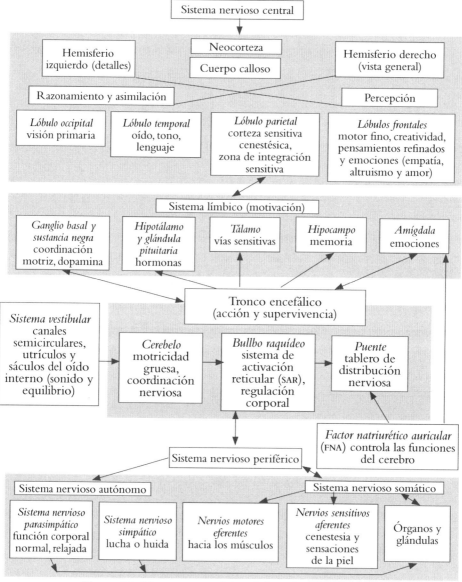

Figura 16. Mapa esquemático del territorio nervioso.

El ritmo ofrece una estructura importante que le permite al cerebro asimilar los patrones sensitivos y motores del mundo. El ritmo comienza ya en el útero, con el sonido de los latidos del corazón de la madre, su respiración y el patrón de sus movimientos. Si son coherentes, forman patrones muy importantes en la corteza prefrontal, para asimilar los patrones del lenguaje, los patrones visuales de la luz y los patrones rítmicos de actos como mamar, gatear, caminar, correr y brincar. Conforme madura el niño, el ritmo se hace más y más importante, a medida que incorpora las palabras a un lenguaje, un razonamiento, adquiere un sentido lógico del tiempo y aprende funciones matemáticas. Nuestro aprendizaje más importante se conecta, de manera directa, con los patrones coherentes de variabilidad de la frecuencia cardíaca, que producen las relaciones estrechas y seguras que establecemos con el mundo.

En mi libro *Awakening The Child Heart. Handbook For Global Parenting* [*Despertar el corazón del niño, un manual de educación global para los padres*] abundo sobre las investigaciones acerca del corazón.

Los dos hemisferios del cerebro

El encéfalo tiene dos hemisferios y en cada uno de ellos están los cuatro lóbulos descritos: occipital, parietal, temporal y frontal. Los dos hemisferios están unidos por la sustancia blanca (axones conectivos motores y sensitivos) en una estructura que se llama cuerpo calloso. Es muy interesante que el encéfalo tenga una estructura cruzada, de manera que cada lado del cuerpo se comunica con el hemisferio opuesto. La información que entra por el oído izquierdo llega al lóbulo temporal derecho de la corteza encefálica, mientras que la mano derecha está controlada por la corteza izquierda del encéfalo. Es el hemisferio izquierdo el que capta o controla todas las funciones sensitivas y motrices del lado derecho del cuerpo. Asimismo, el hemisferio derecho capta y controla todas las funciones sensitivas y motrices del lado izquierdo del cuerpo.

Aunque nuestra comprensión cambia constantemente debido a las nuevas investigaciones, parece que cada hemisferio del encéfalo desarrolla y procesa la información de una manera específica. Para decirlo de un modo más sencillo, el hemisferio lógico (por lo general, el izquierdo) tiende a tratar los detalles, las partes y los procesos del lenguaje y las estructuras lineales. En cambio, el de Gestalt (que quiere decir el procesamiento pleno o global, en comparación con el lineal y que, casi siempre, es el derecho) suele tratar con las imágenes, el ritmo, la emoción y la intuición (Kolb, 1984: 47). En algunas personas la cuestión funciona al revés, procesan las funciones lógicas en el hemisferio derecho y las de Gestalt en el izquierdo. Por tal motivo, en lugar de izquierdo y derecho usaré los términos lógico y Gestalt. El cuerpo calloso actúa, entonces, como una supercarretera, de forma que se puede tener un rápido acceso, tanto al detalle lineal en el hemisferio lógico como a la imagen global en el hemisferio gestáltico, para lograr un pensamiento integrado. Enseguida presentamos un resumen muy simplificado de las diferencias básicas entre ambos hemisferios (Williams, 1983: 26; Edwards, 1979: 40; Coulter, 1986).

Cuadro 1. Resumen de las diferencias de los dos hemisferios

Hemisferio lógico	*Hemisferio gestáltico*
Observa las diferentes partes	Ve el conjunto y luego va a las partes
Partes del lenguaje	Comprensión del lenguaje
Sintaxis, semántica	Imagen, emoción, significado
Letras, oraciones	Ritmo, flujo, dialecto
Números	Imagen, intuición
Análisis –lineal–	Intuición –estimación–
Observa las diferencias	Mira las semejanzas
Controla los sentimientos	Deja libres los sentimientos
Planeado –estructurado–	Espontáneo –fluido–
Pensamiento secuencial	Pensamiento simultáneo
Orientado al lenguaje	Orientado al sentimiento y la experiencia
Orientado al futuro	Orientado al momento presente
Técnica	Flujo y movimiento
Deportes (colocación de mano, ojo y pie)	Deportes (flujo y ritmo)
Arte (medios, instrumentos, uso, técnica)	Arte (imagen, emoción, flujo)
Música (notas, compás, tiempo)	Música (pasión, ritmo, imagen)

Ambos hemisferios contienen todas las funciones, hasta que comienza la especialización, que se desarrolla en una escala diferente, dependiendo de cada individuo. Sin embargo, en promedio, el hemisferio gestáltico manifiesta un incremento en el crecimiento de dendritas entre los cuatro y los siete años de edad, y el hemisferio lógico, entre los siete y los nueve años. En circunstancias normales, la especialización completa de ambos hemisferios ya está establecida cuando el niño tiene entre nueve y 12 años. Cuanto más se activan los dos hemisferios y todos los lóbulos debido al uso, se forman más conexiones de dendritas y estas se extienden por todo el cuerpo calloso y lo cubren de mielina. A mayor cantidad de mielina, mayor es la velocidad con que procesan ambos hemisferios entre sí y con el resto del cerebro.

Cuando ya se ha desarrollado, el cuerpo calloso transporta cuatro mil millones de mensajes por segundo a través de los 200 millones (o más) de fibras nerviosas que más mielina tienen y que conectan a los dos hemisferios cerebrales. Gracias a esta integración y a su rápido acceso, podemos tener un pensamiento operacional completo, con el cual manejar las ideas y los concepros para obtener un razonamiento formal (Pearce, 1980: 29-34; Piaget, 1976: 208, 346-353; Shaffer, 1994: 633-638).

Las investigaciones recientes muestran que hay dos regiones en el frente del cuerpo calloso en los casos de trastornos con déficit de atención por hiperactividad (TDAH) mucho más pequeñas de lo que se ven en las personas que no padecen de ese problema (Harvey, 1985: 7-8). También se ha descubierto que las mujeres tienen 10% más de fibras a lo largo del cuerpo calloso que los hombres (Dennison y Dennison, 1985; véase el capítulo 7).

Es posible que no se trate de diferencias genéticas. Yo creo que, en nuestra sociedad, las experiencias que se requieren para desarrollar por completo las estructuras sensitivas, motrices y emocionales han sido más limitadas para los hombres y para quienes han sido etiquetados como personas con "discapacidad para el aprendizaje". Quizá a estas personas les han faltado relaciones interactivas, con mucho diálogo y emociones. Mi idea es que si se activaran más los lóbulos frontales y se aceptaran bien las experiencias emocionales y la expresión de estas, desaparecería dicha discrepancia entre los cuerpos callosos.

La conexión de ambos hemisferios

Las diferentes funciones de los dos hemisferios encefálicos se han vuelto ya un aspecto tan familiar del conocimiento popular que no es raro oír que se describa a una persona como alguien que actúa más desde el lado izquierdo (o derecho) de su cerebro. El hecho es que en todos nosotros domina más, en cierto grado, uno de los dos hemisferios. La gente puede mostrar determinada preferencia por un procesamiento analítico o uno global, sobre todo en momentos de estrés, a medida que eso se convierte en un modelo de reacción más eficaz, sin necesidad de utilizar los dos hemisferios. Sin embargo, cuanto más acudimos a los dos hemisferios, más capaces somos de actuar con inteligencia. En realidad, tenemos que hacer uso de ambos si queremos lograr la máxima calidad en cualquier acción.

Por ejemplo, la creatividad no es exclusiva de la función gestáltica. Es un proceso que implica a todo el cerebro y requiere las técnicas y los detalles que aporta el hemisferio lógico, así como las imágenes, el flujo y la emoción con las que contribuye el hemisferio gestáltico. De igual modo, un buen orador necesita las palabras, la verbalización y la estructuración adecuada de las oraciones, lo cual proviene del lado izquierdo del cerebro, pero también requiere las imágenes, la emoción y el estilo, que vienen del lado derecho. Gracias a esta integración, uno puede leer y escribir, además de abarcar el tema y ser creativo.

Los movimientos contralaterales, como los que hace un bebé cuando gatea, activan los dos hemisferios de una forma balanceada (Thompson, 2004). Estas actividades hacen que trabajen de manera nivelada los dos lados del cuerpo y requieren la participación coordinada de los dos ojos, ambos oídos, ambas manos, los dos pies, así como los músculos centrales. Cuando se usan de manera equilibrada los ojos, los oídos, las manos y los pies, el cuerpo calloso que armoniza los procesos entre los dos hemisferios se desarrolla más plenamente. Debido a que entran en acción ambos hemisferios y los cuatro lóbulos, se destaca la función cognitiva y se incrementa la facilidad con la que uno aprende.

Cuando los alumnos y los maestros aprovechan esta sencilla manera de aumentar la eficiencia cerebral, es posible que crezca el compromiso con el aprendizaje y resulte exitoso. He tenido el gusto de ver, por ejemplo, cómo se enseñaba matemáticas a los alumnos de maneras novedosas, dirigidas a los dos hemisferios cerebrales. Para mí, las tablas de multiplicar eran la muerte; pasaba horas y horas tratando de memorizar.

Ahora, los maestros preparan grupos que se ayudan para aprender en las aulas; a algunos se les deja la responsabilidad de inventar un rap que luego le enseñan al resto del grupo. Por el lado lógico vienen los números y por el gestáltico, el ritmo y la imagen. El resultado es una exitosa combinación que facilita el aprendizaje.

¿Qué puede hacer el cerebro y cuándo lo puede hacer?

Al describir las funciones y la anatomía de la neocorteza he mencionado varios puntos críticos en el desarrollo. Se trata de etapas muy importantes para todo aquel que quiera saber lo que es capaz de lograr y cuándo. Si tenemos problemas para reconocer esas etapas y, por lo tanto, para administrar a cada individuo el aprendizaje específico, caeremos en lo que ha sido la causa principal de muchos problemas de la educación actual.

En el cerebro, las primeras zonas que maduran son las que regulan las funciones más esenciales, como el procesamiento de los sentidos y el movimiento. Después vienen las que están en los lóbulos parietales, que participan en la orientación espacial y el lenguaje. Las que tardan más en madurar son las zonas que realizan las funciones más avanzadas, en la corteza prefrontal, por ejemplo, las que integran la información de los sentidos, las del razonamiento y otras funciones "ejecutivas".

El centro del cerebro que se encarga del razonamiento, y la solución de problemas está entre los últimos en madurar. Algunos centros de gran refinamiento, como la corteza prefrontal, no maduran por completo antes de alcanzar los primeros años de la edad adulta y dependen más de una buena nutrición que de la herencia.

Hay etapas en que se da una producción exagerada de sustancia gris en la corteza encefálica, durante los primeros 18 meses de vida y, luego, viene un decremento constante, cuando los circuitos que ya no se utilizan empiezan a descartarse.

Más adelante surge otra oleada de producción excesiva de sustancia gris, justo antes de la pubertad, a la cual le sigue una segunda racha de decremento, donde se elimina lo que no se aprovechará más y se acentúa lo que mejor se aprovecha durante la adolescencia (Mulrine, 2001: 40-47). En el cuadro 2, más que una imagen exacta del desarrollo, mostramos un rango aproximado. Cada persona se desarrolla naturalmente a su propio ritmo, en su tiempo perfecto.

Debemos dejar atrás la noción de que no experimentamos el mundo hasta que vamos a la escuela, cuando cumplimos cinco años y empezamos a aprender. El proceso del aprendizaje es progresivo y cambiante. Sirve para enriquecer y expandir nuestra comprensión durante roda la vida. La neocorteza está siempre en desarrollo y modifica las redes nerviosas que la unen al tronco encefálico y al sistema límbico. Así, desarrolla las conexiones nerviosas que le permiten convertirse en el integrador del conocimiento.

Cuadro 2. Etapas clave del desarrollo de la neocorteza encefálica
(las edades son aproximadas)

Edad	Desarrollo
Concepción - 15 meses	Cerebro reptiliano

- Necesidades básicas para la supervivencia: contacto, alimento, cobijo y seguridad.
- Desarrollo sensorial que inicia con el sistema vestibular, luego el oído, el tacto, el olfato, el gusto y, por último, la vista; gran activación sensorial.
- Desarrollo motor, que va de los reflejos a la activación de los músculos centrales, los músculos del cuello, brazos y piernas, que conducen a movimientos como rodar, sentarse, gatear y caminar: exploración motriz.

15 meses - 4 ½ años	Sistema límbico - relaciones

- Comprensión de sí mismo, de los demás, de las emociones propias y ajenas, y del lenguaje propio y de los demás.
- Exploración emocional, exploración del lenguaje y comunicación, imaginación, avances en el sistema motor mayor, desarrollo de la memoria, desarrollo social.

4½ - 7 años	Elaboración del hemisferio gestáltico

- Procesamiento y cognición de la imagen completa.
- Imagen, movimiento, ritmo, emoción, intuición.
- Discurso externo, pensamiento integrador.
- Durante las siguientes etapas, los varones tienen un período de desarrollo más lento que las niñas, por lo general de dos años de diferencia, y requieren un lapso más largo para la elaboración de su hemisferio gestáltico, sobre todo mediante el movimiento y el desarrollo emocional (Pollack, 1999; Thompson, 2000; Newberger, 2000; Gurian, 2002; Coulter, 1986).

7 - 9 años	Elaboración del hemisferio lógico

- Procesamiento y cognición en detalle y lineal.
- Refinamiento de los elementos del lenguaje.
- Desarrollo de las habilidades para la lectura y la escritura.
- Desarrollo de técnicas: música, pintura, deportes, baile, adiestramiento manual.
- Procesamiento lineal matemático.

8 años	Elaboración del lóbulo frontal

- Desarrollo del aparato motor fino: refinamiento de las habilidades.
- Discurso interior: control del comportamiento social.
- Trabajo conjunto del ojo y el aparato motor para rastrear con la mirada y tener un enfoque foveal (enfoque bidimensional).

Cuadro 2. Etapas clave del desarrollo de la neocorteza encefálica
(las edades son aproximadas) [continuación]

9 - 12 años	Se incrementan la elaboración del cuerpo calloso y la producción de mielina

- Procesamiento del cerebro en su totalidad.

12 - 16 años	Énfasis hormonal

- Aprendizaje del cuerpo, de sí mismo, de los demás, de la comunidad y de una vida significativa a través de la conciencia social.

16 - 21 años	Refinamiento de las habilidades cognitivas

- Procesamiento de la mente y el cuerpo en su totalidad, interacción social, planeación a futuro y facultad para jugar con nuevas ideas y posibilidades

21 años +	Elaboración y refinamiento de los lóbulos frontales

- Pensamiento global y de sistemas.
- Razonamiento formal de alto nivel.
- Refinamiento de emociones: altruismo, amor, compasión.
- Percepción profunda.
- Refinamiento de las habilidades motrices más sutiles.

Incluso, cuando tenemos alrededor de 21 años hay un nuevo impulso en el crecimiento de la red nerviosa de los lóbulos frontales. Es la etapa en la que nos damos cuenta de que nuestros padres son más listos de lo que pensábamos y hay un refinamiento emocional que hace posible una percepción más profunda, de la cual se derivan el altruismo y el amor. Hay también otro torrente que estimula el desarrollo cerca de los 30 años, en el cual ocurre un nuevo refinamiento del movimiento muscular, especialmente de las manos y la cara. Este incremento de la coordinación motriz fina significa nuevos y grandes logros para algunos músicos, como los pianistas y los violinistas, que consiguen mover sus dedos con mayor agilidad. Lo mismo vemos en los vocalistas, que pueden alcanzar un rango más amplio con las cuerdas vocales (que son músculos). Asimismo, lo vemos en los actores de carácter, que pueden controlar sus músculos faciales con tal sutileza que son capaces de expresar cualquier emoción con solo un gesto (Coulter, 1986).

Lectura y escritura… ¿qué es lo adecuado?

En el curso normal del desarrollo, los niños tienen contacto con las funciones gestálticas en la etapa en la que, por tradición, empiezan a ir a la escuela, alrededor de los cinco años. El hemisferio gestáltico inicia su desarrollo y crecimiento entre los cuatro y los siete años de edad, mientras que el hemisferio lógico no crece sino hasta tener entre siete y nueve años (Ministerio de Educación e Investigación, 1992). De tal modo, la forma más natural para que los niños aprendan, cuando tienen entre cinco y seis años, es a través de todos sus sentidos, mediante imágenes, emoción, ritmo, palabras y movimiento.

En circunstancias normales, los pequeños que están en edad de ir al jardín de niños ya gozan de una imaginación maravillosa y de un amplio vocabulario. Sin embargo, el plan de estudios de muchos países comienza de inmediato con el reconocimiento del alfabeto y los números, para seguir pronto con la lectura. Esto no sería ningún problema si incluyéramos imagen, emoción y movimiento e inculcáramos en los alumnos la imaginación y el vocabulario. Lo raro es que hacemos justamente lo contrario. Enseñamos a los niños a "sentarse quietos", aprender letras y números de un modo lineal (lo cual incluye material de imprenta, es decir, un proceso del hemisferio lógico que resulta muy lineal) y leer libros con un vocabulario simplista, sin emoción y con pocas imágenes.

Cuando los niños tienen cuatro o cinco años, por naturaleza les encanta "escribir" cuentos (muy elaborados). Por lo general, escriben con un estilo supuestamente muy cursivo, pues están imitando la escritura de los adultos y porque para ellos es muy fácil seguir el ritmo y el flujo natural que hay en esa práctica. Es un proceso que les afianza el aprendizaje de un modo integral y podría ser un excelente punto de partida para posteriores aprendizajes.

Cómo enseñan los daneses a sus hijos para que aprendan a leer con facilidad

El sistema educativo danés respeta los patrones del desarrollo natural del cerebro y no lleva a los niños a la escuela antes de los seis o siete años de edad. Les enseñan a escribir y a leer a partir de un formato integral de procesamiento gestáltico y después entran en detalles, cuando los niños cumplen ocho años y su hemisferio lógico está listo para asimilarlos. A los daneses les enseñan a leer cuando ya tienen ocho años y Dinamarca tiene un índice de alfabetización de cien por ciento (Henriksen *et al.*, 1990: 19; Connolly, 2001).

A los niños daneses se les anima y se les da libertad para que escriban cuentos. Aunque el maestro no los pueda decodificar, los niños sí pueden, de modo que son ellos quienes los leen. Son historias ricas en vocabulario bien elaborado, con base en imágenes. Conforme los niños leen, el maestro observa qué imágenes son emocionalmente importantes para ellos. El profesor aprovecha esa información y dice, por ejemplo, "me parece que *dinosaurio* es una de tus palabras favoritas. ¿Te gustaría saber cómo se escribe?". Los niños casi siempre quieren saber cómo escriben las palabras los adultos. Así que después de que el maestro escribe "dinosaurio", en sus siguientes cuentos el niño sigue garabateando sus indescifrables palabras pero, entre ellas, aparece la palabra "dinosaurio". Aprendió toda la palabra sin esfuerzo. Después, lee el cuento para sus amigos y ellos ven ahí el símbolo que significa "dinosaurio" y, entonces, también aparece en los cuentos de los demás. De esa forma avanza el proceso de la lectura.

También es común que el maestro pida a los niños que le digan alguna de sus canciones favoritas. Él la escribe y la pone al frente, luego pide a los niños que sigan las palabras mientras cantan. Así se establece una relación emocional y racional que es muy importante para el proceso de la memoria, ya que esta tiene una estrecha conexión con la emoción en el sistema límbico, que formula las relaciones. En todo proceso de aprendizaje intervienen muchos movimientos y juegos rítmicos.

Puedo dar testimonio de la efectividad de esta técnica al recordar mi propia experiencia aprendiendo el alfabeto. La canción del abecedario me ayudó a aprender las letras. Aún me sorprendo cantándola cuando debo archivar papeles en orden. A diferencia del sistema danés, recuerdo que en mi primer libro de lectura había muchas palabras como "la", "los", "y", "si", "puedo".

Hace poco, una niña me trajo el libro que usaba en el jardín de niños. El nombre del libro era *Sí, yo puedo.* Me pregunto, ¿qué clase de imagen pueden provocar esas palabras? Para aprender algo nuevo, es necesario que lo vinculemos con lo familiar y (a tan temprana edad) que tenga una imagen concreta. Los maestros le dan a los alumnos palabras de pocas letras porque parecen sencillas pero, en realidad, son más difíciles que "dinosaurio", porque no entrañan imágenes ni emociones.

La letra de molde y los problemas de escritura

Otro desafío que no es natural es aprender a escribir con letra de molde como primer paso. La letra de molde requiere un refinado proceso lineal que nos aleja del flujo rítmico y continuo del lenguaje como lo experimentamos en la mente y como lo expresa la mano al escribir con letra manuscrita. En muchas escuelas europeas nunca enseñan a escribir con letra de molde y no tienen ningún problema para que los niños, cuando tienen alrededor de ocho años, pasen de escribir en manuscrita a leer letra de imprenta. Me sorprende que no se haya investigado más acerca de los efectos comparativos de la manera en la cual se enseña a escribir en los diferentes sistemas educativos del mundo. Los educadores alemanes me han dicho que desde que se les indicó que deben empezar por la enseñanza de la letra de molde, los niños han manifestado problemas con el lenguaje.

En parte, el problema es la falta de desarrollo manual en el momento en que se le pide a los niños que lleven a cabo el complejo proceso de hacer letra de imprenta. Para hacer letra de molde, un niño tiene que andar por el piso un largo rato todavía, con las manos por delante, para desarrollar los huesos de ambas manos y obtener fuerza en el antebrazo. Conforme madura, necesita seguir fortaleciendo el antebrazo y la mano, apoyándose en muebles, escaleras, rocas y árboles. También tiene que levantar y manejar objetos de diferentes pesos y texturas, como bloques, palos, cazuelas y sartenes. Si vemos el desarrollo de una mano en una radiografía, notaremos que los intrincadísimos huesos que están cerca de la muñeca, los carpianos, no están totalmente desarrollados antes de cumplir los 20 años. Cuanto más desarrollados estén esos huesos, más fácil será que el niño tome un lápiz o una pluma para escribir letra de molde. Si el niño ha tenido suficiente actividad sensorial y motriz con las manos, será más fácil que aprenda a escribir con letra de molde cuando tenga entre ocho y diez años. Intenta sostener el área del carpo de la mano mientras escribes, ya sea letra manuscrita o de molde. Notarás que se necesita mucho más movimiento óseo para hacer letra de imprenta. El desarrollo de la mano está íntimamente ligado con el del cerebro. La vasta provisión de receptores nerviosos que se desarrollan no solo es esencial para sujetar, también es importante para la percepción consciente (Wilson, 1998; Seligman, 1975: 37-44, 134-165).

En el sistema educativo estadounidense se sigue el plan británico, pero también en otros países, a los niños de cinco años se les enseña a escribir con letra de imprenta. A tan temprana edad, a los niños les cuesta mucho trabajo este tipo de escritura, ya que desafía el desarrollo natural de la mano así como las funciones cerebrales. Me parece que esta práctica prematura es uno de los principales causantes de los impedimentos que manifiestan muchos alumnos y adultos para escribir. Después de los ocho años, cuando ya la mano se ha desarrollado lo suficiente como para permitir las operaciones discontinuas y lineales que se necesitan para hacer letra de molde, resulta que les enseñamos la letra manuscrita. Es una locura que solo sirve para mantener los elevados niveles de estrés a que está sujeto el niño y que conducen a la "desesperanza aprendida". Esta surge cuando una persona decide que no importa lo que haga, lo más seguro es que estará mal, de modo que nada más hace esfuerzos marginales o simplemente se rinde (Donley y Gribben, 1999: 56-61).

No es este el único ejemplo de desesperanza aprendida que se deriva de una estrategia psicológica que sacrifica los beneficios a largo plazo por resultados ilusorios a corto plazo. Un ejemplo gráfico de esto es el uso excesivo de pruebas de habilidades de bajo nivel, por lo regular, el aprendizaje de memoria y, normalmente, durante cierto período, con una frecuencia de dos o tres veces por semana, hasta llegar a la universidad. El aprendizaje de memoria es un proceso lineal riguroso que no requiere en absoluto la profundidad de comprensión que se produce cuando se activa el cerebro en su totalidad. En pocas palabras, para aprenderse algo de memoria no es necesario pensar. Estas pruebas inducen la desesperanza aprendida, al promover situaciones y hábitos en los que los alumnos solo estudian para pasar la prueba, y los que muestran ansiedad ante las pruebas, terminan por manifestar un estado de tensión perpetua (Madaus, 1992: 277).

En estas circunstancias, no hay tiempo ni espacio para desarrollar la comprensión profunda de los conceptos, probar nuevas ideas por medio de la acción verbal y escrita o desarrollar técnicas de razonamiento deductivo. Los efectos de la educación a largo plazo son tan predecibles como desafortunados. La Fundación Nacional para las Ciencias no solo analizó las seis pruebas estandarizadas más ampliamente utilizadas en el ámbito nacional, sino también las pruebas diseñadas para acompañar los cuatro libros de texto que más se emplean en la enseñanza de ciencias y matemáticas en cuarto grado de primaria, segundo de secundaria y durante el bachillerato. Se encontró que esas pruebas se enfocaban en habilidades de bajo nivel (sobre todo, memorización y aplicación de fórmulas rutinarias), en lugar de la solución de problemas y el razonamiento, que según los expertos en el programa de estudios deberían recibir la mayor atención. También se notó en el estudio que, puesto que los estados juzgan a las escuelas y determinan la asignación de los maestros con base en las calificaciones de las pruebas de los alumnos, estas pruebas establecen inadvertidamente los intereses de muchos profesores.

Las investigaciones realizadas por Herman Epstein muestran que el razonamiento formal no ha sido el resultado natural de nuestro proceso educativo actual. Él descubrió que a los 11 años de edad solo 5% de la población tiene un nivel de razonamiento formal. A los 14 años, solamente un cuarto de la población ha alcanzado dicho nivel y encontró que nada más la mitad de los adultos se pueden considerar pensadores formales completamente funcionales (Epstein, 1979: 343–370).

Del conocimiento al significado

El objetivo de cualquier experiencia de aprendizaje debería ser la creación del significado. El verdadero conocimiento sucede cuando asimilamos la riqueza de nuestro entorno sensorial y lo integramos a nuestro muy particular estilo para obtener una imagen del mundo. Así, eso se convierte en nuestra realidad. Cada nueva experiencia se refiere a esa imagen, que luego se reordena y se expande.

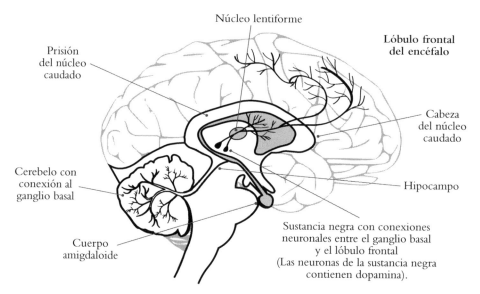

Figura 17. El pensamiento y la memoria armonizados por las conexiones nerviosas de los principales centros del movimiento en el cerebro.

A partir de esta realidad, podemos tomar decisiones y emprender acciones mediante las cuales exploramos, probamos y afianzamos nuestras creencias y comprensión. El proceso por el cual integramos la experiencia a una creciente aprensión del mundo debería ser la principal preocupación del sistema educativo. Una de las partes indispensables de cualquier experiencia de aprendizaje debería ser la demostración de esta comprensión, por medio de tareas que requieran el pensamiento.

Las habilidades se manifiestan como respuestas físicas conscientes que demuestran la adquisición de conocimientos. De hecho, el pensamiento en sí es una capacidad que depende de la integración de todo el sistema cuerpo-mente. El sistema en su totalidad tiene que estar activo para captar la información, seleccionar de ella lo importante, integrarlo a las estructuras existentes y, por último, afianzarlo mediante el movimiento. El pensamiento y el aprendizaje se afianzan gracias al movimiento (Piaget citado en Campbell, 1976: 15-16, 71-78; Coulter, 1986). Ciertas acciones, como dibujar garabatos, mover los ojos, hablar en voz alta consigo mismo o con los demás y tomar apuntes son movimientos familiares que suceden mientras uno piensa. Si no tenemos alguna especie de movimiento no logramos tener un pensamiento consciente. El resultado de este proceso es la adquisición de significado.

Usa la cabeza… y el cuerpo

El verdadero aprendizaje, el que establece relaciones significativas para el aprendiz, comienza con un movimiento que responde a un estímulo, el cual crea, entonces, un contexto o experiencia para comprender el estímulo sensorial. Al final, el aprendizaje no está completo si no hay alguna manifestación, una expresión personal, física, del pensamiento. En buena parte, el aprendizaje implica el establecimiento de habilidades que nos permitan expresar el conocimiento. Hablar, escribir, hacer cuentas, dibujar, tocar música, cantar, bailar bien y tener agilidad para los deportes son habilidades que sustentan y expresan el conocimiento y que se desarrollan junto con él.

Conforme adquirimos esas habilidades, empleamos los músculos del cuerpo, estableciendo rutas neuromusculares y vínculos con las rutas cognitivas. No todo el aprendizaje depende de la cabeza. La expresión activa, muscular, del aprendizaje es un ingrediente importante.

Esto puede parecer obvio cuando pensamos en ello, pero la mayoría de las personas no acostumbran pensar así de los músculos. Por lo general, tendemos a relegar a los músculos al ámbito del cuerpo, no de la mente, pero es gracias a la expresión como avanzamos y solidificamos nuestra comprensión. Podemos ver esto en las investigaciones que muestran que los alumnos que eligen estudiar arte dramático o música, disciplinas que estimulan la expresión, se desenvuelven mejor en las pruebas estandarizadas que los estudiantes que no tienen experiencia en esas artes (Consejo Universitario, 1992: 3; Cutietta *et al.*, 2000).

Es común que esta expresión adopte la forma del lenguaje hablado (o de signos, en el caso de los sordos) o la escritura, la cual, por supuesto, utiliza una gran cantidad de acciones musculares de una coordinación muy sofisticada. El lenguaje es una capacidad humana indispensable y precisa, que sirve para integrar el conocimiento y propiciar el pensamiento. Los humanos cuentan con otros medios de expresión e integración: pictóricos, simbólicos, musicales y con base en gestos, por mencionar algunos. Claro que también hay medios para combinar todas o varias de las capacidades en una sola expresión unificada del sentido. El teatro, por ejemplo, integra palabras, elementos visuales, manifestaciones corporales y, muchas veces, música. Las expresiones artísticas (en teatro, música, danza, arte visual y literatura) representan el uso y la integración sofisticada del cuerpo, el pensamiento y la emoción. La expresión artística es inmensamente valiosa para el desarrollo personal y la comprensión cognitiva en general.

Podríamos decir lo mismo de los deportes. Las actividades atléticas integran muchos tipos diferentes de conocimientos con las habilidades de coordinación muscular. Son conocimientos que tienen que ver con el espacio, el tiempo y las dinámicas humanas, como el trabajo en equipo, la motivación y la búsqueda de objetivos. Los educadores no deberían perder de vista el valor que tienen estas actividades. Las artes y el atletismo no son superfluos, constituyen métodos poderosos para el pensamiento y modos hábiles para comunicarse con el mundo, por lo cual merecen una parte mayor en el horario escolar y su presupuesto, no una mínima.

Me da gusto ver que con el amplio interés que se ha generado por la teoría de las inteligencias múltiples de Howard Gardner, las escuelas ya incluyen técnicas y actividades más variadas en las aulas. De acuerdo con la teoría de Gardner, tenemos siete tipos de inteligencia: lógico-matemática, lingüística, visual-espacial, corporal cenestésica, musical, interpersonal e intrapersonal (Gardner, 1983). En las escuelas siempre se han enfatizado las inteligencias lingüística y lógico-matemática pero, a menudo, se menosprecian las otras importantes maneras en que conocemos y aprendemos. La inclusión de las otras inteligencias en el plan de estudios es un paso positivo hacia la creación de técnicas más sofisticadas y una mayor integración del conocimiento.

La forma en que el lenguaje integra el cuerpo, la mente y las emociones

> El lenguaje es la fuente del pensamiento. Cuando el niño llega a dominar el lenguaje adquiere la capacidad de organizar su percepción y su memoria de un modo renovado. Cuando maneja formas más complejas del reflejo de los objetos en el mundo exterior, adquiere la capacidad de sacar conclusiones y hacer deducciones a partir de lo que observa, y desarrolla el potencial del pensamiento.
> *Alexander Luria* (1968: 85)

El lenguaje es, quizá, el ejemplo más espectacular del procesamiento integrador que involucra el cuerpo, la mente y la emoción. Por medio del lenguaje armonizamos y desarrollamos de una manera poderosa la capacidad de pensar. Al igual que otras habilidades humanas, entender cómo se desarrolla el lenguaje nos puede ayudar también a comprender cómo este se puede entorpecer y cómo se puede estimular para que florezca. Las redes sensorial y motriz que hacen posible el lenguaje se forman a temprana edad. El progreso natural del lenguaje ocurre conforme el niño pasa por la sensación de vibración y ritmo en el útero a la audición de tonos en sus primeros días de nacido. La intrincada combinación de todos esos elementos conduce al habla. El niño imita la entonación y la cadencia de sus modelos y nos deleita con su habilidad, primero para entonar y después para hablar. A medida que el niño juega con los sonidos, desarrolla las redes nerviosas y cubre de mielina las fibras nerviosas que formarán los músculos de las cuerdas vocales (la laringe). Empieza a sincronizar las vibraciones tonales que escucha con los sonidos que emite, aprendiendo a contraer o relajar los músculos de la laringe. Produce tonos más altos al plegar los músculos vocales con mayor contracción, y logra los tonos bajos, con mayor longitud de onda, al alargar o relajar esos mismos músculos. Jugar con los sonidos, aunque sea al llorar, es esencial para este desarrollo motor. El movimiento a través de la corteza motriz es una parte muy importante de la expresión verbal. En la figura 7, se observa que casi una cuarta parte de la corteza motriz está relaciona-da de manera directa con la vocalización. La corteza motriz estimula los movimientos musculares de la laringe, la lengua, la boca, la mandíbula, los músculos faciales y los ojos; estos músculos producen las palabras y les dan expresión. La memoria muscular de cómo se forman las palabras parece estar alojada en el ganglio basal del sistema límbico, dentro del cual hay una zona especializada que se llama sustancia negra, que conecta el ganglio basal con el lóbulo frontal. Es muy significativo que la conexión se produzca con las zonas que controlan la vocalización y el pensamiento. El ganglio basal (y sobre todo la sustancia negra) participa de manera activa en el movimiento, el pensamiento y el discurso. Armoniza la motricidad gruesa desde el cere-belo, y la motricidad fina desde la corteza motriz del lóbulo frontal, para dar lugar a los movimientos que se basan en el pensamiento, entre ellos el habla.

Las conexiones nerviosas entre la corteza motriz y la zona del razo-namiento formal en el lóbulo frontal enfatizan la importancia del movi-miento para procesar los pensamientos. La mayoría de las personas necesita examinar, escribir o dibujar las nuevas ideas para afianzarlas en su cuerpo mediante movimientos, para recordarlas y clarificar sus pensamientos.

La adquisición del lenguaje implica diversos pasos esenciales. La ha-bilidad para discriminar el ritmo y el tono, junto con la capacidad recién descubierta de formar palabras, permiten que el niño tenga mayor sensibi-lidad para el acento y el modo de hablar. La exaltación de esa conciencia hace que para ellos sea más fácil aprender un segundo idioma que para los adultos. Para aprender a hablar adecuadamente, es necesario que podamos escuchar totalmente el tono, incluyendo las armonías más altas que se dan en el discurso normal. Esto solo sucede cuando uno se comunica de forma directa con los niños, porque los televisores, las computadoras, los disposi-tivos para la música están digitalizados (comprimidos) y en ellos se pierde parte de las armonías y sobretonos, lo cual, a menudo, incluye las conso-nancias que ayudan a definir el lenguaje. Si el niño no escucha la analogía del sonido en otra voz humana auténtica, no la podrá pronunciar o, más adelante, vincular con el símbolo para su lectura (Goddard, 1996).

Cuando se obstaculiza el desarrollo de esas habilidades, sale perdiendo la adquisición del lenguaje. Algunos observadores creen que se trata de un problema muy generalizado en nuestra sociedad. Según Jane Healy: "los ni-ños no hablan correctamente porque no escuchan las palabras con una pro-nunciación lenta. En la televisión se habla demasiado rápido" (1990: 101). Los niños que presentan infección de oídos recurrente en sus primeros años pueden dejar de captar esos tonos complejos y, por lo tanto, corren el riesgo de enfrentar posteriores dificultades específicas tanto en la audición como en el discurso (Tomatis, 1991: 201-218).

Entre los 15 meses y los cuatro años de edad, los niños adquieren un sentido funcional de los objetos y la gente porque las personas que los crían les enseñan a hablar. Las palabras se convierten en etiquetas para jugar a ponerle nombre a las cosas. El niño y quienes lo cuidan participan en un juego en el que construyen un vocabulario. Si vamos más allá del puro nombre y hablamos de la función de cada objeto nombrado, entonces el niño puede ampliar su comprensión. Por ejemplo, en lugar de decirle: "esta es una camisa", le explicamos: "me puedo poner esto para cubrirme del aire frío". Cuando entiende cuál es la función de un objeto, más allá de su nombre, el niño crea un contexto mucho más amplio en su relación con las cosas. Esta aproximación en sus contactos exteriores propicia el desarrollo óptimo del cerebro límbico, que tiende a buscar nuevas relaciones. Puesto que el discurso y el lenguaje nos ayudan a definir el mundo y nuestra manera de pensar, una forma de hablar más abierta puede contribuir enormemente para realizar el proceso del pensamiento creativo (Coulter, 1993).

Los padres deberían saber que antes de que su hijo cumpla los cuatro años, aunque ya está procesando el lenguaje, la mayoría de sus claves de conducta las toma de lo que ve, no de lo que se le dice. Es posible que sus papás le hayan dicho que no debe hacer alguna cosa, pero el estímulo físico es tan fuerte que la fascinación sensorial prevalece sobre las órdenes que se le dan. El niño puede, incluso, decirle a sus padres qué fue lo que le pidieron que no hiciera, pero sin una comprensión completa de lo que eso significa. Por ejemplo, la fascinación que mi hija sentía por el gato era superior a mis constantes avisos de que el gato se podía enojar por los malos tratos. Después de varias advertencias y muchos rasguños, por fin entendió la relación.

La zona de Broca, en la neocorteza izquierda del cerebro, aumenta de tamaño después de los cuatro años de edad; esto asegura la capacidad para producir un lenguaje claro. La zona de Wernicke también crece en la neocorteza izquierda y contribuye a la comprensión del lenguaje que se relaciona con el razonamiento más fino; este desarrollo ayuda al niño a superar la tentación de hacer algo que ya se le dijo que no hiciera. Aproximadamente a los cuatro años de edad, las pláticas que el niño tiene con sus padres comienzan a ser eficaces y significativas.

El flujo externo de un discurso con conciencia

Cuando ya desarrolló la capacidad de hablar, el niño procesa su pensamiento mediante el discurso externo hasta cumplir los siete años, aproximadamente. Recuerdo con claridad que cuando mi hija tenía cuatro, cinco y seis años hablaba mucho. Llegó un momento en que yo me crispaba cada vez que la oía decir: "mami, ¿qué es esto?", "mami, ¿cómo es aquello?", "¿por qué tal cosa?» y me veía buscando un momento de tranquilidad. Un niño puede hablar todo el tiempo, analizar su mundo y todas las nuevas relaciones que adquiere.

El discurso del flujo de conciencia es la herramienta para la solución de problemas que se utiliza entre los cuatro y los seis años de edad, y la pregunta "¿por qué?" se convierte en el generador de ese proceso. En diversos grados, este discurso del flujo de conciencia es esencial para el desarrollo del lenguaje y el pensamiento. Por lo general, el discurso interno no surge antes de que el niño cumpla los siete años, de manera que los pequeños literalmente piensan en voz alta. Estoy segura de que los niños de esta edad se preguntan si los adultos piensan alguna vez, porque es muy raro que estén tan callados.

La necesidad de un discurso exterior (escuchar nuestros pensamientos y nuestra propia voz) es tan insistente, que la lectura en silencio no resulta efectiva antes de los siete años. Es posible que un grupo de niños permanezca concentrado mientras todos leen en voz alta para sí mismos o comparten sus cuentos con un compañero sin que el murmullo moleste a los demás (Blakeslee, 1991: C-1).

Por qué los niños necesitan hablar

Convertir el pensamiento en palabras habladas o escritas es una labor complicada. Implica la participación de las zonas sensoriales, de manera primordial, la auditiva, la de asociación auditiva, la zona visual, la de asociación visual, la del discurso motor y la zona cognitiva de la neocorteza (Tortora y Anagnostakos, 1990: 403). El movimiento se vuelve una parte vital del lenguaje conforme se transmiten las estructuras integradas del pensamiento a las zonas de vocalización de la corteza motriz y el ganglio basal del sistema límbico, para que el pensamiento se convierta en la formación de palabras, primero habladas y luego escritas (Tortora y Anagnostakos, 1990: 403). La neocorteza es el cerebro novedoso que adora los retos y, para este, el lenguaje puede ser una gran aventura que se manifiesta a partir de los cuatro años de edad.

En la figura 7, donde se muestra un esquema de las funciones relacionadas con las cortezas sensorial y motriz de los lóbulos parietal y frontal, se puede observar la gran zona del cerebro dedicada a las sensaciones y la función motriz del habla y la vocalización. Hay más terminales nerviosas pasando por la unión del temporal y la mandíbula (UTM), provenientes de las neuronas sensoriales o rumbo a las neuronas motrices que estimulan los músculos de la cara, que en cualquier otra parte del cuerpo. Gracias a estas tenemos expresiones faciales que le dan amplitud a nuestras palabras y a su significado. También le dan expresión a los ojos y mueven la lengua, la boca y la mandíbula cuando pronunciamos las palabras (Dennison y Dennison, 1989: 29).[1] La concentración que hay en esta zona de músculos y nervios relacionados con la articulación de palabras y la expresión sugiere que es un sitio básico para los ejercicios que estimulan la comunicación (Goldin-Meadow *et al.*, 2001).

También las manos son muy importantes para la expresión verbal. Compara las figuras 7 y 16 en lo que se refiere al habla. Podrás notar que, de hecho, la zona de la mano es primordial para el discurso hablado y que la de la expresión oral es una zona secundaria. Para el niño, hablar (o hacer señas, si es sordo) mientras gesticula con las manos es esencial para desarrollar su lenguaje y para el pensamiento. Mover las manos mientras uno habla parece agilizar diversas partes del cerebro relacionadas con las cuestiones visuales y espaciales y requerir la participación de otras reservas de la memoria que permiten al hablante la liberación de recursos cognitivos para recordar mejor (Rankin, 1981: 623-6630). En la mayoría de las culturas africanas, a los niños se les anima a que cuenten historias, repitan los mitos del clan y comuniquen sus ideas dentro del círculo familiar. En nuestra cultura, sobre todo con la llegada de la televisión, la computadora y los videojuegos, se han reducido las oportunidades que tienen los niños para interactuar significativamente de manera verbal.

El estudio que realizó Paul Rankin en 1928 estableció que los tiempos de comunicación diarios se podían dividir en 45% escuchar, 30% hablar,

---

[1] "El pez que habla", además del "bostezo energético", de Gimnasia para el cerebro® incrementa la actividad que llega a los centros de comunicación a través de la UTM. Estos relajan las tensiones de la mandíbula y los músculos faciales, incluidos los músculos oculares, de manera que se puedan producir fácilmente tanto la articulación de las palabras como la expresión (Dennison y Dennison, 1989: 29, capítulo 7).

16% leer y 9% escribir. En 1975, Elyse K. Werner hizo un estudio similar que mostraba que el acto de escuchar había aumentado a 54.93%, el de hablar había disminuido a 23.19%, la lectura a 13.27% y la escritura a 8.61%. En el proyecto del uso del tiempo por parte de los estadounidenses, en 1993, la televisión ocupó 38% del tiempo libre, mientras que la lectura de un libro, periódico o revista no llegó ni a 10%, equivalente a menos de tres horas a la semana (*Americans Use of Time Project*, 1993). En este estudio no se observó el porcentaje del tiempo que ocupaba el habla, pero me atrevo a suponer que no rebasaba 10% y es posible que en cuestión de comunicación interactiva esta cifra haya descendido aun más en los últimos años.

Nos hemos convertido en una sociedad de oyentes y el arte de la conversación se está perdiendo. Es muy importante hablarle a un niño con oraciones completas. Esto le permite oír y, luego, imitar ideas en su totalidad. También los libros presentan las ideas con oraciones completas, lo cual ayuda al pleno desarrollo del pensamiento. Los patrones discursivos monosilábicos, incompletos, como los que se muestran en las series cómicas de la televisión, modelan y fomentan estructuras incompletas del discurso, incluso en los adultos. Estamos empezando a pensar con oraciones incompletas, lo cual conduce a un desarrollo incompleto de la idea. Podemos oír esto en la conversación típica de un adolescente: "¿sabes?", "es como… ya sabes, ¿no?", etcétera.

Este desarrollo incompleto del lenguaje aparece cada vez más, gráficamente, en la incapacidad que manifiestan los alumnos para pensar y escribir. Jane Healy afirma que "la causa es que cada vez nos acercamos menos y con menor calidad a las formas del lenguaje que sí tiene sentido y que nos permite conversar con los demás, comprender la palabra escrita y comunicarnos con nuestra mente" (Healy, 1990: 86-104).

Los padres, maestros y quienes cuidan a los niños, si en verdad desean asegurar el desarrollo adecuado de todas las habilidades de comunicación de los pequeños, tienen que participar con ellos en un diálogo completamente consciente. Esto ayudará a que los niños desarrollen su capacidad para comunicar información valiosa, pensamientos creativos y sentimientos íntimos y que confíen en esa capacidad. Uno de los mejores regalos que le podemos hacer a alguien es escucharlo atentamente y comunicarnos con él. Es algo recíproco, ya que ambas partes terminan aprendiendo.

Cada vez que se presentan nuevas ideas, si los alumnos tienen la capacidad para expresarlas verbalmente y darles una dimensión real, trabajando en equipo o en proyectos conjuntos, pueden afianzar ese pensamiento en la comprensión y la memoria. Sin embargo, ¿cuántas oportunidades tienen los estudiantes para desarrollar y expresar ideas completas en el aula?

Desafortunadamente, por lo regular, las actividades que permiten a los niños hablar de sus ideas están consideadas, tanto por los maestros como por las autoridades escolares, como un simple desorden. No obstante, los ejercicios pedagógicos que requieren que los niños estén quietos y ordenados en el aula pueden muy bien resultar ineficientes e inadecuados si lo que se desea es que piensen y entiendan. Las actividades típicas en el salón de clases, en las cuales se supone que los niños estén quietos pensando, por ejemplo, leer en silencio, copiar textos, resolver ejercicios básicos y otras tareas similares, con frecuencia parecen estar diseñadas más para controlar grandes grupos que para educar y tal es el mensaje que estos suelen recibir. ¡Hace poco una niña me comentó que ella y sus compañeros interpretaban la actividad que sus maestros llaman "CSPL" *(comprensión en silencio, período de lectura)* como "cállense, siéntense y pónganse a leer"!

El discurso interior

El lóbulo frontal es el último en desarrollarse y la etapa principal de este proceso ocurre alrededor de los ocho años de edad. En la zona de Broca, en el lóbulo frontal, es donde se desarrolla el discurso interior. Este se produce de manera natural y es el que nos permite procesar la información internamente, en un rango mucho más rápido que el que permitiría la palabra hablada.

Cuando un niño pequeño dice una palabra, el movimiento que hace para pronunciarla se convierte en un recuerdo para el ganglio basal y así se desarrolla un patrón de lenguaje. Conforme más patrones se elaboran, más se desarrolla el lenguaje. Estos patrones de lenguaje corresponden a las imágenes internas y los gestos que se relacionan con ciertos sonidos. Cada vez que un niño escucha la palabra (sonido) "no", adquiere una imagen interna que le permite frenar determinada acción. Luego, el niño comienza a usar ese sonido en su discurso exterior para controlar sus propios movimientos y su conducta.

A medida que se refuerza la estructuración del lenguaje, el niño puede empezar a relacionar la imagen con un sonido interno que no es verbal y puede utilizar el discurso interior para controlar sus movimientos y su comportamiento. Estas herramientas se vinculan estrechamente con el desarrollo

del razonamiento y son necesarias para este, al igual que las habilidades de
autorregulación (Brewer y Campbell, 1991: 31).

El discurso interior se desarrolla en la misma zona del cerebro que
controla los movimientos más sutiles de la mano. Cuando evolucionamos
como animales que manejan herramientas y resuelven problemas, el lóbulo
frontal se convirtió en un centro de coordinación motriz fina, reconocimiento de patrones, procesamiento simultáneo de información, planeación
de alto nivel y pensamiento global (Fuster, 1980: 225).

Además, el discurso interior controla el comportamiento social. Nos
permite pensar en las consecuencias que puede llegar a tener una acción.
Históricamente, a medida que las personas comenzaron a formar grupos, la
creciente complejidad y especialización de la cultura condujo al individuo
a tener una conciencia de sí mismo y a regular la conducta propia con respecto a las normas sociales. El diálogo interno que desarrollamos nos ayuda
a mantener un control en nuestra mente para no incurrir en impulsos antisociales o perturbadores del orden (McCrone, 1991: 252-253).

En el capítulo 4 analizamos la importante contribución de las emociones al razonamiento y el pensamiento. El lóbulo frontal es capaz de
sintetizar el pensamiento junto con la emoción por medio del ganglio ta-
lamo cingulado en el sistema límbico, para que podamos sentir compasión,
respeto por la vida, amor incondicional y darle su importancia a todo. La
vinculación del lóbulo frontal con el sistema límbico y el comportamiento
social influye en el desarrollo del altruismo y la empatía. Debido a su conexión con el núcleo dorsal medial del sistema límbico (que se relaciona
con el estómago), la corteza prefrontal recibe un fuerte impulso que viene
del gran nervio visceral desde la región estomacal (MacLean, 1990: 559-
562). Podemos suponer que esta sensación en las entrañas ("intuición") es
necesaria para que un individuo se identifique con los sentimientos de los
demás y para que ocurra esa "visión interior" que nos permite preocuparnos por el futuro de otras personas además del nuestro.

La activación completa y el equilibrio de las partes que integran nuestro sistema cuerpo-mente nos ayuda a convertirnos en pensadores eficaces
y productivos. Con el desarrollo pleno de la neocorteza y su integración
con el resto de las estructuras cerebrales podemos jugar con las ideas de
un modo creativo, utilizar las habilidades motrices finas para presentar esas
ideas a las demás personas y salir al mundo como seres humanos en libertad.

Segunda parte

Aprender moviendo el cuerpo

Capítulo 6

Movimiento

Tenemos un cerebro porque tenemos un sistema motor que
nos permite alejarnos del peligro y acercarnos a las oportunidades.
Los sistemas educativos que reducen la mayoría de los movimientos
del alumno a una sola extremidad que escribe secuencias de
letras y dígitos sobre un terreno de juego del tamaño de una hoja
de papel no entienden la importancia del desarrollo motor.
Robert Sylvester (2000)

Cuando consideramos tan de cerca la elaborada interacción que tienen el cerebro y el cuerpo, surge con mayor claridad un asunto que exige atención: el movimiento como algo esencial para el aprendizaje y para la manifestación de la vida misma. Aun cuando estamos aparentemente quietos, en todo el cuerpo bulle el movimiento: digerimos los alimentos, los músculos y los pulmones se expanden y se contraen, el corazón late, los nervios emiten impulsos y la sangre fluye con rapidez (Sylvester, 2000).

El movimiento despierta y activa muchas de nuestras capacidades mentales, además de que integra y afianza la información y la experiencia nuevas en nuestras redes nerviosas.

El movimiento es vital para todas las acciones que efectuamos, al personificar y expresar todo lo que aprendemos, lo que comprendemos y lo que somos.

En este capítulo me concentraré en el movimiento, sobre todo en la función que desempeña en el aprendizaje. ¿Lo que sabemos de este tema se ve reflejado en la manera en la cual educamos a los niños y la forma en la que se les enseña en la escuela? ¿Qué sucede cuando no es así?

El movimiento que percibimos cuando estamos en el útero nos da las primeras sensaciones de lo que es el mundo; así empezamos a conocer y experimentar las leyes de la gravedad. Sentimos el rítmico andar de nuestra madre, antes y después de nacer. Sentimos cómo nos mece, la sentimos respirar, sentimos su corazón y todo eso establece patrones coherentes que nos ayudan a entender las pautas que hay en las matemáticas, el lenguaje y las ciencias naturales. Desarrollamos los movimientos necesarios para modelar la visión, explorar la forma de nuestro entorno e interactuar con las personas y las fuerzas que nos rodean.

Cada movimiento representa un evento sensorial y motor vinculado con la íntima comprensión de lo que es el mundo físico, del cual se derivan todos los nuevos aprendizajes. El movimiento de nuestra cabeza alinea los órganos de los sentidos (ojos, oídos, nariz y lengua) según los estímulos ambientales. Los movimientos sutiles de los ojos nos permiten ver a distancia, percibir en tres dimensiones, sentir la periferia y enfocar la mirada sobre las pequeñas letras de una página. Los movimientos refinados de las manos nos permiten tocar, jugar con el mundo y manipularlo de infinitas y complicadas maneras, para comunicar nuestra naturaleza emocional y nuestro ser interno. El movimiento nos alinea para que percibamos los olores que le darán pie a la memoria para que recordar antiguos sucesos. También para captar los sonidos, que formarán las imágenes internas para nuestra protección o comprensión. Gracias al movimiento, podemos sentir el viento en la cara, solo por aprender lo que se siente.

En la estructura de la memoria muscular del cuerpo no solo está impreso el conocimiento de cómo sentarse, ponerse de pie, caminar y correr; también sabemos cuál es el lugar que ocupamos en el espacio y cómo movernos con elegancia e inteligencia. Incluso, sabemos cómo crear algo bello y exquisito durante el proceso. El movimiento hace posible que el rostro exprese alegría, tristeza, ira y amor, a lo largo de nuestra muy humana empresa de hacernos entender.

Cada número y cada letra tienen un movimiento que nos conduce hacia ellos y una forma que hemos sentido e impreso en la musculatura; de tal modo que lo podamos hacer otra vez mediante los movimientos que hacemos al escribir.

Durante años de aprendizaje (y de integración del movimiento con los estímulos sensoriales) hemos aprendido a jugar con lo que acabamos de comprender, a reasociarlo y a crear mayor entendimiento. Gracias al movimiento, podemos traducir en palabras y acciones lo que pensamos y sentimos para enriquecer el mundo con nuestras ideas creativas. Cada vez que nos movemos de una forma organizada y elegante, se activa y se integra todo el cerebro, con lo cual se abre de manera natural la puerta al aprendizaje. Howard Gardner, Jean Ayres, Rudolf Steiner, María Montessori, Moshe Feldenkreis, Glenn Dolman, Neil Kephardt y muchos otros notables innovadores en el campo del aprendizaje han defendido la importancia que para este tiene el movimiento.

Inteligencia kinestésica

Parte de mi intención al escribir este capítulo ha sido cuestionar un prejuicio social que tiende a degradar los logros físicos y minimizar su importancia en asuntos "serios", como el trabajo y la escuela.

Howard Gardner (1985: 207-208), en su exposición de la inteligencia kinestésica corporal, señala que más que considerar la actividad motriz como algo secundario que ayuda al pensamiento "puro", podríamos seguir los consejos de Roger Sperry y dar la vuelta a nuestra perspectiva para considerar que el pensamiento es un instrumento que se dirige hacia la ejecución de las acciones.

En lugar de ver a la actividad motriz como una forma subsidiaria, diseñada para satisfacer las demandas de los centros más sofisticados, podríamos adoptar el concepto de que el trabajo cerebral es un medio para llevar "al comportamiento motor un refinamiento adicional, un incremento en la dirección con rumbo a objetivos distantes en el futuro, una mayor adaptación general y un valor para la supervivencia" (Gardner, 1985; Sperry citado en Ewarts, 1973: 103).

El aprendizaje implica el desarrollo de habilidades y estas, cualquiera que sea su naturaleza, se construyen mediante el movimiento de los músculos. No hablamos solo de las habilidades físicas de los atletas, los músicos, los bailarines y los artesanos, sino también de las habilidades intelectuales que se emplean en las aulas y los lugares de trabajo. Los cuentacuentos entretienen, los maestros enseñan, los científicos investigan, los doctores y las enfermeras practican la medicina y los políticos guían al país, todos ellos por medio de las complejas expresiones musculares del lenguaje, el habla y los gestos.

El movimiento afianza el pensamiento

Para que un pensamiento se afiance debe haber movimiento. Una persona se puede sentar tranquilamente a pensar, pero para que recuerde un pensamiento es necesario que efectúe una acción que lo traiga a la luz. Tenemos que materializarlo con palabras. Cuando escribimos, nos conectamos con los pensamientos mientras movemos la mano. Quizá nunca tengamos que leer lo que escribimos, pero debemos hacer el movimiento para que venga el pensamiento (construyendo las redes nerviosas). "Las manos ocupan un sitio central en la psicología, ya que constantemente cambian de una actividad ejecutiva a una de exploración o una expresiva" (Connlly, 2001).

Muchas personas consideran que piensan mejor si hablan. El acto de hablar es una gran habilidad sensorial y motriz que requiere la coordinación motriz fina de millones de movimientos musculares de la cara, la lengua, el aparato vocal y los ojos, además de los propioceptores en el rostro y las manos. Cuando hablamos, podemos organizar y elaborar los pensamientos. Al hablar de lo que hemos aprendido, los movimientos físicos lo interiorizan y lo solidifican en las redes nerviosas, por eso después de presentar un material nuevo en la clase, le pido a los alumnos que elijan a un compañero para que hablen con él acerca del modo en que esa información se relaciona con ellos de manera personal.

La acetilcolina es un neurotransmisor que se libera a través de las sinapsis de las neuronas activadas para estimular la función de los músculos mientras hablamos. Mientras más acetilcolina liberemos de forma constante en estas terminales nerviosas, más estimularemos y atraeremos el desarrollo de las dendritas de esa zona, con lo cual aumentarán las redes nerviosas. Las personas que padecen la enfermedad de Alzheimer presentan bajos niveles de acetilcolina. En cambio, quienes bailan con frecuencia o tocan algún instrumento musical disminuyen de manera notable las posibilidades de padecer Alzheimer o demencia (Verghese *et al.*, 2003: 2508-2515) y este es otro punto a favor del movimiento, que contribuye al desarrollo y la salud del cerebro durante toda la vida.

Muchas personas tienen una clara tendencia a pensar mejor y con mayor libertad cuando se ocupan de una labor física repetitiva que demande poca concentración. He escuchado a algunos que aseguran pensar mejor cuando nadan un rato en la piscina, salen a dar un paseo o mientras se afeitan. Una mujer ya mayor que asiste a una de mis clases pasó todo un semestre tejiendo mientras daba mis pláticas, sin preocuparse en absoluto por tomar notas y, al cabo del curso, obtuvo la mayor calificación, junto con nueve suéteres nuevos. En cuanto a mí, cuando pienso profundamente en algo, tengo el hábito de masticar, especialmente cosas que crujan, por ejemplo zanahorias. Me he dado cuenta de que, en verdad, el movimiento me ayuda a pensar.

Si consideramos que la conciencia es, en realidad, la experiencia del momento presente, entonces el movimiento y estar consciente durante el aprendizaje son sinónimos. Casi a diario, nuevas investigaciones arrojan luz sobre los sólidos vínculos que hay entre las zonas del cerebro que participan en el movimiento y las que tienen que ver con la actividad cognitiva. En la última década del siglo pasado, las investigaciones revelaron que las zonas del lóbulo frontal, muy importantes para la coordinación del pensamiento, se relacionan de manera directa con las zonas de control motor del cerebro, como se ve en el cuadro 2 (Middleton y Strick, 1994: 458-461).

El cerebelo, del que durante mucho tiempo se pensó que nada más controlaba la motricidad gruesa, tiene más neuronas que cualquier otra parte del cerebro y un promedio de 250 a 300 mil conexiones sinápticas por célula nerviosa. Al parecer, el cerebelo es el principal sistema sensorial, pues examina, evalúa e integra los estímulos sensoriales provenientes del sistema vestibular y lo relaciona con las funciones motrices al retransmitir, de manera secuencial, la información para que llegue al resto del cerebro a través del hipocampo, la sustancia negra, el ganglio basal del sistema límbico y la corteza motriz del lóbulo frontal. El cerebelo posee vías conductoras muy veloces que lo conectan con la neocorteza y que añaden entre 5 y 10% a la rapidez con la que la corteza puede reunir la información y razonar. ¡Así es como moverse mientras se aprende incrementa el aprovechamiento!

El cerebelo tiene la responsabilidad de guiar todo el aprendizaje de los movimientos, incluyendo la manera de efectuarlos, el ritmo y las dinámicas para la coordinación y la forma en que los músculos se acomodan para lograr el máximo beneficio durante los períodos de descanso y actividad. Además, el cerebelo adapta los constantes movimientos de la cabeza para que mantengamos el campo visual fijo en la retina mientras nos movemos. Su conexión con el hipocampo proporciona la retención de memoria necesaria para el aprendizaje motor, como cuando aprendemos a rodar, sentarnos, gatear, caminar, correr, saltar, andar en bicicleta o ejecutar una coreografía complicada (Raymond *et al.*, 1996; Boyden y Raymond, 2004: 581).

Con la importancia que tienen para las funciones cognitivas más sutiles, el cerebelo y el ganglio basal activan, por medio del tálamo, la parte de la corteza prefrontal que participa en el razonamiento y la memoria del funcionamiento espacial. Esto nos permite saber qué tan lejos pisar cuando subimos una escalera o qué tanto inclinar el cuerpo cuando vamos en bicicleta y damos vuelta en la esquina o cómo planear diseños arquitectónicos complicados. Las imágenes en computadora muestran que el cerebelo es la parte más activa del cerebro durante el aprendizaje, mientras que cuando no estamos aprendiendo algo y solamente estamos, por ejemplo, viendo la televisión, casi se encuentra inactivo (Middleton y Strick, 1994: 458-461; Strick, 1997).

La conexión del cerebelo con la sustancia negra que produce dopamina es la responsable de vincular las experiencias sensoriales y motrices con la ejecución de acciones coordinadas. La dopamina es el químico que nos motiva y nos sensibiliza para buscar patrones, pero también nos impulsa para que exploremos físicamente y aprendamos de nuestro entorno y de los demás (Sapolsky, 1998).

¿Cómo el movimiento nos lleva al aprendizaje?

Para entender la base de la relación entre el movimiento y el pensamiento tenemos que volver la vista hacia lo más remoto del desarrollo de nuestro cerebro. Un bebé realiza una verdadera proeza de fortaleza y coordinación cuando pasa del reposo inerte a dar sus primeros pasos antes de cumplir un año. Lo único que iguala esa hazaña es la elaboración masiva de redes nerviosas que se establecen mediante la práctica de cada nuevo movimiento. Los primeros movimientos son reflexivos (reflejos) y cambian —desde los más vitales para poder sobrevivir, como el reflejo de Moro, que se desarrolla en el útero a las nueve semanas, hasta los más elaborados, que permiten al recién nacido y al infante tomar objetos (reflejo palmar), levantar la cabeza (reflejo del cuello tónico) y, finalmente, rodar, sentarse, gatear y ponerse de pie—. Los reflejos nos preparan para los movimientos voluntarios y ayudan al desarrollo de los sentidos. No solo no desaparecen, sino que se integran a los centros nerviosos más refinados en el sistema vestibular, el límbico y el sensorial y motor en el encéfalo. En los niños que presentan problemas de autismo, agresividad o fobias es posible que los reflejos no se hayan integrado a las funciones más refinadas y por eso resulten reactivos, reflexivos, demasiado preocupados y, con frecuencia, etiquetados como con TDAH (Goddard, 1996; Masgutova, 1998).

Conforme aumenta el repertorio de movimientos del bebé, cada desarrollo coloca al aparato sensorial, sobre todo los oídos, la boca, las manos, la nariz y los ojos, en una posición cada vez más ventajosa para captar los estímulos sensoriales. El sistema vestibular está unido a los músculos centrales del abdomen y la espalda y son estos los primeros que trabajan para poder levantar la cabeza. Es un logro muy liberador. A medida que se fortalecen los músculos del cuello, el niño puede levantar la cabeza para escuchar con ambos oídos lo que pasa en el mundo y empezar a verlo con los dos ojos. Cuando sus seres cercanos lo levantan y siente su vientre sobre la espalda o el pecho de quienes lo cuidan, así como cuando se acuesta con el vientre sobre el piso, el bebé puede trabajar de manera activa en el fortalecimiento de los músculos del cuello.

Esto, por cierto, me lleva a cuestionar la conveniencia de usar tanto esas populares carriolas que se doblan para convertirse en asientos para el coche. Son sillas en las que el bebé se encuentra en un ángulo de 45° y eso inhibe los movimientos musculares del cuello y del centro del cuerpo. Lo mismo sucede con las andaderas y carriolas en las que el bebé mira hacia el exterior, lejos de su madre o su padre. Aun cuando el bebé está mirando al frente, su movimiento está restringido y, por lo mismo, no desarrolla su visión de un modo activo.

El bebé explora sus pies y sus manos llevándoselos a la boca y, así, ejercita los músculos de sus extremidades. El oído lo ayuda en sus primeros intentos por voltear cuando escucha un sonido y usa los músculos centrales del cuerpo para moverse. Estos músculos se desarrollan cuando él fortalece la zona de los hombros, levantándolos junto con la cabeza para responder a los estímulos sensoriales.

Cuando se elaboran y se cubren de mielina las redes nerviosas que llegan a los músculos centrales gracias a su uso, el bebé puede levantarse sin ayuda para sentarse, contra la fuerza de gravedad, y se puede arrastrar. Con práctica, primero con una parte del cuerpo y luego con la otra, el bebé comienza por arrastrarse y termina por gatear. Una vez más, esto depende en gran medida de la activación de los músculos centrales, para que los hombros y la pelvis trabajen en conjunto (Stiller y Wennekes, 1992).

Hemos sabido durante muchos años que cuando a un niño se le priva de la etapa (vitalmente importante) del gateo, más adelante puede manifestar dificultades para el aprendizaje. El gateo requiere un movimiento contralateral y esto activa el desarrollo del cuerpo calloso (las vías nerviosas que hay entre los dos hemisferios del encéfalo). Este hace que trabajen juntos los dos lados del cuerpo, incluyendo brazos, piernas, ojos (visión binocular) y oídos (audición biaural). Si se estimulan de manera equilibrada, los sentidos pueden percibir su entorno con mayor plenitud y los dos lados del cuerpo se pueden mover de una forma más integrada para lograr una acción eficiente.

Una profesora de educación especial me habló de una preocupación que tuvo cuando su hijo pasaba de la etapa del gateo a la de sus primeros pasos. Ella había leído mucho acerca de la importancia que el gateo tenía para desarrollar la participación de ambos ojos en la lectura y era definitivo que no deseaba pasar por alto esa etapa, de modo que se dedicó a gatear con él y no dejó que abandonara esa etapa antes de un buen par de meses. A veces me pregunto si no logró evitar que su hijo tuviera dislexia, ¡ocasionándole, en cambio, claustrofobia!

Cuando nació mi hija, yo no había leído aún sobre la importancia de que un bebé gateara. Al llegar a los siete meses de edad le regalaron una bonita andadera verde brillante de base redonda ahulada que le permitía correr por toda la casa y nos proporcionaba a mi esposo y a mí grandes ratos de diversión. Lamentablemente, esto la distrajo de gatear por mucho más de unas cuantas semanas. Al entrar al primer grado en la escuela comenzó a tener problemas para aprender a leer, ya que esta actividad requiere una coordinación contralateral entre la mano y el ojo. Pensamos ahora que algo tuvo que ver en esto el hecho de que casi no gateara. Les recomiendo a los padres que lean el libro *Caution, Save Your Baby, Throw Out Your Equipment* [*¡Precaución! Salve a su bebé y tire todos sus accesorios*], de Laura Sobell (1994), donde se explica por qué debemos prescindir de brincadores, andaderas, sillas para el coche cuando el bebé no está en él y otros artículos si queremos que nuestros hijos desarrollen su cerebro.

En esencia, con todo ese desarrollo motor, el niño consigue pararse, desafiando a la gravedad, aprende a equilibrarse para caminar y, después, correr. Es una empresa formidable. Los niños del África rural, tan bellamente esbeltos y coordinados, corren largas distancias o se balancean ágilmente sobre el borde de una roca y esto nos da una magnífica idea de lo que es la inteligencia inherente y la belleza del movimiento.

Cuanto más te mueves, más aprendes

> En realidad, el ejercicio es para el cerebro,
> no para el cuerpo. Afecta el estado de ánimo,
> la vitalidad, la viveza y la sensación de bienestar.
> *John J. Ratey* (1999)
> Escuela de Medicina de Harvard

Para el proceso de aprendizaje es esencial permitir a los niños explorar cada aspecto del movimiento y del equilibrio en su entorno, cuando caminan sobre un bordillo, trepan a un árbol o brincan sobre un mueble. Una madre y maestra de la tribu navajo me platicaba que, cuando era niña, ella y sus amigos exploraban la meseta desde temprano en la mañana hasta que se ponía el sol y un rato más. Nunca ninguno de ellos resultó gravemente herido en aquella aventura y sentía que esa experiencia había sido esencial para su pleno proceso de aprendizaje. Sin embargo, con las ideas actuales de que el mundo es un lugar peligroso para los niños, ella no ha permitido que sus hijos exploren la meseta; de tal modo, los niños han hecho de la televisión su pasatiempo favorito. Ella admite que sus hijos presentan problemas de movimiento y equilibrio y ha pensado que esto también podría tener relación con las dificultades que tienen en la escuela, sobre todo para leer y escribir.

Las investigaciones demuestran que las actividades musculares, en especial los movimientos balanceados y coordinados, parecen estimular la producción de neurotrofinas (como la dopamina), sustancias naturales que fomentan el desarrollo de las células nerviosas existentes e incrementan el número de neuronas nuevas y de conexiones nerviosas en el cerebro (Van Pragg *et al.*, 2002: 1031). A medida que aprendemos y dominamos diferentes movimientos y habilidades, el cerebro requieren menos energía y funciona con mayor eficiencia.

El Departamento de Educación de California llevó a cabo un estudio interesante que comparaba los resultados del sat-9 de la primavera de 2001 con los de las pruebas de condición física *(fitnessgram)* que exigía el estado y que se había aplicado en 2001 en quinto grado de primaria (353 mil alumnos), primero de secundaria (322 mil alumnos) y tercero de secundaria (279 mil alumnos). Los principales descubrimientos de este estudio demostraron que había mucho mayor aprovechamiento académico relacionado con las mejores calificaciones atléticas en cualquiera de los tres grados (Kun, 2001-2002). Las funciones ejecutivas del pensamiento que se relacionan con las regiones del lóbulo frontal y del hipocampo en el cerebro son más constantes y prósperas en las personas que tienen mejor condición física (Churchill *et al.*, 2002: 941-956).

En Estados Unidos, los varones obtienen 70% de las calificaciones más bajas y representan dos tercios de los alumnos que se etiquetan como con "discapacidad para el aprendizaje", además de 80% de los diagnósticos de trastornos por déficit de atención. Asimismo, representan 80% de las deserciones escolares y es en esa etapa cuando más cerca están de no ir a la universidad (Pollack, 1999). Hemos descubierto que los varones requieren más tiempo en movimiento que las niñas para que su cerebro se desarrolle. El estrés que resienten los varones por la falta de movimiento al principio y durante el proceso del aprendizaje inhibe el importante desarrollo de los patrones necesarios para el discurso interior, el razonamiento formal y la capacidad de tener un buen desempeño en el plan de estudios, tal como este es en la actualidad (Coulter, 1986).

En un estudio realizado con más de 500 niños canadienses se vio que los alumnos que pasaban una hora extra cada día en la clase de gimnasia se desempeñaban mucho mejor en los exámenes que los niños menos activos. Del mismo modo, se observó que los hombres y mujeres de entre 50 y 70 años de edad que participaron en un programa de entrenamiento aeróbico durante cuatro meses, consistente en una vigorosa caminata regular, incrementaron en 10% su desempeño en las pruebas mentales. En otro estudio, con 13 mil adultos y niños diagnosticados con dislexia en Australia, Sudáfrica y América, un programa de dos sesiones de 10 minutos diarios, que consistía en pararse sobre un cojín y arrojar una bolsa llena de frijoles de una mano a la otra o en balancearse sobre una tabla que se bamboleaba, liberó a todos los participantes de los síntomas de la dislexia en el lapso de seis meses (Britten, 2004). De igual manera, observando muy de cerca otros 13 estudios sobre la relación entre el ejercicio y la fuerza del cerebro, se notó que el ejercicio estimula el crecimiento de los cerebros en desarrollo y previene el deterioro de los cerebros de mayor edad (Olsen, 1994: 33-35).

Muchos profesores están aprendiendo la importancia que tiene el movimiento para el proceso del aprendizaje. Una excelente maestra de la ciudad de Nueva York le da a sus alumnos de la escuela media superior un "descanso rítmico" cuando percibe que no están poniendo atención. Señala a un alumno que, entonces, se pone de pie y palmea o golpea algo rítmicamente mientras se mueve con una buena coordinación contralateral. A continuación, todos los demás tratan de seguir su movimiento y su ritmo y quizás añadan otros ritmos, todo eso durante dos minutos. Luego, ella da una señal, todos se sientan y ponen atención, generalmente, por el resto de la clase. Como el cerebro es un órgano que reconoce patrones, hacer que los estudiantes participen en una actividad con movimiento que tenga una estructura distinta de la de Gimnasia para el cerebro®, o en un "descanso rítmico" cada 30 o 60 minutos, mantiene al cerebro despierto, alerta y ayuda a que los lapsos de atención sean más largos (Chaloner, 2003). A los profesores, les recomendaría el libro *S'cool Moves far Learning* [*Movimientos alivianados para el aprendizaje escolar*], que contiene muchas ideas para tomar descansos con movimiento sin salir del aula (Heiberger y Heiniger, 2002).

El movimiento y la visión

La visión es, en gran parte, una función corporal. En una situación de aprendizaje activo, los músculos externos del ojo lo mueven constantemente arriba y abajo, para un lado, para el otro y alrededor de todo. Los músculos internos del ojo contraen o dilatan la pupila para ajustar la luz y los músculos ciliares hacen que el cristalino se alargue o se ensanche para ajustar la visión según la distancia. Cuando dejamos de mover los ojos, por ejemplo al mirar fijamente, también dejamos de percibir el estímulo visual. Observa cómo cuando fijas la mirada dejas de notar lo que sucede alrededor.

Cuando se mueven el cuerpo y la cabeza, se activa el sistema vestibular y los músculos del ojo se fortalecen al moverse como respuesta. Cuanto más se mueven ambos ojos, más trabajan en conjunto sus músculos. Un buen trabajo conjunto de los ojos ayuda a que el alumno enfoque, siga con la mirada y se concentre mientras lee. A medida que los músculos oculares se fortalecen y se mueven con más armonía, se desarrollan más conexiones disponibles en el cerebro (Albalas citado en Dennison y Dennison, 1990). Esto se debe a que 80% de las terminales nerviosas en los músculos tienen una conexión directa, a través de la propiocepción y el sistema vestibular, con los nervios motores que vienen de los ojos y van a estos (Dennison, 1986).

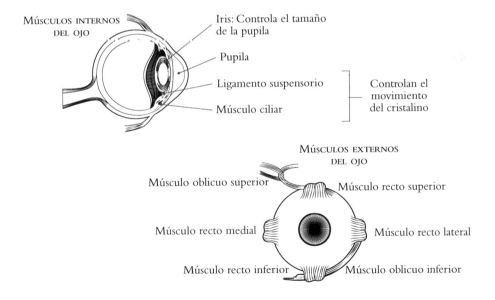

Figura 18. Músculos internos y externos del ojo.

Con frecuencia me encuentro con que los niños con dificultades para aprender sufren alguna molestia cuando les pido que se concentren en mi pulgar mientras lo muevo a través de su campo visual. Sus ojos brincan y se quejan de que les duele. Les cuesta trabajo mantener la vista enfocada. Este estrés visual que se siente cuando uno no puede enfocar los ojos o coordinarlos para seguir algo de manera eficiente se debe a un desarrollo muscular inadecuado de los ojos, muchas veces causado por la falta de movimiento corporal integrado y del desarrollo del sistema vestibular.

Los bebés comienzan por seguir con la mirada los movimientos de sus manos o pies. Con el tiempo, se elaboran las redes nerviosas específicas y se desarrolla la coordinación entre la mano y el ojo. Entonces, el bebé ya puede llevarse ante los ojos los objetos que encuentra en el mundo para analizarlos y aprender de ellos. Después, la coordinación entre el ojo y la mano o el ojo y el pie le permiten al infante moverse con precisión para responder ante los objetos que hay en su entorno. Con la práctica, y al madurar las redes nerviosas, ocurre un cambio y se desarrolla la coordinación entre el ojo y la mano. Ahora, el ojo guía los movimientos de la mano, de modo que la vasta gama de conocimientos internos se convierte en un patrón para el movimiento. Es entonces cuando podemos aprender a conectar el movimiento con la vista, así como lo hacía Amy (capítulo 1) con el balón de futbol. Esta conexión es esencial para poder escribir, dibujar, tocar un instrumento, aprender un deporte o bailar.

Los músculos del ojo también desempeñan una función importante en el aprendizaje dentro del aula. La luz pasa a través del cuerpo del globo ocular por la retina, donde captan la información 137 millones de receptores (terminales nerviosas); 95% de los receptores, los bastones, se ocupan de la visión periférica, los conos representan solo 5% y su labor es el enfoque foveal, el que empleamos para trabajar de cerca sobre el papel bidimensional. Antes de entrar a la escuela, la visión tridimensional y la periférica nos permiten aprender mucho sobre el medio que nos rodea: integran lo visual con lo kinestésico para poder entender las figuras, el movimiento de las formas naturales y la conciencia espacial. Por lo regular, se espera que cuando los niños entran a la escuela desarrollen pronto su enfoque foveal, para que puedan ver las pequeñas letras estáticas, bidimensionales que hay en una hoja de papel. La transición del enfoque tridimensional y periférico al foveal es muy abrupta y, en muchos casos, violenta (Quackenbush, 1999).

Poco antes de los siete años, los cuerpos ciliares (los músculos que moldean el cristalino del ojo) son cortos y eso ocasiona que el cristalino sea delgado y alargado. Cuando el cristalino tiene esta forma, la imagen que capta se extiende por toda la retina, lo cual provoca la máxima estimulación de los bastones y los conos. Esta forma del cristalino se adapta con facilidad a la visión distante, la periférica y la tridimensional. Cuando uno llega a los siete años de edad, esos músculos han empezado a alargarse y el cristalino puede rodar hacia fuera y enfocar mejor la imagen solo en la fóvea central de la retina para un enfoque foveal natural (Schwartz, 1990: 12) Los niños que han hojeado libros en su casa quizá ya adquirieron un enfoque foveal, si es que ellos eligieron ese proceso, libres de tensión y de presiones. Sin embargo, la mayor parte de los niños de cinco años no están físicamente aptos para leer como lo dicta la norma de nuestras escuelas.

Basta con recordar lo que ocurrió hace unos años en Singapur para entender cómo podemos dañar la visión de nuestros niños. En Singapur, se esperaba que los niños se quedaran sentados, quietos, leyendo y escribiendo cuando apenas tenían tres o cuatro años. Debido a esto, 85% de los niños de cinco años tenían miopía y cuando llegaban a los 10 años prácticamente todos necesitaban lentes. Se trata de un país que está progresando mucho y que se preocupa por la salud y el aprendizaje de los niños, de modo que ya cambió su plan de estudios para añadir al trabajo cognitivo una cantidad equivalente de labores kinestésicas (juegos y manipulación de objetos) para completar el proceso de aprendizaje. Es necesario que desechemos la idea generalizada de que leer equivale a ser inteligente y dejemos que el sistema visual de los niños se desarrolle de un modo natural, sin el estrés que causa tener que leer a tan temprana edad.

Una anécdota de dos culturas

Al igual que ocurre con muchas expectativas culturales en el área del aprendizaje y el desarrollo infantil, las normas de otras sociedades pueden poner las nuestras a la luz del reflector y dar lugar a importantes cuestionamientos. Hace algunos años, me encontré con un ejemplo trágico y fascinante de lo que puede suceder con el aprendizaje cuando se cruzan dos culturas diferentes.

En Sudáfrica, los niños del campo, que no tienen libros, absorben una rica tradición oral y tienen excelente visión periférica y tridimensional. Es común que hablen tres idiomas, aunque no suelen conversar en inglés. Los especialistas en terapia ocupacional en KwaZulu han notado que cuando esos niños tienen cinco años y entran a la escuela son "superiores y por mucho" a los niños blancos en casi todos los exámenes preescolares, a excepción de tres pruebas (entrevistas, marzo 1993). En este nivel, asisten a las escuelas de estándares británicos, donde se supone que lean el alfabeto en las primeras dos semanas y que lean en inglés antes de terminar el primer año. Sin embargo, como sus ojos aún no han desarrollado la flexibilidad del cristalino para tener un enfoque foveal, lo único que ven sobre la página es una mancha borrosa. El programa de estudios no da tiempo para que desarrollen el enfoque foveal. Aunque se trata de niños con muchas ganas de aprender y que cuentan con todo el apoyo de su familia, se sienten humillados y fracasados y 25.4% de ellos abandona la escuela en ese primer año (Pisani *et al.*, 1990: 17). Debido a que se tienen expectativas antinaturales, al estrés y a la falta de un tiempo adecuado para permitir el desarrollo del enfoque foveal, Sudáfrica se ha perdido y se seguirá perdiendo de la valiosa fuente de recursos humanos que representan esos niños.

¿Y nuestras escuelas cómo van?

Es fácil ver cuál ha sido el error de las escuelas de Singapur y de Sudáfrica cuando se señala de esta manera, pero ¿qué tan bien se adaptan nuestras escuelas a la evolución natural de los niños, en cuanto a su habilidad para moverse y sus necesidades? ¿Y qué tan bien se sincronizan nuestras expectativas y nuestro entendimiento de su desarrollo con las expectativas y las tareas que les imponemos?

Desde los primeros grados, a los alumnos se les enseña a no mover sus cuerpos durante la clase. También se les enseña a no mover sus ojos para mirar más allá del pizarrón o de su pupitre, pero estas restricciones ignoran que la vista y la elasticidad del cristalino están íntimamente relacionadas con el movimiento.

El globo ocular no está totalmente moldeado por las fibras de colágeno antes de alcanzar los nueve años de edad, aproximadamente (Coulter, 1986), por lo tanto, pasar largos periodos leyendo sin relajar el foco en la distancia podría causar la inflamación y la elongación del globo ocular, lo cual ocasionaría miopía.

Por lo menos 25% de la población de Estados Unidos tiene miopía y sus hijos tienden a ser miopes cuando comienzan a ir a la escuela (Kobata, 1985: 1249-1250). Además, la miopía ha sido parte del historial de 5.6% de

los niños invidentes estadounidenses, a la cual luego le sigue una predisposición al desprendimiento de la retina, degeneración de esta y glaucoma
(Quinn *et al.*, 1999: 113).

En gran parte, la vista cansada se debe a una dependencia excesiva del
enfoque foveal, por mirar fijamente sin parpadear. Es importante parpadear,
ya que así el ojo se mantiene humedecido y saludable y también se relaja
la concentración, por eso debería fomentarse que los alumnos tomaran un
descanso cada siete o diez minutos, para que sus ojos puedan restablecer la
visión tridimensional y la periférica de un modo natural y relajado (Brewer
y Campbell, 1991).

Los resultados de varios estudios sugieren que las conexiones nerviosas
del cerebro que influyen en la visión pueden verse gravemente afectadas
por la naturaleza de nuestra experiencia visual y por el ambiente (Wallman
y Turkel, 1978: 1249-1251; Rose, 1999: 328).

Los dos factores principales que contribuyen a la miopía son la herencia genética y trabajar con los objetos muy cerca de los ojos (*Review of
Optometry*, 1999: 4).

E.A.Young (1961: 799) demostró un importante desarrollo de miopía en
monos que estaban obligados a ver objetos a distancias no mayores de medio
metro. Otros estudios descubrieron que unos hombres que trabajaban en
cuartos estrechos, en una instalación para el lanzamiento de misiles, también
desarrollaron miopía. Este mal se ha relacionado, asimismo, con una excesiva
ansiedad en el lugar donde se produce el aprendizaje (Kelley, 1958).

Para que funcionen bien, los ojos necesitan descansar un rato, libres
del estímulo de la luz. Últimamente, ha aumentado la preocupación por
saber de qué manera afecta la luz artificial el desarrollo visual en los bebés
expuestos a las lámparas nocturnas.

En un estudio realizado con 479 niños, de dos a 16 años, 10% que
dormía en la oscuridad desarrollo miopía, mientras que 55% que estuvo
expuesto a las lámparas nocturnas cuando tenía dos años de edad también
la desarrolló (Tonks, 1999: 1369).

Hay tres aspectos en los que concuerdan los investigadores en cuanto
a la miopía: *1)* en la actualidad se dan muchos más casos a temprana edad
que en el pasado; *2)* se observa que los casos de miopía van en aumento
y las probabilidades se incrementan a medida que el niño se gradúa del
segundo grado y sigue sus estudios hasta el nivel medio superior, y *3)* la
incidencia de la miopía en la actualidad es mayor que hace apenas veinte
años (Coleman, 1970: 341).

¿A qué edad están listos los ojos para leer?

Entre los siete y los ocho años, conforme maduran los lóbulos frontales del encéfalo, se desarrolla de manera natural la coordinación motriz fina de todos los músculos del cuerpo, incluyendo los oculares. Antes de esa edad, tenemos una buena vista periférica y percibimos la profundidad, pero no es sino hasta que madura el campo frontal ocular de los lóbulos frontales que se puede lograr una coordinación suficientemente precisa entre ambos ojos como para tener un buen enfoque bidimensional. La coordinación ocular se produce cuando el ojo dominante sigue la escritura que ve sobre una página y el otro ojo sigue el movimiento con exactitud y combina la información, lo cual nos da una óptima visión binocular. Tenemos una nariz entre los ojos y por esa razón nunca tendremos una verdadera visión binocular, por lo tanto, un ojo asume el mando (es el dominante) y guía los movimientos de los dos.

Podemos comprobar esta lateralidad si sostenemos un bolígrafo a la distancia de un brazo extendido y lo mantenemos alineado a una estructura vertical en la habitación. Enfocamos el bolígrafo con ambos ojos y luego los cerramos alternadamente. Notamos, así, cuál de ellos mantiene alineada la imagen del bolígrafo. Ese es el ojo dominante en el rastreo. Los movimientos motores finos del ojo y la coordinación de ambos aseguran que la información se capte con facilidad y aportan otra razón fisiológica para que no comencemos con el proceso de lectura antes de que el niño cumpla siete o, mejor aun, ocho años.

La visión y el estrés

En situaciones emocionalmente estresantes ocurre un fenómeno curioso que hace prácticamente imposible seguir una lectura. Como un acto reflejo ante la sensación de peligro, los ojos se mueven de manera periférica para captar todo lo que puedan del entorno. Esto dificulta tanto la coordinación ocular que no es posible leer. Haz la prueba y trata de leer algo después de ver una película de terror o de pasar por una situación traumática. Creo que te costará mucho trabajo.

Cuando las personas viven en circunstancias de continua tensión, sus músculos oculares externos pueden tener la tendencia a fortalecerse, lo cual alarga los músculos internos del ojo y hace más difícil el seguimiento con un enfoque foveal. Los niños que han sufrido abuso sexual o algún otro trauma manifiestan lo que se conoce como "mirada de pared", con ambos ojos en un enfoque periférico sostenido. Cada vez que trabajo con niños en clases de educación especial, me encuentro con que los ojos son un factor clave. El simple acto de seguir el movimiento de mi dedo hacia atrás y adelante hace que sus ojos brinquen y les duelan. Sin duda, son niños que tienen dificultades para leer y no quieren hacerlo. Les duelen los músculos y necesitan pasar por un nuevo entrenamiento antes de volver a leer con facilidad. Como veremos en el siguiente capítulo, las actividades con movimientos ofrecen una forma sencilla para activar con suavidad todos los músculos oculares. Las actividades que se sugieren en el capítulo 7 reducen la reacción por estrés y ayudan mucho a la lectura y la comprensión.

Es posible que 95% del aprendizaje suceda por medio de experiencias íntimas, directas, sensoriales y motoras con el entorno. Quizá el entrenamiento formal no constituya más de 5% del aprendizaje de toda una vida (Mendizza, 2004). El movimiento es parte indispensable del aprendizaje y el pensamiento; cada movimiento se vuelve un vínculo vital para aprender y procesar el pensamiento. Al igual que ocurre con nuestros sistemas sensoriales, todos debemos desarrollar nuestra propia red nerviosa de patrones de movimiento, es decir, nuestra "enciclopedia de acciones". El pensamiento es una forma de responder al mundo físico. Al estudiar el cerebro, solo podemos entenderlo en el contexto de una realidad física y de acciones. El movimiento es parte integral de todos los procesos mentales, desde el movimiento atómico que dispara el movimiento molecular, que organiza el movimiento celular (eléctrico), hasta el pensamiento que se manifiesta en la acción.

Capítulo 7

Movimientos que nos hacen mejorar

En 1986 me invitaron a formar parte de una escuela de nivel medio en Hawái, como consejera y tutora del programa de extensión escolar para jóvenes con problemas especiales (*Comprehensive Student Alienation Program*, CSAP). Los alumnos con los cuales debía trabajar presentaban problemas de aprendizaje o emocionales y, por eso, se les separaba del programa escolar. Para mí sería un experimento. Era profesora de biología en la Universidad de Hawái y llevaba veinte años dando clases; no tenía preparación como psicóloga ni consejera y ahí estaba, atendiendo una solicitud para trabajar con chicos en plena pubertad que requerían atención especial. Todo se debió a que había empleado con éxito técnicas de aprendizaje acelerado en mis cursos universitarios y a que había tenido la suficiente curiosidad e impulsividad para responder "¡sí!".

Jamás había trabajado antes con chicos de esas edades, de modo que pasé tres semanas en el verano de 1986 con el equipo de *Supercamp*, un programa de aprendizaje acelerado para jóvenes de 13 a 17 años, con la intención de obtener experiencia y una mejor comprensión de cómo son los alumnos de estas edades. Algunos de ellos habían sido arrestados en la ciudad de Nueva York y estaban allí porque la policía neoyorquina les ofreció una beca.

Para mí fue un gran entrenamiento mostrar aceptación, apertura, no formarme juicios y ser capaz de ver el potencial de cada persona. Mi hija acababa de cumplir 12 años y también me ayudó con su punto de vista. Fue así cómo se preparó el escenario para que entrara en acción al iniciar el siguiente curso y comenzara un extraño experimento en mi vida.

¿Cómo conocí la Gimnasia para el cerebro®?

Tener una actitud abierta y paciente, además de algunas herramientas para el "superaprendizaje", no fue lo mismo que contar con un auténtico programa para ayudar a los niños con problemas que habría de encontrar a mi regreso a Hawái. Fue entonces cuando una amiga que trabajaba como enfermera me recomendó utilizar Gimnasia para el cerebro®. Me contó que esta técnica le había cambiado la vida a su hijo Todd, y yo estaba dispuesta a probar cualquier cosa que pudiera funcionar.

Aunque Todd era brillante y adorable, lo habían diagnosticado como un niño con problemas de aprendizaje. Estaba en segundo año de bachillerato y aún no sabía leer bien, a pesar de que su familia había gastado miles de dólares en programas de aprendizaje. Cuando cumplió los 16 años, medía 1.87 metros y el equipo de básquetbol lo había invitado a formar parte de él para aprovechar su estatura. Pero, ¡qué pena!, Todd era muy torpe y perdía el balón cada vez que trataba de conducirlo.

Ese año, su madre había asistido a una conferencia de *Touch for Health* en California, en la cual el doctor Paul Dennison habló por primera vez de su trabajo con las discapacidades para el aprendizaje y del programa de Gimnasia para el cerebro®. Ella volvió a su casa muy emocionada y dijo: "Todd, vamos a hacer el Gateo cruzado". Para que su hijo se animara, toda la familia hizo el Gateo cruzado y otras actividades de Gimnasia para el cerebro® cada mañana, antes de que Todd fuera a la escuela, y cada noche, antes de dormir. Al cabo de seis semanas, Todd estaba leyendo de acuerdo con su nivel y, al poco tiempo, se convirtió en una valiosa adquisición para el equipo de básquetbol.

Todas las piezas que contribuyen al aprendizaje habían estado ahí durante más de 10 años, pero Todd no había sido capaz de integrarlas. Fue, por fin, con las actividades de Gimnasia para el cerebro® como logró armar ese rompecabezas. Fue un muy buen estudiante y se graduó como biólogo.

Pensé entonces que si algo tan sencillo como la Gimnasia para el cerebro® había ayudado a Todd, bien valía la pena probar. Lo primero que hice fue ejecutar un poco de música barroca llevando el ritmo, mientras seguía sencillamente las instrucciones sobre cómo llevar a cabo ciertas actividades que servirían para activar por completo la función mente-cuerpo. No tenía ideas preconcebidas de lo que podría suceder con este grupo de chicos en el CSAP, pero por lo visto estaban disfrutando la música y la Gimnasia para el cerebro®. Eso iba bien con mi experimento.

Desconocía el protocolo, de modo que decidí trabajar con esos alumnos sin ver sus archivos ni su historial. Lo que sucedió después fue una sorpresa para ellos, para mí y para sus maestros. Estaban empezando a desempeñarse bien en la escuela y a hacerse cargo de sus propias vidas en un sentido emocional, físico y mental.

El director estaba tan impresionado que me preparó una presentación para el servicio interno con los profesores, aun cuando yo tenía un entrenamiento mínimo en mi trabajo. También me convenció para que hiciera una presentación de cuatro horas ante todos los directores de la isla. En mi intento por entender los cambios que estaba viendo en los estudiantes, tomé el entrenamiento de profundización sobre Gimnasia para el cerebro® en noviembre de 1986. No obstante, seguía sin tener una explicación satisfactoria de la fisiología que había detrás de las transformaciones que estaba presenciando y, entonces, inicié mi propia búsqueda para comprender los aspectos moleculares, celulares, físicos y neurológicos que me dijeran por qué unos sencillos movimientos integrados y contralaterales podían servir para mejorar el aprendizaje y la vida.

Las pequeñas intervenciones nos llevan a cambios más grandes

Somos aprendices por naturaleza. Nacemos con un notable sistema cuerpo-mente equipado con los elementos necesarios para el aprendizaje. Sin embargo, diversos agentes estresantes pueden ocasionar bloqueos que inhiban el proceso por el cual aprendemos (en la tercera parte de este libro hablaremos del efecto que causa el estrés). Algunos de esos agentes son un estilo de vida apresurada, los factores ambientales y las indisposiciones físicas, como las frecuentes infecciones del oído. Aunque, en teoría, seguimos captando toda la información necesaria para aprender, cuando uno está estresado no puede asimilar con facilidad esa nueva información ni integrarla para aprenderla de verdad, recordarla y aplicarla de manera adecuada en las cosas de la vida.

Hay movimientos, como los de Gimnasia para el cerebro®, caminar, bailar, brincar, girar, hacer tai chi, yoga e, incluso, los juegos bruscos, que parecen aportar los ajustes menores necesarios para que el sistema pueda efectuar el proceso de aprendizaje. La doctora Dee Coulter, especialista en cognición, educadora que trabaja con la neurociencia y que tiene ya mucha experiencia con los problemas de aprendizaje, se refiere a estos ajustes menores como microintervenciones. Explica que estas dan lugar a cambios mayores porque proporcionan la integración requerida y ponen en reversa la expectativa de un fracaso (Coulter, 1993).

He visto cómo ocurren muchas de esas microintervenciones después de usar movimientos de integración. Una vez trabajé con un niño de 11 años que tenía síndrome de Down. Su maestra había trabajado diariamente con él durante tres meses, tratando de que aprendiera los números del 1 al 10.

Tenían un tablero en el que aparecían los números en orden, en el primer renglón. En la siguiente línea venían los números escritos con letra y en la tercera línea había dibujos de objetos (una manzana, dos camisas, tres árboles, etc.). Lo que el niño debía hacer era tomar una tarjeta y colocarla en el número adecuado o en el nombre del número o en el dibujo correspondiente.

Por mucho que lo intentaba, simplemente "no podía". Tomaba, por ejemplo, una tarjeta con el número tres, decía "siete" y la colocaba en el "diez". Cuando se le recordaba que ese era un tres, él decía "tres", pero ponía la tarjeta sobre el "cinco". La maestra usó todas las técnicas que conocía y, al final, ella y el niño se sentían frustrados.

Le pregunté a él si estaría dispuesto a hacer un ejercicio de Gimnasia para el cerebro® llamado Remodelación de lateralización de Dennison. Él aceptó y disfrutó con gran emoción la práctica, una serie de actividades que toma cerca de 15 minutos. Después de hacerla, comentó que estaba listo para probar otra vez con los números. Volvimos al tablero, se sentó y tomó una tarjeta; era el número tres. Dijo en voz alta "tres" y la colocó sobre la palabra "tres" en el tablero. De inmediato tomó un siete, dijo "siete" y lo puso donde decía "siete". Así siguió hasta que completó el tablero correctamente. Sentí que el respaldo de mi silla vibró un poco y volteé para ver que por las mejillas de su maestra corrían grandes lágrimas.

Al día siguiente el niño bebió agua, hizo dos minutos de Gateo cruzado, Botones de cerebro y Ganchos. Luego se sentó y llenó perfectamente bien el tablero.

Entonces, le dieron otro tablero, uno que nunca había visto antes y que traía los números revueltos. No le costó ningún trabajo acomodar bien esos números laminados. De alguna forma, había estado captando la información, pero fue necesaria una "microintervención", en este caso los movimientos integradores contralaterales de Gimnasia para el cerebro®, para que la información se vinculara y fuera útil.

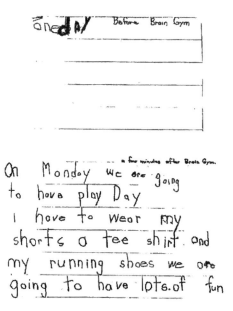

Figura 19. Forma en que mejoró la escritura de un niño de primer grado
después de hacer Gimnasia para el cerebro® (maestra Penelope Mathes).

Las personas que emplean estas técnicas consigo mismas y con los demás
están acostumbradas a estas microintervenciones. Los ejemplos son sencillos pero muy profundos. Aquí (figura 19) tenemos un ejemplo gráfico de
la manera inmediata y demostrable en que mejoró la escritura de un niño
de primer grado después de unos minutos de practicar los ejercicios de
Gimnasia para el cerebro®.

Aunque es sencillo y fácil, ¡funciona!

La sociedad de hoy necesita algo sencillo y elegante para iniciar y conseguir
esas microintervenciones. En esencia, cada situación de aprendizaje pasa por
los mismos pasos: estímulo sensorial, integración, asimilación y acción.

Unos simples movimientos integradores contralaterales, que se enfocan
en la activación y el equilibrio de las sensaciones, hacen más fácil cada uno
de los pasos del proceso, ya que despiertan el sistema cuerpo-mente y lo
preparan para que pueda aprender.

Después de lo que he expuesto en los capítulos previos, debe quedar
clara la importancia que tiene el movimiento para el proceso del aprendizaje.

En diversas culturas, los maestros han reconocido, de manera intuitiva, que se puede enseñar mejor los números, las letras y cómo escribirlos empleando mucho movimiento. Rudolf Steiner, por mencionar un ejemplo destacado, creyó que se le podía enseñar mejor a los niños mediante el proceso de eu- ritmia, que afianza el aprendizaje utilizando el ritmo y ciertos movimientos coordinados, semejantes a los de Gimnasia para el cerebro® (McAllen, 1985).

Los dos mayores obstáculos para el uso pleno y amplio de las sencillas modalidades de movimiento son: *1)* el arraigado error que tiene nuestra sociedad de suponer que la mente y el cuerpo son entidades separadas y que el movimiento nada tiene que ver con el intelecto y *2)* que las activi- dades físicas que son sencillas, toman muy poco tiempo y no requieren el apoyo de ninguna tecnología no pueden resultar de gran utilidad.

En 1995, muchos de los más renombrados investigadores en cuestión cerebral se reunieron en Chicago para examinar qué relación había entre el movimiento y el aprendizaje. Desde entonces, las investigaciones que analizan el vínculo entre el cuerpo y la mente han resultado muy prolíficas. El ejercicio, además de tonificar los huesos, los músculos, el corazón y los pulmones, también activa el principal desarrollo de las neuronas y las redes nerviosas del ganglio basal, el cerebelo y el cuerpo calloso del cerebro. El ejercicio aeróbico incrementa el suministro de sangre y oxígeno que llega al cerebro, pero una serie de movimientos coordinados de manera lenta y equilibrada produce una mayor cantidad de neurotrofinas (factores natura- les del desarrollo nervioso) y de conexiones entre las neuronas e, incluso, el desarrollo de nuevas células nerviosas, sobre todo en el hipocampo y los lóbulos frontales del cerebro (Brink, 1995: 78-82).

Si logramos rebasar nuestras limitaciones conceptuales, descubriremos que las soluciones más sencillas y sensatas a menudo producen los resulta- dos más profundos.

Algunos antecedentes

Aplaudo a personas como Rudolph Steiner, Newell Kephart, Jean Ayres (in- tegración sensorial y motora), Frederick Alexander (trabajo con reflejo len- to y equilibrado), Glenn Dolman y Carl Delcato, George Goodheart, John Thie, Janet Goodrich (trabajo con la visión), Paul Dennison y muchas otras que reconocieron la importancia del movimiento para el proceso de apren- dizaje. Si nos remontamos en la historia, los griegos pusieron en un mismo

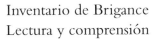

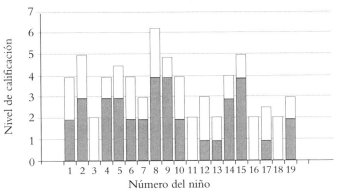

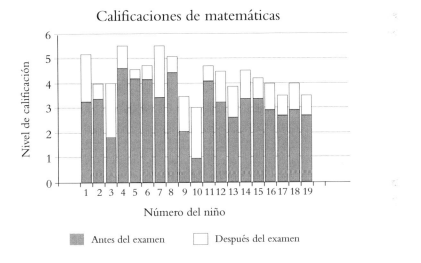

Gráfica 1. Cambios registrados en el inventario de Brigance en las calificaciones de exámenes de los alumnos de quinto grado con educación especial después de un año de práctica de Gimnasia para el cerebro®.

nivel el atletismo y la inteligencia y las escuelas chinas siempre han utilizado el tai chi para estimular el aprendizaje desde los inicios de la educación.

Con respecto a la Gimnasia para el cerebro®, Paul Dennison exploró entre el trabajo de esos pioneros y adaptó algunos movimientos de aquellos y otros de su propia invención, haciéndolos más rápidos, sencillos y específicos para ciertas tareas, además de darles un formato de equilibrio simple que pudiera beneficiar a cualquier estudiante. Por su facilidad y sencillez, estos ejercicios se pueden incluir de modo natural en cualquier situación en la cual ocurra el aprendizaje. Muchas personas en todo el mundo han decidido practicar los ejercicios originales de Gimnasia para el cerebro® y los han refinado, clarificado y enriquecido con sus conocimientos previos de reflejos de desarrollo, psicología, fisiología, el trabajo de Alfred Tomatis acerca del desarrollo del oído y el lenguaje y hasta con física cuántica.

Desde que se estableció la Fundación para la Kinesiología Educativa, en 1987, en todo el mundo han surgido proyectos de investigación que utilizan Gimnasia para el cerebro® y los resultados han sido notables. Mi primer intento por cuantificar los efectos de Gimnasia para el cerebro® ocurrió en 1989, con 19 alumnos que cursaban el quinto grado y llevaban una educación especial. Su profesor utilizó el Inventario de Brigance de examen de habilidades básicas para hacer una prueba antes y una después de cada examen a dichos estudiantes, al inicio y al final de un período escolar de un año. Cada estudiante hizo, aproximadamente, entre cinco y 10 minutos diarios de Gimnasia para el cerebro®. Como se puede observar en la gráfica 1, los resultados mostraron un promedio de uno a dos años de ganancia en todos los alumnos en las pruebas de lectura y comprensión de lectura, así como una ventaja de por lo menos un año en más de 50% de los estudiantes en las pruebas de matemáticas. Estos resultados, sobre todo en lectura, fueron bastante inusuales, tratándose de todo un grupo de alumnos de educación especial. Los resultados más sorprendentes fueron las evidentes mejorías que tuvieron en su autoestima y su capacidad para concentrarse en una tarea.

Gimnasia para el cerebro® en Rusia

En 1988 participé en una delegación de 12 educadores invitados a la ex Unión Soviética para reunirnos con el proyecto de la Asociación de Psicólogos Humanistas (APH). La misión era trabajar con los educadores soviéticos y presentar tecnologías efectivas para la educación. Yo expuse la Gimnasia para el cerebro® y dejé 50 manuales de esta en el Instituto de Ciencias Pedagógicas, en Moscú y San Petersburgo (entonces, Leningrado). Uno de esos libros lo recibió Svetlana Masgutova, presidenta del Instituto Accent de Psicología, en Rusia. En 1991, me pidió que fuera a reunirme con algunos psicólogos y médicos a quienes ya había presentado Gimnasia para el cerebro®. Entonces me contó sus extraordinarias experiencias con ese material.

En 1989 hubo una grave explosión en un tren a una hora y media de Moscú. A la doctora Masgutova le encargaron trabajar con los niños supervivientes, severamente traumatizados. Ella empleó todos sus recursos profesionales para atender a los niños, que habían sufrido serias quemaduras. Incluso, recurrió a la terapia artística. Los dibujos de aquellos pequeños ilustraban monstruos carbonizados que solo tenían un ojo y caballos ardiendo en llamas, todo en tonos oscuros. Tres meses después, más de la mitad de esos niños había fallecido. Los demás tenían síntomas de depresión y seguían plasmando escenas macabras en las sesiones terapéuticas de dibujo.

Fue por esos días cuando la doctora Masgutova descubrió el libro de Gimnasia para el cerebro® y de inmediato lo utilizó. Al cabo de varias semanas, el tono de los dibujos comenzó a cambiar. Aparecieron, por fin, los colores brillantes, el arco iris, mariposas y niños corriendo por la pradera. Todos los niños exhibían ya buenas perspectivas y estaban sanando. Esto sorprendió tanto a la doctora, a los demás médicos y a los padres de los niños que, para cuando terminó el semestre, ella reunió todos los registros que llevaba con tanto cuidado y escribió un artículo profesional (Masgutova, 1990: 78-82). Los expertos de toda Rusia se mostraron interesados y la invitaron a dar conferencias.

Cuando llegué para dar clases ahí, en 1991, ya ella había reunido a 50 psicólogos y médicos de Moscú y San Petersburgo y también del Instituto Tomsk, de Siberia, que habían usado Gimnasia para el cerebro®. Todos compartieron conmigo sus notables experiencias, aplicando los ejercicios con personas de diversas edades que presentaban los problemas más variados. En la actualidad, las ciudades más importantes de Rusia emplean las actividades de Gimnasia para el cerebro® con mucho éxito.

Y en Sudáfrica

En 1991, me invitaron a Botswana para trabajar con personas que tomaban una capacitación para presentar un examen en una compañía de seguros. Aunque cada año presentaban ese examen, la tasa de aprobados había bajado a menos de 30%. Después de una sesión de seis horas, en febrero, esa gente se comprometió consigo misma a seguir usando Gimnasia para el cerebro® cada vez que tuvieran que estudiar. En mayo todos resultaron aprobados. A uno de los examinadores le preocupó ver que un hombre, llamado Walks Tall, se pasó la primera media hora del examen practicando

Gimnasia para el cerebro®. El tiempo era limitado, sin embargo, él fue la primera persona en Sudáfrica en obtener una calificación de 100 en el examen de seguros.

Gimnasia para el cerebro® desempeñó, además, una función importante en el surgimiento de una Sudáfrica nueva. A finales de 1993, el Consejo Ciudadano de Verwoerdburg, Pretoria, desarrolló un proceso para capacitar a sus nuevos reclutas semi o totalmente analfabetos y decidieron utilizar Gimnasia para el cerebro® en un estudio piloto. El Consejo eligió un grupo experimental y uno de control, cada uno de ellos con ocho personas en capacitación (semi o completamente analfabetas). El grupo experimental practicó actividades de Gimnasia para el cerebro® durante un período de tres días, con Andre Vermeulen, un instructor de Gimnasia para el cerebro® que trabajaba para Destinatum, Ltd. Dos semanas después, los capacitadores de la organización Visión Afirmativa presentaron el mismo curso, denominado "Habilidades para la vida" (con orientación básica para la vida moderna) de una manera idéntica y en el mismo idioma (sotho del norte, la lengua madre de las personas en capacitación) para ambos grupos, el experimental y el de control. Todas las variantes se mantuvieron en un nivel similar, el tiempo de duración, los descansos, los presentadores, el traductor, el contenido, las pruebas y los talleres de trabajo.

Cuando examinaron el contenido del curso, que duró cinco días, los evaluadores observaron que el grupo experimental tuvo un desempeño mejor en 27.7% que el grupo de control. También notaron que el grupo experimental se había mostrado con mayor confianza, más creativo, atento, relajado durante el entrenamiento y más tranquilo mientras presentó la prueba y participó en los talleres de trabajo. Su percepción había sido más profunda y su actitud más positiva, expresando el deseo de aprender. A partir de este estudio, los bancos y las compañías mineras de Sudáfrica comenzaron a incorporar la Gimnasia para el cerebro® a sus programas de capacitación.

La Gimnasia para el cerebro® también estimula el desempeño

Además, la Gimnasia para el cerebro® es de gran efectividad para quienes practican deportes, música, pintura o danza de cualquier tipo. En cualquiera de estas actividades, la persona que desee un buen desempeño debe dominar la técnica e integrarla al ritmo, la fluidez, la emoción y la imagen de manera espontánea. Les he enseñado Gimnasia para el cerebro® a muy buenos músicos y ellos descubrieron que, por fin, podían sentir y expresar la pasión que les despertaba la música que ejecutaban. Cuando les enseñé la técnica a los artistas visuales, se mostraron impresionados por la profundidad de expresión que podían lograr en sus obras. Hay un curso que se llama Golf Conectado, en el cual se utiliza Gimnasia para el cerebro®. Muchos golfistas lo consideran su arma secreta. Ron Langford usa Gimnasia para el cerebro® en su trabajo con pilotos de autos de carreras, un deporte que exige calma, concentración e integración (Bentley y Langford, 2000).

En Hawái me invitaron a trabajar con un equipo de futbol soccer, de muchachos de 14 a 16 años, que deseaba ganar el campeonato estatal. Eran buenos jugadores pero también, con mucha frecuencia, perdían la calma durante el juego, cometían faltas que ameritaban penaltis y les ganaban el partido.

Hice una sesión de Gimnasia para el cerebro® con esos chicos mientras se concentraban en este objetivo: "si estamos tranquilos, relajados y concentrados y ganaremos el campeonato estatal". Hasta que empezó el torneo, los muchachos bebían mucha agua, hacían Gateo cruzado, Botones de cerebro y Ganchos (el programa PASO que se detalla más adelante) antes y a la mitad de cada práctica y de cada juego, todo con la mejor voluntad. En general, su juego mejoró considerablemente y calificaron para el campeonato estatal, que se efectuaría en Honolulú. En él ganaron con facilidad los dos primeros partidos y avanzaron a la final. La tensión que provocaba ese juego "a vida o muerte" era demasiada y los chicos empezaron a perder la calma. No obstante, aprovecharon un descanso y, de forma espontánea, se tendieron sobre el pasto para practicar Ganchos, mientras el entrenador, los padres de familia y el público en el estadio los miraban intrigados. Después, volvieron a la cancha y ganaron la copa estatal. La gran contribución de Gimnasia para el cerebro® y lo que la hace tan atractiva son su facilidad y su utilidad. Uno puede hacer esos ejercicios en cualquier ocasión para dar mayor efectividad a lo que realiza. No son más que unos sencillos movimientos, libres y accesibles.

Una muestra de Gimnasia para el cerebro®

Comentaré algunos de los movimientos de Gimnasia para el cerebro®, así como sus mecanismos fisiológicos, según los entiendo, a partir de mis

investigaciones acerca del funcionamiento del cerebro.[2] Empezaré por
PASO, que son las siglas que designan el aprendizaje *positivo, activo, sano* y
oxigenador. Es una secuencia que nos dispone mejor para aprender y que
suele hacerse antes de iniciar las actividades escolares, después del descanso
y después de almorzar, para prepararnos de manera efectiva ante lo que
queremos aprender. En lo personal, hago estas actividades antes de llevar a
cabo algo para lo cual deseo estar completamente integrada. Los pasos que
comprende son: beber agua para tener un aprendizaje energético, luego
hacer Botones de cerebro, Gateo cruzado y Ganchos.

Botones de cerebro

Para hacer Botones de cerebro se coloca una mano sobre el ombligo mientras la otra estimula los puntos que hay entre las costillas. La mano que está
sobre el ombligo lleva nuestra atención al centro gravitatorio del cuerpo.
Es aquí donde se hallan los músculos centrales, que son importantes porque
contribuyen al equilibrio corporal. Esta acción alerta al sistema vestibular
que, a su vez, estimula al sistema de activación reticular (SAR) para despertar
al cerebro, de modo que capte el estímulo sensorial que está por venir. Si la
persona está mirando, la activación vestibular hará que los ojos se muevan
nuevamente, de modo que el cerebro tenga acceso a la información visual
externa (Dennison y Dennison, 1994: 25).

La otra mano frota con suavidad los rebordes que hay entre la primera
y la segunda costilla directamente debajo de la clavícula, a la derecha y la izquierda del esternón. Esto debe estimular el flujo sanguíneo que pasa por las
arterias carótidas, que son las primeras que salen del corazón y suministran
nutrientes y sangre recién oxigenada al cerebro. Los Botones de cerebro quedan justo encima de donde se ramifican las dos arterias carótidas. Los receptores de la presión atmosférica (barorreceptores) que tenemos en las paredes
de las arterias carótidas pueden ser la causa por la cual notamos un efecto
cuando frotamos esos puntos. Las células nerviosas que perciben la presión
atmosférica son capaces de responder a los cambios de presión sanguínea y
(mediante el reflejo de la cavidad carótida) mantienen la presión normal de
la sangre que va al cerebro (Tortora y Anagnostakos, 1990: 591).

[2] Con este trabajo no hago más que presentar la punta del iceberg. Si alguien desea obtener más información, deberá acudir a la Fundación para la Kinesiología Educativa, 315
Meigs Road, #A338; Santa Bárbara, CA 93109, https://breakthroughinternational.org/

Figura 20. Botones de cerebro.

Comprendi lo valioso que eran los Botones de cerebro cuando daba un curso vespertino en la Universidad de Hawái, después de trabajar todo el día en la escuela primaria. Manejar 25 minutos para regresar a casa después de clases era mortal. Varias veces estuve a punto de quedarme dormida mientras conducía. Mis alumnos habían estado haciendo Botones de cerebro, como parte del PASO, antes de empezar la clase y recordé sus comentarios. Decían que en verdad los despertaba y que se sentían listos para aprender, incluso después de un largo día de trabajo. Así que estacioné el auto y practiqué con los Botones de cerebro. Fue como si se disipara una neblina y pudiera, al fin, permanecer alerta durante el resto del camino. Muchos estudiantes me han contado que eso les ayuda a volver a la concentración cuando hacen un examen.

Gateo cruzado

El Gateo cruzado es, simplemente, una "caminata" contralateral sobre un mismo punto. Tocando el codo derecho con la rodilla izquierda y, luego, el codo izquierdo con la rodilla derecha, se activan de manera simultánea diversas zonas en ambos hemisferios del cerebro. El Gateo cruzado es como caminar conscientemente, lo cual facilita la activación nerviosa equilibrada a lo largo del cuerpo calloso. Cuando se practica con regularidad, se forman más neuronas y redes nerviosas en el cuerpo calloso y se cubren todas de mielina, de manera que la comunicación entre los dos hemisferios se vuelve más rápida e integrada, en beneficio de un razonamiento más sutil.

Desde hace mucho tiempo se conoce la importancia que tiene el gateo en los niños pequeños, ya que activa por completo el funcionamiento de los sentidos y el aprendizaje. El gateo implica movimientos que cruzan la línea media del cuerpo y usan, de manera armónica, ambos lados del cerebro. Los movimientos contralaterales ayudan a construir las capacidades que nos permiten tener un acceso sensorial completo (auditivo, visual, cenestésico) desde los dos lados del cuerpo (más adelante, aprendemos a caminar y eso incorpora todas nuestras etapas anteriores del desarrollo, desde la infancia hasta que damos los primeros pasos). El Gateo cruzado es bueno para las personas que se perdieron de esta importante etapa del desarrollo o que la ejercieron por muy poco tiempo (Fjordo, 1995). Los doctores Dolman y Delcato acuñaron el término "estructuración" para describir el proceso mediante el cual repetimos un movimiento natural una y otra vez, por ejemplo al gatear, para imprimirlo en la fisiología del cuerpo y que se conserve, incluso, durante años después de que su momento adecuado en el desarrollo ya pasó. La participación de estos doctores ha sido importante para ayudar con buen éxito a los pacientes que han sufrido ataques cerebrales, para que recuperen sus funciones por medio del gateo (Delcato, 1963).

Los movimientos del Gateo cruzado son más efectivos si se hacen lentamente. Al hacerlos de manera pausada se involucra una mayor motricidad fina y más equilibrio, de modo que se activan en forma consciente el sistema vestibular y los lóbulos frontales. A los niños considerados hiperactivos les costará trabajo hacerlo con lentitud. Es mejor dejar que al principio vayan rápido (aunque eso requiere menos equilibrio) y luego retarlos a que lo hagan en cámara lenta. Todas las actividades que presentaré aquí tienen variantes divertidas y algunas de esas sugerencias aparecen en dos libros maravillosos: *Hands On. How to use Brain Gym® in the Classroom* [*Manos a la obra. ¿Cómo aplicar la Gimnasia para el cerebro® en el salón de clases?*] de Goldsmith y Cohen, (2000), y *S'cool Moves far Learning* [*Movimientos alivianados para el aprendizaje escolar*] de Wilson-Heiberger y Heiniger-White (2002). Así como se descubrió que las ruedas giratorias estimulan la producción de nuevas neuronas en el hipocampo de las ratas, el Gateo cruzado estimula las mismas zonas, de tal manera que sería sensato suponer que estos ejercicios ayudarán a que mejoren el aprendizaje y la memoria.

Este simple movimiento activa con elegancia toda la función cerebral y da mayor difusión a los lóbulos frontales. Cuando, por ejemplo, siento que estoy bloqueada y no puedo seguir escribiendo, hago el Gateo cruzado o doy un paseo caminando. Entonces, las ideas empiezan a fluir otra vez. Un

Figura 21. Gateo cruzado.

acto tan sencillo como subir caminando por una colina o andar por un terreno disparejo ayuda a fortalecer los músculos de la espalda y el cuello. Esto permite que la cabeza se equilibre mejor y que los ojos trabajen bien en conjunto. Dejar que los niños caminen o escalen y rueden por la ladera de una pequeña colina es una excelente forma de desarrollar su sistema para el aprendizaje (Randolph y Heiniger, 1998). Robert Dustman, director de investigación en neuropsicología del Centro Médico para los Veteranos, en Salt Lake City, Utah, descubrió que caminar ayudaba a mejorar el desempeño mental en personas de 50 a 60 años de edad, de ambos sexos. Comenzó por aplicarles pruebas mentales y físicas a un grupo de hombres y mujeres de entre 50 y 70 años, relativamente inactivos. Colocó a los sujetos en un programa de cuatro meses, de acuerdo con el cual debían efectuar una caminata a paso ligero. Al cabo de ese tiempo, su desempeño en la misma serie de pruebas mentales mejoró en 10% (Olsen, 1994: 33).

Ganchos

Para hacer Ganchos empezamos cruzando los pies, poniendo un tobillo delante del otro. No importa si es el izquierdo o el derecho, mientras se sienta uno cómodo. Luego se cruzan las manos, se entrelazan y se voltean. Para hacerlo así, estira los brazos frente a ti, juntando el dorso de las manos y con los pulgares apuntando hacia abajo. Ahora, pon una mano sobre la otra, juntando las palmas y entrelaza los dedos. Trae las manos hacia tu cuerpo y cuando lleguen al pecho baja los codos. Esta compleja acción de entrecruzamiento tiene un efecto integrador para el cerebro semejante al que logra el Gateo cruzado. De forma balanceada, esto activa conscientemente las cortezas sensorial y motriz de cada hemisferio del encéfalo, sobre todo la gran zona que se encarga de las manos.

Mientras estás en esta postura, coloca la lengua en el paladar, detrás de los dientes. Esta acción estimula los ligamentos de la lengua que se relacionan con el sistema vestibular, lo cual activa al SAR para estar enfocados y equilibrados. Además, ayuda a relajar el embate de la lengua ocasionado por una postura mal balanceada. Esta compleja configuración equilibrada estimula de igual manera ambos hemisferios del cerebro, todo el sistema de coordinación motriz y el sistema vestibular. Con esto se detiene la reacción de supervivencia, ya que el sistema entra en coherencia y es posible, entonces, concentrarse, aprender y memorizar.

Figura 22. Ganchos.

Como consejera, tenía una regla de dos minutos. Cuando me enviaban a los alumnos (de entre cinco y 15 años de edad) por portarse mal en clase o por pelear con algún compañero, les pedía que se sentaran en Ganchos durante dos minutos. Después hablábamos.

Esa postura los hacía llevar la atención, de un modo consciente, a la corteza motriz de los dos hemisferios frontales y lejos de los centros de supervivencia del cerebro reptiliano, de manera que disminuía la producción de adrenalina. Al cabo de los dos minutos, ya podían entender no solo su punto de vista, sino también el de la otra persona. Ninguno de esos estudiantes deseaba "meterse en problemas" y se sentían agradecidos por contar con una técnica que podían usar de forma personal cada vez que lo desearan para controlar su propia conducta.

Es una de las actividades de Gimnasia para el cerebro® que más utilizo. Es común que los profesores la usen para sí mismos, cada vez que se eleva su nivel de tensión. También la emplean para tranquilizarse y volver a concentrarse en los alumnos después del descanso o el almuerzo.

Te invito a que hagas un experimento. Concéntrate en alguna situación estresante o demasiado retadora que haya en tu vida. Nota qué parte de ti se tensa, qué músculos se ponen duros, siente si las corvas de tus rodillas reaccionan apretando los tendones y observa cómo está tu respiración. Ahora siéntate, ponte de pie o acuéstate, como quieras, pero haz la postura de Ganchos, de dos a cinco minutos. Nota la diferencia en la tensión de tus músculos, en tu respiración y en la manera en que ves las cosas después de ese tiempo. La situación es la misma, solo que acabas de usar todo tu sistema cuerpo-mente para manejarla con más eficacia.

A continuación, ofreceré una muestra de otros ejercicios de Gimnasia para el cerebro® que funcionan bien para el desarrollo de ciertas habilidades.

Bostezo energético

El Bostezo energético se hace dando un masaje a los músculos que están alrededor de la unión del temporal y la mandíbula (UTM) mientras bostezamos. La UTM está justo frente a la abertura de la oreja y es el punto donde se juntan la mandíbula superior y la inferior. A través de esta unión corren los nervios que vienen de los troncos nerviosos craneales mayores, los cuales captan la información sensorial proveniente de todo el rostro, los músculos oculares, la lengua y la boca, y que activan todos los músculos de la cara, los ojos y la boca para formar la expresión, para masticar y para vocalizar (Dennison y Dennison, 1994: 29). Esta es otra actividad de Gimnasia para el cerebro® a la que también recurro mucho, hasta unas 12 veces al día, ya que es muy buena para activar el aprendizaje. La figura 23 ilustra, de manera gráfica, la gran zona de las cortezas sensorial y motriz a las que abastecen estos nervios. El simple hecho de bostezar estimula también los ligamentos de la lengua y eso ayuda a activar el SAR, a despertar al cerebro y a concentrar la atención.

Cuando estamos tensos, se endurece la quijada y disminuye la función de los nervios en esa zona (es un mecanismo de defensa; así, si algo o alguien nos golpea, no nos disloca la mandíbula). El Bostezo energético

Figura 23. Bostezo energético.

relaja toda la zona facial y, entonces, los ojos, los oídos y los músculos del rostro trabajan con mayor eficiencia. También facilita la pronunciación y la comunicación.

Que a los niños les cueste trabajo leer puede deberse a que la tensión de la UTM no permite a los ojos trabajar de forma armónica. Además, la tensión de la UTM puede ocasionar que los niños no escuchen con claridad ni pronuncien de forma adecuada, lo cual, en consecuencia, afecta el proceso del pensamiento y la memoria.

Son notables los efectos del Bostezo energético. Al relajarse los músculos y facilitarse la función plena de los nervios, a través de la UTM, mejora todo el trabajo de los nervios que vienen y van a los ojos, los músculos faciales y la boca.

Me gustaba ver jugar a Michael Jordan, un basquetbolista sorprendente. Era la elegancia en movimiento y, por lo regular, su quijada estaba totalmente relajada. Eso demuestra que estaba jugando básquetbol, que no estaba tenso porque lo tenía que hacer y por eso él era un excelente jugador. He notado lo mismo en la bella sonrisa relajada de Tiger Woods cuando juega golf.

Sombreros de pensamiento

El ejercicio de los Sombreros de pensamiento despierta todo el mecanismo del oído y ayuda a la memoria. Se hace desenrollando el cartílago exterior de las orejas de arriba hacia abajo varias veces.

La relación que hay entre el sentido del oído, en el lóbulo temporal, y la memoria, en el sistema límbico, parece ser muy estrecha. Mis alumnos de la Universidad de Hawái descubrieron que los Sombreros de pensamiento eran muy buenos cuando necesitaban recordar alguna información técnica para un trabajo o un examen. También usaban esta actividad cuando les advertía que sería importante que recordaran algo que les iba a decir.

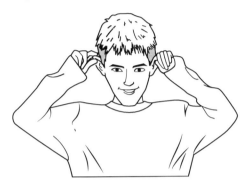

Figura 24. Sombrero de pensamiento.

A veces me pasa que no recuerdo el nombre de una persona o la referencia para un artículo; entonces hago los Sombreros de pensamiento y la respuesta cae en mis manos. El simple hecho de estimular físicamente los receptores táctiles del oído externo despierta todo el sentido del oído (los acupunturistas pueden identificar hasta 148 puntos en el oído externo que corresponden a ciertas zonas del cuerpo, desde los pies, en la parte más alta de la oreja, hasta la cabeza, en el lóbulo de la oreja) (Emperador Amarillo, 100 a.C.).

Hay un experimento muy simple que te puede parecer interesante. Cierra los ojos y escucha unos minutos. ¿Oyes igual con los dos oídos? ¿Alguna de tus orejas te parece más grande o sientes que oyes mejor con un oído que con el otro? ¿Hay sonidos que se escuchan apagados? Si estás en un lugar ruidoso, ¿puedes captar sonidos aislados? Ahora, desenrolla tus orejas unas tres veces de cada lado y vuelve a cerrar los ojos. Nota la diferencia (Dennison y Dennison, 1994: 30).

La X marca el punto

La X es un símbolo muy poderoso para el cerebro. Para poder ver el centro de la X, se necesitan los dos hemisferios de la neocorteza y las vías nerviosas más desarrolladas del cuerpo calloso. Hay una X en el centro del símbolo de infinito que, cuando se efectúa con las manos, los ojos o el cuerpo, subiendo suave por el centro y luego hacia fuera, ayuda a tener una coordinación más integrada y elegante en los movimientos de las manos, los ojos y todo el cuerpo. La X y el símbolo de infinito se usan mucho en las actividades de Gimnasia para el cerebro®, aunque ahí, al símbolo de infinito se le llama Ocho perezoso ("acostado"). En los siguientes párrafos, a veces lo llamaré así y, a veces, Símbolo de infinito.

Ochos perezosos para escribir

El Ocho perezoso es una actividad que requiere de lápiz y papel y que está diseñada de manera específica para mejorar la comunicación escrita. Los Ochos perezosos son excelentes para establecer el ritmo y el flujo necesarios para tener una buena coordinación entre la mano y el ojo. Si quieres hacer un Ocho perezoso, dibuja un símbolo de infinito (un ocho "acostado") con la X del símbolo justo en la posición de tu ombligo (línea media) con un movimiento fluido y continuo. Empieza en la mitad y dibuja en sentido contrario a las manecillas del reloj, primero hacia arriba, baja y regresa al centro; luego en sentido de las manecillas del reloj, arriba, baja y vuelve al centro. Asegúrate de empezar desde el centro y hacia arriba, para seguir la línea media del cuerpo. Haz cinco repeticiones continuas o más con cada mano y, después, cinco o más con las dos manos juntas.

Al principio es mejor hacer un Ocho perezoso grande (pero que quede dentro del campo visual), para estimular los músculos de mayor tamaño. Hazlo sobre una superficie para que también se estimule la conciencia táctil. Cuando se trata de alumnos jóvenes, sugiero que empiecen haciendo esta actividad sobre arena, alpiste, los cuadros de una alfombra o la textura de un muro, con toda la mano, en lugar de solo lápiz o pluma. Así, se activan las zonas correspondientes a la mano en las cortezas motriz y sensorial del cerebro. Esta acción relaja los músculos de las manos, los brazos y los hombros, además de facilitar el rastreo visual.

Si quieres experimentar la integración que se logra con esta actividad, piensa en algo que desees comunicar por escrito. Nota la forma y la fuerza con que tomas la pluma cuando empieces a escribir. Después de unos cuantos renglones, observa si las ideas fluyen con rapidez o si te cuesta trabajo expresar lo que quieres. Haz el Ocho perezoso (Símbolo de infinito) en una hoja tamaño carta. Ahora, vuelve a escribir algunas frases. Ve de nuevo la forma y la fuerza con que sujetas la pluma, la claridad de tus pensamientos y la facilidad con que consigues comunicar tus ideas. También nota y compara lo que escribiste antes y después. ¿Te resultó más fácil y fluido?

Cada vez que me atasco y no consigo seguir escribiendo, recurro a los Ochos perezosos. También a los estudiantes les parecen muy útiles cuando tienen que presentar un examen. Si sienten que están tensos, confundidos o no pueden pensar en la respuesta, les basta con dibujar, con los dedos, algunos Ochos perezosos sobre el escritorio para sentir de nuevo una integración contralateral. Después de eso les resulta más facil encontrar las respuestas.

Figura 25. Ochos perezosos para escribir.

El Ocho perezoso también contribuye a la pintura, las artes gráficas y la ejecución de instrumentos musicales. En Sudáfrica, le pedí a uno de los más afamados pintores del país que dibujara a otra persona con la que nos hallábamos y no le di más de 10 minutos para hacerlo. Luego, le pedí que hiciera unos Ochos perezosos y le di otros 10 minutos para que dibujara a otra persona. Él mismo se sorprendió, al igual que nosotros, de la diferencia con la que pudo captar con mayor detalle y complejidad al segundo modelo, después de solo un par de minutos de haber hecho unos Ochos perezosos.

Ochos perezosos para ver

Los Ochos perezosos para la vista son similares a los que se hacen para escribir, excepto que ahora el foco está en los movimientos de los ojos y en mejorar la coordinación mano-ojo y ojo-mano. Estos Ochos perezosos se hacen siguiendo con la mirada el movimiento de un pulgar que describe la trayectoria de un símbolo de infinito sobre el campo visual. Prueba a hacerlo sosteniendo uno de tus pulgares a la altura de tus ojos y de la línea media de tu cuerpo, a una distancia de tu cara aproximadamente de un codo. Para una máxima activación muscular, los movimientos deben ser lentos y conscientes. Mantén la cabeza erguida pero relajada y nada más mueve los ojos para seguir al pulgar. Este tiene que empezar subiendo por el centro de la línea media hacia arriba, hasta llegar a la parte alta del campo visual y, luego, en sentido contrario a las manecillas del reloj, subir alejándose hacia la izquierda, bajar y cuando llegue a la parte más baja del campo visual, volver al centro, donde saldrá haciendo el recorrido equivalente, pero abora a la derecha, en el sentido de las manecillas del reloj. Sigue haciéndolo de manera continua, fluida y pareja, por lo menos tres veces con cada mano. A continuación, enlaza ambas manos y forma una X con los pulgares. Mira fijamente el centro de esa X y vuelve a describir así, con las manos unidas, unos Ochos perezosos.

Esta actividad fortalece, de manera efectiva, los músculos externos del ojo, contribuyendo al desarrollo de las redes nerviosas y a cubrirlas de mielina a partir de la zona del campo frontal del ojo, para un rastreo motor fino. También establece patrones de aprendizaje que coordinan la alineación muscular mano–ojo y ojo–mano.

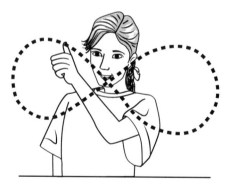

Figura 26. Ochos perezosos para ver.

El trazo del Ocho perezoso se puede hacer, también, en un campo tridimensional que se aleja y se acerca a los ojos. En esta versión de la actividad, el plano del número ocho gira 90°, de modo que ahora se encuentra en posición perpendicular al cuerpo. Con este ejercicio trabajan los músculos internos que sostienen el cristalino del ojo, lo cual activa el enfoque cercano y lejano. Empezando desde el punto central, mueve el pulgar hacia arriba, alejándose del centro de tu cuerpo, describiendo el giro exterior.

Luego, conforme te aproximas de nuevo al centro, también te acercas a los ojos y describes el otro giro, ahora muy cerca de tu mirada. Otra vez, hay que hacerlo con una fluidez libre, donde solo se muevan la mano y los ojos.

Las personas que usan lentes quizá prefieran quitárselos, para que su campo visual no esté limitado al marco de sus anteojos. Si se hace bien este ejercicio, uno puede sentir que los músculos oculares se mueven al máximo, en ambos ojos por igual. Esto significa que, cuando lo practiques, si tus músculos oculares están un poco débiles, posiblemente te sientas como si hubieras hecho lagartijas con los ojos.

Es común que esta actividad le resulte difícil a las personas que han estado bajo mucho estrés. Trabajé con una estudiante que había atravesado por una situación de abuso sexual que duró varios años. No podía hacer más que unos pocos Ochos en un momento dado sin que le dolieran los músculos de los ojos. Le había sido imposible aprender a leer bien debido a que, en su estado de estrés crónico, los músculos externos de los ojos se habían fortalecido para tener una buena visión periférica y los músculos oculares internos, en cambio, estaban muy débiles. En esta condición, no podía concentrar la mirada para lograr un enfoque foveal bidimensional ni arrastrarla por el renglón de una página para leer. Sin embargo, fue persistente y, al cabo de un mes, los movimientos musculares de sus ojos se fortalecieron y se balancearon. Entonces, ya pudo conseguir un enfoque foveal y aprendió a leer.

Los Ochos perezosos son una actividad que me sirve mucho después de trabajar en la computadora. Puedo empezar a sentir cómo se fortalece una tensión ocular que, a su vez, ocasiona que los músculos de mi cuello también se pongan tensos y me duelan los hombros. Al hacer los Ochos perezosos para ver, se relajan mis ojos y mis hombros y puedo continuar con mi trabajo.

Una variante maravillosa es el masaje de infinidad para la espalda, que no solo contribuye a la escritura y la coordinación de ambos ojos sino también a liberar el factor del desarrollo nervioso (FDN) y la oxitocina, que nos ayudan a calmarnos, concentrarnos y aprender. Cuando estamos en el aula, el alumno se sienta en su lugar y descansa la cabeza sobre los brazos, mientras otro estudiante le traza un Ocho perezoso en la espalda. El alumno que traza el Ocho perezoso debe estar consciente de que sus ojos se mueven siguiendo sus manos y de que está sintiendo la textura de la tela. Eso estimulará la corteza motriz y la sensorial del cerebro. Después, pueden cambiar de rol. Si se hace con regularidad, por lo menos una vez al día durante varios minutos, se notará una sensación de seguridad, calma, foco y disposición para aprender.

El Elefante

Esta es una de las actividades más integradoras de la Gimnasia para el cerebro®. Se coloca la oreja izquierda sobre el hombro del mismo lado, con la suficiente fuerza como para sostener así una hoja de papel. Entonces, se extiende el brazo izquierdo como si fuera una trompa. Se relajan las rodillas y se doblan siguiendo el flujo del movimiento, mientras el brazo extendido traza Ochos perezosos a mitad del campo visual, siempre comenzando desde el centro hacia fuera y rodeando el espacio. Los ojos siguen la trayectoria, mirando la punta de los dedos. Para mayor efectividad, hay que realizarlo entre tres y cinco veces, lentamente, con la mano izquierda y un número igual de veces con la oreja derecha sobre el hombro del mismo lado. El Elefante activa todas las zonas del sistema cuerpo-mente de manera balanceada. El movimiento surge, sobre todo, de los músculos centrales, que activan al sistema vestibular, en especial los canales semicirculares. También participa la coordinación entre mano y ojo, todo eso instrumentado por el ganglio basal del sistema límbico, junto con el cerebelo y las cortezas sensorial y motriz del encéfalo, en especial en los lóbulos frontales. El estímulo visual activa al lóbulo occipital y si le añadimos el sonido que hace un elefante también participarán los mecanismos del oído que hay en el lóbulo temporal.

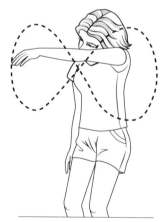

Figura 27. El Elefante.

A las personas que han padecido infecciones crónicas del oído les parece muy difícil hacer el Elefante, pero si se esmeran, no tardan en ver grandes resultados en pocas semanas, como un mejor equilibrio, por ejemplo.

Al practicarlo con regularidad, se estimula todo el sistema vestibular y se restablecen las vías nerviosas que pudieran haberse dañado por alguna infección. El Elefante es muy recomendable para personas diagnosticadas con trastornos por déficit de atención, ya que es un ejercicio que ayuda a poner en funcionamiento total el sistema de activación reticular, con lo cual mejora la atención.

Otros programas de movimientos integrados

La fisiología de la función cerebral que aplica la Gimnasia para el cerebro® también se encuentra en programas de movimiento como el yoga, tai chi o la técnica Alexander. Son métodos que emplean posturas y movimientos lentos, que activan al máximo las zonas motrices gruesas y finas del cerebro de manera controlada, coherente, contralateralmente, para estimular el equilibrio integral del cerebro y el cuerpo y el procesamiento en el lóbulo frontal. Esta activación de rutina de la corteza motriz elabora redes nerviosas en el resto del lóbulo frontal, incluyendo la corteza premotriz y la prefrontal superior.

Como estos movimientos específicos se desarrollan y activan redes nerviosas en todo el cerebro, en los dos hemisferios al mismo tiempo y ayudan a construir la maquinaria que se requiere para garantizar una capacidad de aprender que dure toda la vida. Me gusta ver a los chinos cuando se reúnen en grandes grupos a practicar tai chi en el parque por las mañanas. Conforman una estampa de gracia y belleza. Es una pena que la mayoría de esos practicantes sean ancianos, algunas veces muy ancianos. Parece que los jóvenes chinos se han occidentalizado mucho y tienen ahora empleos estresantes, vidas sedentarias en oficinas, sentados frente a la computadora o el televisor y aparece en ellos una obesidad sin precedentes.

Todas esas actividades hacen posible un aprendizaje y un desempeño óptimos y efectivos en los distintos niveles y áreas de la vida: tareas de conocimiento, relaciones sanas, comunicación, creatividad, arte, música, deporte y danza, además de una creciente productividad en el trabajo. Debido a que manejan y liberan la tensión para mantener una coherencia cerebral, también contribuyen a la salud en general.

En Singapur conocí a dos padres de familia que cargaban con la gran presión de tener que actuar perfectamente en el ámbito académico. Eran Sumí Said y Hadi Chua Muhd. Ellos decidieron utilizar Gimnasia para el cerebro® y otros movimientos integradores para ayudar a sus hijos en su desempeño escolar. En su casa, colgaron una escalinata de cuerda para que trepararan. Construyeron una viga de equilibrio con tablas colocadas sobre bloques, consiguieron pelotas grandes para rodar sobre ellas, arrojarlas y usarlas en sus actividades de Gimnasia para el cerebro®. También reunieron diversos objetos que se podían manipular, para que desarrollaran las manos. Sus hijos pasaban mucho tiempo jugando en un entorno natural, con arroyos y ríos, empleando palos y piedras, trepando a los nogales y las palmeras, a estructuras de cuerdas, a grandes rocas y hasta en las paredes de los edificios. En las fotografías que se exponen aquí puedes ver que los niños están descalzos. Podemos aprender, así, la importancia que tiene la flexibilidad del pie. Mientras más puedan andar descalzos los niños, mejor desarrollarán su sentido del equilibrio y todo su sistema vestibular que, a su vez, afectará la calidad de su oído, su atención, su dicción y su aprendizaje en conjunto.

Los hijos de Sumí y Hadi salieron muy bien en la escuela y los demás padres se interesaron en saber qué era lo que habían hecho. Se suscitó tanto interés, que abrieron sesiones para que participaran más niños. En la actualidad trabajan con cientos de niños a la semana. Les envían a muchos pequeños diagnosticados con discapacidades físicas y de aprendizaje, algunas muy graves. Sumí y Hadi los dejan que trepen por todas partes y hagan diversas actividades que requieren muy buen equilibrio. También les ponen Gimnasia para el cerebro®. Incluso, llevan a los niños de excursión por el puro placer de hacerlo. Los juegos y la alegría que estas dos personas han llevado a los niños han logrado que cada uno de ellos alcance niveles altos física y académicamente. Los medios de comunicación reconocen el modo en que han destacado y todo empezó por el interés en sus propios hijos.

Las escuelas y cualquier otro lugar de aprendizaje, desde preescolar hasta centros de capacitación, son sitios donde por obvias razones se pueden incorporar estas sencillas actividades. Nunca he trabajado con grupos o individuos, sin importar la edad, que no pudieran aprender con efectividad después de usar movimientos integrados. Estos ayudan a los jóvenes a aprender y a los mayores a mantener activos el pensamiento y la memoria, aunque quizá los más profundos avances que he presenciado sean los que mostraron los adultos y niños diagnosticados con "discapacidad para el aprendizaje", "trastornos con déficit de atención por hiperactividad", "emocionalmente discapacitados", autistas, disléxicos y con síndrome de Down. Estas actividades no se apoyan en medicamentos, son sencillas y muy efectivas. Mantienen el sistema cuerpo-mente bien afinado, contribuyen a la comprensión y promueven la alegría y el entusiasmo en nuestra vida.

Tercera parte

Cultivar y proteger nuestros sistemas de aprendizaje

Capítulo 8

¿Qué anda mal?

Dentro de cada niño hay un vacío que arde por experimentar
emociones y si no lo llenamos con algo emocionante, interesante
y bueno para él será él quien lo llene de algo emocionante,
interesante y que no es bueno para él.
Theodore Roosevelt

Si el movimiento es esencial para el aprendizaje y el pensamiento, entonces, ¿por qué las personas "hiperactivas", que se mueven todo el tiempo,
no piensan y aprenden todo el tiempo? Si la gente cuenta con todos los
elementos necesarios para asimilar sensorialmente el mundo, para procesar
la información e integrarla y para demostrar la habilidad del pensamiento,
¿por qué hay personas que se diagnostican como "discapacitadas para el
aprendizaje"? Si el impulso de aprender es intrínseco para el cuerpo y la
mente humanos desde antes del nacimiento y hasta la muerte, ¿por qué se
dice que algunas personas tienen "trastornos por déficit de atención"?

Tan solo en Estados Unidos hay entre tres y cuatro millones de niños
en edad escolar, sobre todo varones, que se han diagnosticado con determinadas discapacidades para el aprendizaje. A 500 mil niños en edad preescolar se les está diagnosticando alguna discapacidad para el aprendizaje.
Se estima que entre uno y uno y medio millones de preescolares presentan
discapacidades de dicción y lenguaje, 500 mil tienen problemas emocionales, 75 mil acusan problemas de audición y 100 mil más son autistas.[3] Cada
semana, 15 mil alumnos en Estados Unidos son enviados a una evaluación
y es posible que hasta 80% del total del alumnado estadounidense sea diagnosticado con alguna dificultad para el aprendizaje (McGuinness, 1989;
Wang, 1988).

[3] Departamento de Educación de Estados Unidos, Oficina de Educación Especial y Ser-
vicios de Rehabilitación, *Common Core of Data Survey*, marzo de 2002, estudio realizado
con todos los alumnos desde tres hasta 21 años de edad, como parte de los programas de
apoyo federal de Estados Unidos.

En mis observaciones, con base en años de trabajo en escuelas y con niños en edad escolar, he notado que las denominaciones que se utilizan para ciertas dificultades en el aprendizaje suelen ser arbitrarias, se basan en comportamientos y no son patologías. Entre ellas están la hiperactividad, el trastorno por déficit de atención (TDA), el trastorno con déficit de atención por hiperactividad (TDAH), la discapacidad para el aprendizaje y la disfunción emocional.

Los esfuerzos por ayudar a las personas que muestran dificultades para aprender, por lo general, se han apoyado en la estrategia del palomar, que consiste en etiquetar un problema y suponer que a una mayor generalización sobrevendrá una mayor comprensión. Sin embargo, lo más común es que esas etiquetas nos conduzcan a la simplificación exagerada y la insensibilidad ante la verdadera persona, en especial la que se encuentra detrás de esa etiqueta. Es una lástima pero, de muchas maneras, hemos encerrado a esos niños y adultos en una percepción muy reducida de lo que son y de su potencial para aprender.

En vista de la sorprendente elasticidad del sistema humano cuerpo-mente, mi propuesta es que posterguemos esas clasificaciones hasta que una persona haya concluido su aprendizaje, lo cual ha de tomarle toda la vida. ¿Cómo podemos etiquetar a alguien que todavía está en proceso de convertirse en alguien, un proceso en el que todos estamos envueltos mientras nos dure la vida?

Dicho esto, me apresuro a asegurar que sí hay personas que presentan determinados problemas para aprender pero, si hemos de ponerles alguna etiqueta, ¿por qué no hacerlo de acuerdo con los problemas fundamentales que manifiesta en lugar de los síntomas? La etiqueta que sugiero es SHEOS, seres humanos estresados orientados a la supervivencia.

¿Quiénes son SHEOS?

¿Qué quiero decir con estresados y orientados hacia la supervivencia? Me refiero al funcionamiento cerebral no integrado y desequilibrado, una tendencia a operar de manera reflexiva o reactiva desde los centros de supervivencia en el tronco encefálico y el sistema nervioso simpático. ¿De qué modo encaja el estrés en esta panorámica? La tensión que se deriva de diversas influencias ambientales, de desarrollo, familiares y sociales suele desencadenar eventos en el sistema nervioso, que producen y regulan conductas orientadas hacia la supervivencia. Sabemos con certeza que la exposición crónica al estrés inhibe el pleno desarrollo del cerebro y el aprendizaje (Sapolsky, 2003: 87-91).

El estrés provoca un énfasis exagerado en el procesamiento que hace el cerebro con orientación hacia la supervivencia a expensas del funcionamiento racional, límbico y cortical, sobre todo en los lóbulos frontales. Como consecuencia, los humanos estresados y orientados hacia la supervivencia tienen menos oportunidades para desarrollar las redes nerviosas en el lóbulo frontal y pueden manifestar dificultades para el aprendizaje.

En los siguientes cinco capítulos veremos con mayor detalle los efectos de detrimento que causa el estrés. Ahora, quisiera hacer hincapié en que los agentes estresantes de distintos tipos, algunos evidentes y otros menos visibles, son la causa de muchas dificultades para aprender.

Por lo que a mí respecta, la etiqueta de SHEOS abarca con facilidad a todas las demás etiquetas que normalmente aplicamos a los problemas de aprendizaje. Estas etiquetas comunes, incluyendo la del síndrome de alcoholismo fetal, han sido impuestas a los siguientes patrones de conducta:

- Actividad excesiva, hiperactividad
- Dificultades para mantener la atención y concentrarse en una tarea
- Comportamiento trastornador
- Dificultades para aprender
- Incapacidad de controlar la conducta para avenirse a las normas sociales
- Marcada discrepancia entre habilidades de dicción aparentemente notables (habla constante) y la capacidad para comunicarse
- Movimientos erráticos, sin elegancia, desequilibrados o controlados de forma deficiente
- Insensibilidad a las necesidades y sentimientos de los demás

Todas estas conductas caen dentro del campo del funcionamiento del lóbulo frontal. Los lóbulos frontales controlan el movimiento motor fino, el discurso interior, el autocontrol y el razonamiento.

Creo que las personas que tienen estas conductas, el grupo que llamo SHEOS, han estado expuestas a factores estresantes que requieren que estén más preocupados por sobrevivir que por razonar. Debido a esto, no tienen un desarrollo integrado de las redes nerviosas ni una buena cobertura de mielina en la zona del lóbulo frontal del encéfalo.

La hiperactividad y el lóbulo frontal

Un estudio realizado por Alan Zametkin y sus colegas del Instituto Nacional de Salud Mental demostró, de manera gráfica, la relación que hay entre el lóbulo frontal y la hiperactividad. Zametkin estudió a 25 adultos hiperactivos que tenían esa conducta desde niños (y que, a su vez, eran padres de niños hiperactivos). Utilizando registros de TEP para medir el metabolismo de la glucosa cerebral de estos adultos mientras participaban en una tarea de atención auditiva, los investigadores descubrieron 8.1% menos de actividad cerebral en el grupo hiperactivo, en comparación con un grupo normal de control. La zona del cerebro que presentaba una reducción en las funciones era el lóbulo frontal (Zametkin *et al.*, 1990: 1365-1366).

La hiperactividad (incluidos el TDA y el TDAH) se caracteriza por la falta de coordinación motriz fina y por movimientos constantes, erráticos, torpes y estimulados por la adrenalina. También es común que se dé un parloteo externo constante, que apunta hacia una falta de desarrollo del discurso interior, el cual controla la conducta social. Asimismo, se manifiesta una falta de sentimientos profundos, como la empatía, la compasión y el amor por otras personas, así como la comprensión de las necesidades y sentimientos propios.

La mayor reducción de actividad cerebral en el estudio de Zametkin se encontró, específicamente, en la corteza premotriz y la corteza prefrontal superior de los lóbulos frontales (Zametkin *et al.*, 1990: 1361-1363) (véase la figura 14, Los cuatro lóbulos de la neocorteza). Estas zonas del cerebro son muy importantes para el diálogo interno, que controla el comportamiento y la planeación, para el movimiento fino controlado, el pensamiento integrador, la creatividad y las emociones más sutiles, como la empatía y el altruismo. La corteza prefrontal, con su conexión a la zona de Broca en el lado izquierdo, para el control motor de la dicción, afecta la atención concentrada, la actividad motriz y la capacidad de pensar antes de actuar (McLean, 1990: 561-562).

Cuando el lóbulo frontal se ha desarrollado por completo al final de la adolescencia o, a veces, ya en la edad adulta, y recibe toda la información del resto del cerebro y la sintetiza en pensamiento, creatividad y acción. Estas zonas del lóbulo frontal se iluminan en los registros de TEP cuando una persona está pensando y se relacionan con la corteza motriz que hace posible una acción adecuada de acuerdo con el razonamiento (Thatcher *et al.*, 1994: 95-105) (véase la figura 15, que representa de manera esquemática las zonas del cerebro que participan en el pensamiento). Jay Giedd (1994: 665-669) concluye que en los casos de TDAH hay una disfunción en los lóbulos frontales y en las zonas frontales más pequeñas del cuerpo calloso. Un cuerpo calloso frontal más pequeño refleja problemas de comunicación entre los dos hemisferios cerebrales.

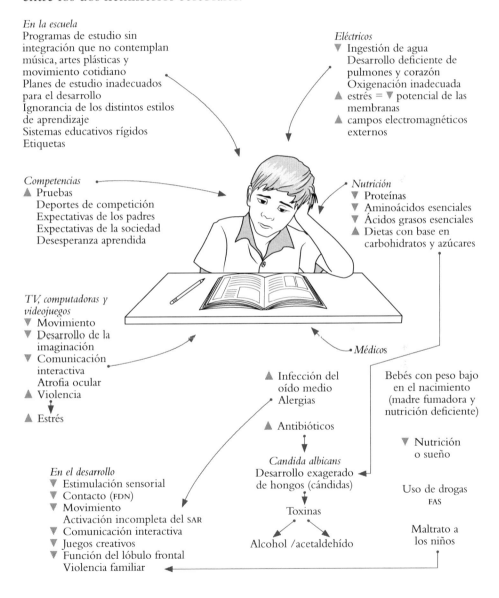

Figura 28. Inhibidores del aprendizaje.

Algunas fuentes de estrés en la vida

¿Cuáles son algunos de los factores estresantes con los que se encuentran las personas en su diario vivir y que limitan el desarrollo del lóbulo frontal? Trataré de dividir en categorías los que me parecen más significativos, aunque hay muchos que se relacionan entre sí:

De desarrollo: falta de estimulación sensorial, falta de movimiento, falta de contacto (disminución del factor del desarrollo nervioso), falta de juego y comunicación interactivos y creativos, activación desequilibrada o incompleta del SAR (sistema de activación reticular).

Eléctricos: consumo inadecuado de agua, oxigenación inadecuada, exposición excesiva a campos electromagnéticos externos.

De nutrición: cantidades inadecuadas de proteínas, falta de aminoácidos y ácidos grasos esenciales, dietas altas en carbohidratos y azúcares.

Médicos: bebés con bajo peso al nacer, infecciones crónicas del oído medio, alergias, medicamentos, sobreproducción de hongos, dieta inadecuada, falta de sueño, uso de drogas, maltrato infantil, vista u oído deficientes.

TV, computadoras y videojuegos: pueden conducir a la violencia, disminución en el desarrollo de la imaginación, comunicación menos interactiva, atrofia ocular, disminución del desarrollo motor, motivación baja y pensamiento lineal que no alcanza a considerar los sistemas más complejos.

Competencias: expectativas inadecuadas (en el hogar, en la escuela, en el trabajo y las autoimpuestas), presiones para adaptarse a la sociedad, competencias en los deportes y en las artes, aprendizaje dentro de un marco de ganadores o perdedores en lugar de uno de cooperación.

Sistemas educativos rígidos: programas de estudio inadecuados para el desarrollo, pruebas constantes de habilidades de bajo nivel, formatos de lectura y escritura para mantener quietos a los alumnos, menosprecio o falta de atención a los diversos estilos de aprendizaje.

La mayoría de estos estresantes estimulan de manera exagerada los centros de supervivencia del sistema cuerpo-mente. Esto causa que la actividad nerviosa se centre en el sistema nervioso simpático y el tronco encefalico, con poca activación del resto del cerebro, sobre todo en los lóbulos frontales. Una reseña de la investigación muestra gran evidencia de diversos efectos del estrés en los SHEOS. En los siguientes capítulos abundaré sobre esto, pero un ejemplo más nos puede dar una idea de los importantes y complejos vínculos que la investigación neurocientífica ha establecido entre el estrés y la función cerebral. Al hipocampo del sistema límbico, pieza clave para la memoria y el aprendizaje, le afecta profundamente la tensión. En sus investigaciones con ratas, Solomon Snyder descubrió que las encefalinas   químicos que produce el cerebro durante los momentos de estrés para adormecer el dolor—, también incrementan la hiperactividad y disminuyen la capacidad de memoria (Snyder y Childers, 1979). Además, las ratas que sufrían de estrés no desarrollaron nuevas células nerviosas en el hipocampo y perdieron más células de esta área cerebral que las ratas que no sufrían de tensión (Gage, 2003: 47-91). Por otra parte, solo las ratas estresadas perdieron células en la parte del hipocampo que sufre un daño selectivo en los humanos que padecen la enfermedad de Alzheimer (Sapolsky, 1994: 5373-5380). Se cree que estos resultados pueden aplicarse de modo directo a los humanos en cuestión de estrés y envejecimiento. La secreción de adrenalina aumenta con la edad y eso hace que el hipocampo sea más vulnerable a las afrentas neurológicas, como ataques y apoplejías, en especial cuando la causa es el estrés.

Muchas fuentes causantes de estrés pueden interferir con el proceso del aprendizaje. En los capítulos anteriores analicé el efecto de distintos factores de desarrollo en el funcionamiento del cerebro y las capacidades para aprender. En los siguientes capítulos procuraré abarcar al resto de la lista. Se sabe que algunas, como la desnutrición, inhiben el aprendizaje y la salud. Otras, como la televisión, el afán de competencia y las expectativas en la educación, ejercen influencias menos evidentes pero no menos graves. Veremos todas más adelante.

Si nos armamos de un conocimiento mayor, podremos ayudar a nuestros hijos y a nosotros mismos a evitar situaciones e influencias que constituyan un peligro para el desarrollo del cerebro y para el aprendizaje, por eso, a la segunda parte del libro la he llamado "Cultivar y proteger nuestros sistemas de aprendizaje".

Las funciones principales de cada familia y de toda sociedad son el cuidado y la crianza de la juventud; sin embargo, cuando vemos a nuestros hijos, las escuelas y el futuro que nos espera aumenta la preocupación de que algo se haya descarrilado y estemos en peligro. Es posible que aceptemos niveles de estrés más altos de los que podemos manejar y disipar. En las siguientes páginas espero poder señalar una dirección más adecuada para continuar nuestro camino.

Capítulo 9

Lo básico para el cerebro:
agua y oxígeno

¿De qué manera podemos cultivar y respaldar el complejo desarrollo, la organización y la reorganización del proceso del aprendizaje y el pensamiento? ¿Cuáles son los elementos esenciales necesarios para proteger nuestro sistema cuerpo-mente durante toda la vida? ¿Cómo garantizamos el funcionamiento pleno y eficiente de estas redes masivas y su infinito potencial para aprender? ¿Cómo podemos tener un cuidado responsable del centro de control para que este se ocupe de cuidarnos?

Además de ofrecer al cuerpo y a la mente algo nuevo y emocionante para que se ejerciten con regularidad, también debemos darles el combustible y los aditamentos que necesitan para trabajar. Por fortuna, algunos de los elementos más importantes para lograr un alto desempeño son bastante accesibles. No obstante, tenemos que saber cuáles son y por qué son fundamentales. En este capítulo, comenzaremos por lo más esencial, agua y oxígeno. Veremos, asimismo, de qué forma se relacionan con los sistemas eléctricos dentro de la mente y el cuerpo.

Agua fresca y pura

Para tratarse de una sustancia tan notable por su relevancia en la vida, el agua parece tener cualidades poco notorias. No tiene color, ni olor, ni sabor y es omnipresente; sin embargo, es el elixir mágico para el aprendizaje. Si quieres llamarla así, es la "poción secreta". El agua es una de las sustancias inorgánicas más importantes y abundantes en el cuerpo. Constituye 80%

del peso del cuerpo al nacer y 70% del de un adulto (Zanecosky, 2004: 21-24). Las personas delgadas tienen una proporción mayor, porque la grasa tiene muy poca agua mientras que los músculos contienen mucha. El agua constituye el principal elemento del cerebro —se calcula que en 90%, y es así el órgano con más agua; le siguen los músculos, con 75% y después los riñones— (Fischbach, 1992: 50). En condiciones normales, se recomienda que una persona beba 20 cm^3 de agua por cada kilo de su peso corporal diariamente y si pasa por un momento de tensión, hay que duplicar y hasta triplicar la cantidad.

¿Por qué el agua es tan esencial para el aprendizaje y para la vida? Para responder a esa pregunta, necesitamos ver las funciones cruciales que desempeña en la actividad eléctrica del cuerpo, en la distribución de oxígeno y en la nutrición.

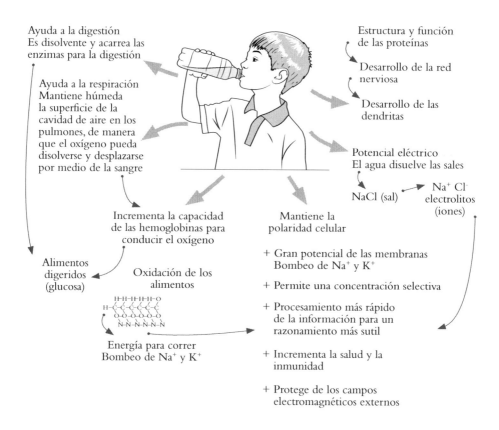

Figura 29. Agua: importante para aprender y pensar.

El agua y la electricidad del cuerpo

Nuestros sistemas corporales son eléctricos. En esencia, son las transmisiones eléctricas del sistema nervioso las que nos convierten en organismos que sienten, aprenden, piensan y actúan. El agua, el disolvente universal, es fundamental para que puedan producirse estas transmisiones eléctricas y para mantener el potencial eléctrico del cuerpo.

Las membranas de las células nerviosas (y de todas las demás células) son polares (tienen una carga), debido a la interacción entre los átomos con cargas positivas y negativas llamados electrolitos. Los electrolitos (iones), como el sodio (Na^+), el potasio (K^+) y el cloro (Cl^-) vienen en las sales en nuestros alimentos. Si viertes sal de mesa en el agua, verás que se disuelve. El agua provoca que los átomos que componen la sal se separen. Si se trata de sal de mesa (NaCl), el agua ocasionará que esta se separe en dos átomos de carga eléctrica diferente: Na^+ y Cl^-, por lo tanto, estos tendrán la posibilidad de transmitir corriente eléctrica.

Una célula viva tiene carga positiva en el exterior y negativa en el interior, debido a un proceso molecular que ocurre en la membrana de la célula, denominado bombeo de sodio y potasio. Es un bombeo que transporta de manera activa iones de sodio (átomos con carga positiva) al exterior de la célula, lo cual deja atrapados en el interior grandes iones con carga negativa que no se propagan (fosfato orgánico, proteína y cloro) (Tortora y Anagnostakos, 1990: 37-40, 861-862). A la polaridad de la célula se le llama potencial restante de la membrana. Una membrana restante de la célula nerviosa mantiene en su interior un voltaje promedio de -70 mv (milivoltios). Esto implica un voltaje de +70 mv en la parte externa (Tortora y Anagnostakos, 1990: 788-789) (es más difícil medir el voltaje exterior de la célula debido a la dilución dentro de los fluidos del tejido). Ese diferencial entre -70 mv en el interior y +70 mv en el exterior es el potencial de la membrana. Por lo general, este potencial se indica refiriéndose solo a la carga interna: -70 mv. Cuanto más grande es el diferencial (por ejemplo, -80 mv / +80 mv), mayor es la polaridad de la membrana.

Una función óptima del nervio y el músculo depende de un adecuado potencial de la membrana (polaridad). Es tan importante el equilibrio entre agua y electrolitos para el sistema vital, que si el potencial de la membrana dentro de las células desciende a 30 mv y permanece así, sobrevendrá la muerte. Esto puede suceder cuando hay deshidratación o desnutrición radicales. Incluso, en circunstancias normales, la polaridad de toda una membrana puede disminuir a causa de niveles inadecuados de agua en el cuerpo (Tortora y Anagnostakos, 1990: 37-38, 861-866).

Una alta polaridad celular (potencial de la membrana) eleva el umbral de sensibilidad en la membrana de la célula e incrementa con efectividad la integridad de la membrana celular al disminuir su sensibilidad a los estímulos exteriores. Todos estamos rodeados por infinidad de estímulos y la alta polaridad de la membrana nos permite elegir. Se necesita más de un estímulo para activar un impulso nervioso, así que podemos escoger en qué estímulos queremos poner atención y no distraernos con estímulos irrelevantes. Como veremos más adelante, esto provoca el enfoque selectivo y beneficia el aprendizaje, fortalece el sistema inmunológico y la salud y nos protege de los efectos que causan los campos electromagnéticos externos.

El bombeo de sodio y potasio utiliza TFA (trifosfato de adenosina) como fuente de energía para transportar de modo activo los átomos con carga positiva al exterior de la célula. El TFA se forma cuando el oxígeno (por oxidación) descompone los alimentos que ingerimos (sobre todo los carbohidratos) para liberar energía. La molécula de TFA atrapa la energía liberada y la lleva a la bomba de sodio y potasio para usarla como fuente de energía (Koester, 1991: 1033-1040).

Una mirada cercana a un impulso nervioso

En el nivel celular, microscópico, todas las actividades que nos definen y por las cuales nos conocemos dependen de pequeños impulsos eléctricos que se producen mediante el movimiento de los electrolitos dentro y fuera de la célula. Aunque son diminutos y suceden en un instante, afectan de manera profunda nuestra capacidad para aprender, recordar, sentir, pensar y actuar físicamente (Fischbach, 1992: 50). ¿Cómo funcionan?

En su estado polarizado, la célula nerviosa tiene un potencial de acción, que es el medio por el cual responde a un estímulo. Cuando un estímulo suficientemente poderoso activa una zona en la membrana de la célula nerviosa, la bomba de sodio y potasio se cierra en ese punto, lo cual permite que el sodio fluya del exterior al interior. Con unas cantidades básicamente iguales de iones positivos y negativos en el interior, la membrana deja de ser polar, es decir, se despolariza. El bombeo de sodio y potasio cerca de ese punto se desactiva y se genera una onda de despolarización que avanza, como fichas de dominó que caen en fila, a lo largo de toda la célula nerviosa como un potencial de acción. Este tiene una amplitud aproximada de 100 milivoltios, dura una milésima de segundo y pueden generarse hasta 200 por segundo (Harvey, 1985).

Las ondas de despolarización se mueven a una velocidad de 100 metros por segundo, enviando un mensaje que va desde los órganos de los sentidos al cerebro o desde este a los músculos y las glándulas. Es similar al movimiento de la corriente alterna (+ a -) de los circuitos eléctricos, solo que a 100 metros por segundo, el nervio transmite mensajes a menos de una millonésima parte de la velocidad con que lo hacen las señales eléctricas en un alambre de cobre (Brunton *et al.*, 1990: 622).

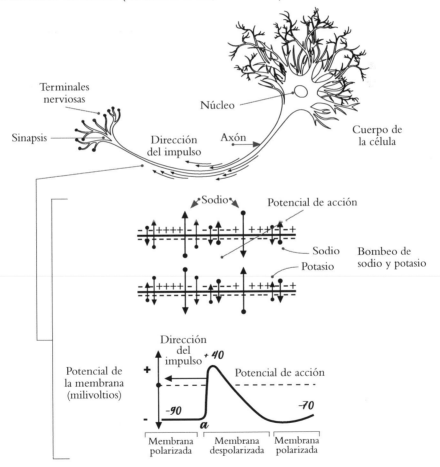

Figura 30. Polaridad de la membrana y transmisión
del impulso en la neurona.

Incluso a esa velocidad relativamente baja, el cerebro no necesita más de unas pocas milésimas de segundo para poner en orden un patrón específico de millones de señales, el cual se disuelve en un instante y jamás se repite del mismo modo. El bombeo de sodio y potasio restablece de inmediato su funcionamiento, así se polariza de nuevo la membrana de la célula y vuelve a estar lista para enviar el siguiente mensaje. Con la capacidad que tiene el sistema nervioso para procesar, al menos, mil nuevas piezas de información por segundo, tratar de examinar todo lo que sucede en el sistema cuerpo-mente durante este sencillo ejemplo y explicarlo nos tomaría varios volúmenes, si no es que toda una biblioteca (Wiggins, 1982: 266-269).

Pongamos el párrafo anterior en perspectiva. Me gustaría que hicieras un experimento y observes cuánto dura. "Mueve el dedo gordo de tu pie izquierdo". A continuación delineamos de una manera muy básica lo que está sucediendo mientras realizas un acto tan simple:

1. Tus ojos se mueven, captan las palabras que en esta página dicen "Mueve el dedo gordo de tu pie izquierdo".
2. Se activan las terminales nerviosas sensoriales (conos y bastones) en tu retina, en la parte trasera del ojo.
3. Las ondas de despolarización recorren las neuronas sensitivas y pasan por las sinapsis del sistema nervioso central, donde los neurotransmisores hacen un puente y activan la gran red intermediaria en el centro de control.
4. Se activan las redes nerviosas para descifrar la orden, relacionan el estímulo visual con las palabras, la memoria y las sensaciones en las zonas respectivas de los lóbulos occipital, parietal y temporal del cerebro.
5. El cerebro discierne cuál es el pie derecho y cuál el izquierdo y define a qué se refieren con dedo "gordo", en comparación con los demás. Extrae, entonces, un recuerdo físico de los dedos del pie.
6. El cerebro activa los impulsos nerviosos que van a la corteza motriz del lóbulo frontal derecho, la cual se conecta con los músculos del dedo gordo del pie izquierdo, con el ganglio basal para armonizar el movimiento y con el cerebelo para obtener el movimiento motor grueso.
7. Mediante la ramificación de las vías nerviosas de las neuronas asociativas, las neuronas motrices apropiadas se activan y mandan

una onda de despolarización que va por los axones cubiertos de mielina de los nervios.

8. En algún punto, ya sea del cerebro o de la médula espinal, las neuronas motrices se cruzan y pasan al lado izquierdo, para descender por las vías nerviosas del nervio ciático.

9. Los impulsos viajan por la pierna izquierda hasta llegar a los músculos del dedo gordo y hacen que se contraigan.

10. De inmediato, se envía un nuevo mensaje que va desde los sensores propioceptivos del dedo gordo hasta la corteza sensorial del lóbulo parietal del cerebro, para avisarte que ya moviste el dedo gordo del pie izquierdo.

¿Y cuánto tiempo te tomó? En teoría, podrías mover el dedo gordo del pie izquierdo 200 veces por segundo, ya que el sistema tiene la capacidad de generar nuevos impulsos en esa escala.

El suave funcionamiento de este sistema depende en gran medida del agua, el oxígeno y los nutrientes. Entre ellos, el agua ocupa el primer lugar, como el ingrediente más necesario.

¡Café, té o chocolate!

Hay ciertos químicos, llamados diuréticos, que deshidratan al cuerpo. El uso indiscriminado de estos puede, en efecto, disminuir nuestro potencial para el aprendizaje. Entre ellos se cuentan el alcohol y la cafeína, que se encuentra en el café, el té, en algunas bebidas carbonatadas y en el chocolate.

De forma natural, el cuerpo trata de mantener un equilibrio entre la sal y el agua. ¿Alguna vez has comido una bolsa entera de papas fritas y al final descubriste que tenías mucha sed? Todas esas malévolas frituras saladas, tan sabrosas, aumentan el nivel de sal del cuerpo por encima de su nivel de agua. Para compensarlo, se activan los centros de la sed en el hipotálamo y te dicen que necesitas tomar agua. Si haces caso a la señal y la bebes, el agua es absorbida por la sangre y así llega a los riñones, que es donde se controla el balance entre sal y agua. En el riñón hay ciertas hormonas, como la antidiurética (HAD), que hacen posible que el agua se vuelva a absorber en la sangre, para que no se pierda toda en la orina. De ese modo, se incrementa el nivel de agua hasta equilibrarlo de nuevo con el de la sal (Askew, 2003).

El café, el té, el chocolate y el alcohol son diuréticos. Inhiben la reabsorción de agua en los riñones y, por lo tanto, hacen que se pierda más agua en la orina. Habrás notado, quizá, que orinas más cuando bebes esas sustancias. Con esa pérdida de agua en el sistema, no es posible mantener ni el potencial de la membrana ni la polaridad óptima en el sistema nervioso. Cuando perdemos agua, ocurre un desequilibrio entre esta y la sal. Al disminuir los niveles disponibles de agua por beber esas sustancias deshidratantes, los centros de la sed en el hipotálamo del cerebro se estimulan para enviar un llamado que anuncie "tengo sed". Entonces, bebemos más, con lo cual seguimos deshidratándonos y aumenta nuestra sed. ¿Recuerdas esa sensación como de "boca de estropajo" que se siente al día siguiente? Y en los bares, incluso te ofrecen botanas saladas, cacahuates y palomitas, para intensificar el llamado de la sed. Pedimos más bebidas y mantenemos su negocio (Batmanghelidj, 1993).

Estas sustancias diuréticas también tienen algo que ver con los dolores de cabeza, ya que deshidratan el cerebro debido a la disminución de la producción del fluido cerebroespinal, ocasionada por la vasoconstricción de las venas. La función del fluido cerebroespinal es rodear y bañar al cerebro, manteniéndolo hidratado y protegido de la abrasión. Cuando bajan los niveles de agua del cuerpo, tenemos menos líquido disponible para producir esa protección que brinda el fluido cerebroespinal. Basta con que los niveles de agua corporal desciendan 2% para que nuestra memoria a corto plazo se vuelva borrosa, nuestra energía decaiga, nos sintamos vacilar, no podamos hacer operaciones matemáticas elementales ni consigamos enfocarnos bien en la pantalla de la computadora o en una página impresa. Si el cuerpo recibe cantidades adecuadas de agua, puede regular bien su temperatura, lleva nutrientes a las células, elimina toxinas, mantiene la piel humectada y elástica, amortigua las articulaciones y protege los órganos y los tejidos (Tortora y Anagnostakos, 1990: 837-845).

Resulta interesante que cuando las personas se hallan más deshidratadas no sienten sed. El cuerpo pierde su capacidad de alerta ante la deshidratación. Uno puede sentir secos los labios, la lengua se pega con el paladar, pero no reconoce que está sediento. Ese es el resultado de ignorar durante mucho tiempo el mensaje de que el cuerpo tiene sed (Zanecosky, 2004).

Casualmente, el jugo de frutas, los refrescos y la leche contienen muchos azúcares y sales, lo cual deseca agua del cuerpo y reduce los suministros disponibles para mantener los niveles de electrolitos en los nervios. El cuerpo trata esas bebidas como si fueran alimentos, no como fuentes de agua, y aunque al final sí aportan algo de agua al metabolismo, primero se requiere agua para formar los jugos digestivos que descomponen tales bebidas, por lo que no fungen de manera adecuada como una fuente de agua aprovechable (Zanecosky, 2004).

Lo más sensato es beber agua y no necesariamente agua embotellada. En Cleveland, Ohio, se realizó un estudio en el cual, de las 57 muestras de agua embotellada que se sometieron a prueba, solo tres eran tan puras como el agua de la llave de la localidad (Tortora y Anagnostakos, 1990: 736-739).

Es buena idea tener disponibles botellitas de un cuarto de litro llenas de agua para beber sorbos de modo regular y mantener al sistema hidratado y funcionando con óptima eficiencia. Es importante, sin embargo, advertir que beber demasiada agua de un solo jalón puede ocasionar que ese torrente barra con muchas sales y minerales y se los lleve antes de que el aparato digestivo los pueda absorber, lo cual disminuirá el equilibrio de electrolitos en el cuerpo (Ferris, 1991: 1439-1440). Es mejor tomar agua en pequeños sorbos a lo largo del día.

El color rosado en el interior de la boca se debe a que los vasos sanguíneos están muy cerca de la superficie. El agua es uno de los pocos fluidos que pueden pasar directamente a través de las membranas del interior de la boca, entrar en los vasos sanguíneos y viajar después por todo el cuerpo cinco veces por minuto (Tortora y Anagnostakos, 1990: 852).

Si para ti este hábito tan sencillo pero saludable resulta novedoso, quizá te tome tiempo acostumbrarte a él. Durante la primera semana en que comiences a beber agua en mayor cantidad tus riñones necesitarán adaptarse, por lo que tendrás ganas de ir al baño con más frecuencia.

Agua, desnutrición, salud y el sistema nervioso

Como ya vimos, cualquier cosa que haga disminuir la polaridad de la membrana afecta el funcionamiento del sistema nervioso. La disminución de la polaridad de las membranas es, en efecto, una de las causas de la desnutrición. Desde el punto de vista del desarrollo cerebral y del aprendizaje, se trata de una de las consecuencias más peligrosas y nocivas de la falta de nutrientes.

Las proteínas con las que nos alimentamos forman albúminas que conservan el agua en la sangre, impidiendo que esta se vaya para cualquier otro lado y asegurando que llegue adonde más se requiera que, por lo general, es el cerebro. Si la dosis de proteínas que ingerimos es muy baja o incompleta (si falta alguno de los diez aminoácidos esenciales), no se pueden formar suficientes albúminas. Esto ocasiona que el agua se cuele por las cavidades del cuerpo, como la cavidad de la barriga (un proceso que se denomina "hacerse un tercer espacio") en lugar de distribuirse adecuadamente en el cerebro y los tejidos nerviosos.

Todos hemos visto este triste resultado en las fotografías que muestran a niños desnutridos, a quienes les cuelga una gran panza y que tienen brazos y piernas muy delgados (Harrison, 1991: 281-297). También se puede ver esto en personas que padecen anorexia nerviosa y bulimia o en mujeres embarazadas que presentan preeclampsia (toxemia) con gran evidencia de edema. Eso inhibe el desarrollo adecuado del feto, puede dar lugar al nacimiento prematuro y a que el bebé nazca con poco peso (Chan *et al.*, 2002: 827-833).

El equilibrio entre fluidos y electrolitos es tan delicado que, durante la desnutrición, la ingestión de agua puede ser dañina, en tanto que no asciendan los niveles de albúminas. En 1991, mientras analizaba la importancia del agua junto con un grupo de psicólogos de Rusia, una mujer mencionó que los médicos de ese país decían a sus pacientes embarazadas que no bebieran mucha agua. Yo estaba sorprendida, hasta que un doctor me explicó que, debido al racionamiento de la carne (medio kilogramo de proteínas por persona al mes), varias mujeres embarazadas padecían de toxemia. Si ellas hubieran bebido demasiada agua, habrían terminado por eliminar otros nutrientes y sales esenciales con la orina y eso podría haber sido fatal.

A las personas que presentan síndromes como el de una inadecuada secreción de la hormona antidiurética (HAD) o polidipsia psicogénica (beber agua de manera compulsiva), les vendría bien tener cuidado de no tomar demasiada agua. Sin embargo, en la mayoría de la gente, los niveles de albúminas son adecuados y es esencial que ingieran, por lo menos, cinco vasos de 220 mililitros de agua cada día (McCrone, 1991: 17).

Un importante estudio longitudinal que duró 28 años demostró que tomar cinco vasos de agua o más al día disminuye a la mitad el riesgo de morir por una enfermedad cardíaca (Colombo *et al.*, 1992: 655-659). Esto respalda a otras investigaciones que demuestran que beber cinco vasos de agua diariamente disminuye el riesgo de contraer cáncer de colon en 45%, cáncer de mama en 79% y cáncer de vejiga en 50%.

Oxígeno

Todos sabemos que el oxígeno es tan necesario para el aprendizaje como lo es para la vida en general. Es básico porque descompone los alimentos para liberar la energía que requieren el cuerpo y la mente para funcionar. La energía que aporta la oxidación de los alimentos es tan importante para el sistema, que cuando uno deja de respirar bastan solo unos cuantos minutos para que ocurra la muerte.

El cerebro constituye apenas una quincuagésima parte del peso corporal y, sin embargo, sorprendentemente utiliza una quinta parte del oxígeno del cuerpo (Tortora y Anagnostakos, 1990: 38). Además, la primera arteria que sale del corazón llevando sangre recién oxigenada, la carótida, llega de forma directa al cerebro. Todo el sistema tiende a ocuparse primero de las necesidades del cerebro.

Una vez más, el agua aparece como personaje principal en el papel de ayudante de distribución de oxígeno al cerebro. Mantiene húmeda la superficie de las bolsas de aire en los pulmones para que el oxígeno pueda disolverse y filtrarse en la sangre. Los investigadores del Instituto Nacional para la Diabetes y las Enfermedades Digestivas y Renales han descubierto, también, que a mayor ingestión de agua, mayor es la capacidad de la hemoglobina (una gran proteína que depende del agua adecuada para su integridad estructural) para llevar oxígeno de 100 a 1000 veces (Hollowell, 1992: 52-56). La hemoglobina es el pigmento que contiene hierro en los eritrocitos que transportan el oxígeno. De igual manera, el agua ayuda a la digestión de los alimentos en el tracto digestivo, al disolverlos para que las enzimas los descompongan con facilidad y elaboren los productos finales que se necesitan para la oxidación (*Shape of the Nation Report*, 2001: 6).

En cuanto el oxígeno llega a la célula, oxida el alimento que hay en ella y libera energía para la producción de TFA:

$$C_6H^{12}O + 6O_2 \; [\longrightarrow] \; 6CO_2 + 6H_2O + TFA \; (\text{usado para bombear } NA^+ \; K^+)$$
$$(\text{glucosa}) \; (\text{oxígeno}) \; [\longrightarrow] \; (\text{dióxido de carbono}) \; (\text{agua}) \; (\text{energía})$$

El TFA capta la energía de los alimentos y la pone a la disposición de las estructuras internas de la célula, como la bomba de sodio y potasio. Resulta interesante que un grupo de la Universidad de Ciencias de la Salud de Oregon haya aportado evidencias de que el TFA tiende a ser bajo en los pacientes que padecen depresión y enfermedad de Alzheimer. Esta falta de

TFA se puede deber, en parte, a una inadecuada captación de oxígeno y una mala distribución del mismo a las células, ocasionadas, a su vez, por bajos niveles de agua en el sistema.

Es necesario contar con un cuerpo en buenas condiciones físicas para poder suministrar las cantidades masivas de oxígeno que requiere el cerebro. El movimiento no solo es esencial para el desarrollo de las redes nerviosas y el aprendizaje, también lo es para el adecuado desarrollo del corazón y los pulmones, que tanto ayudan a la función cerebral. La Asociación Nacional para el Deporte y la Educación Física (NASPE, por sus siglas en inglés) les recuerda a los estadounidenses que "¡Los niños sanos y físicamente activos aprenden mejor!" Para que así sea, recomiendan que los alumnos de primaria tengan por lo menos 60 minutos de actividad moderada y vigorosa cada día y, en el caso de los estudiantes de secundaria y nivel medio superior, por lo menos 30 minutos diarios) (*Shape of the Nation Report*, 2001: 6); sin embargo, en 1994, solo 36.6% de los niños en edad escolar en Estados Unidos tuvieron clases de educación física y ese porcentaje ha ido disminuyendo a medida que han aumentado otras asignaturas académicas. A eso hay que añadir que la Academia Estadounidense de Pediatría observó que 40% de los niños en este país, con edades entre cinco y ocho años, presentan al menos un factor de riesgo de sufrir enfermedades cardíacas. Asimismo, menos de la mitad de todos los niños en edad escolar hacen el ejercicio suficiente como para desarrollar corazones y pulmones saludables (Olsen, 1994: 33-35).

En la actualidad, a pesar de la creciente crisis de obesidad infantil (de 4.0% en 1974, en niños de seis a 11 años, a 15.3% en 2000), diabetes del tipo dos y el incremento en los estilos de vida sedentarios, la mayoría de los estados de la Unión Americana no se apegan al informe médico general de 1996, que clama por una educación física diaria para todos los alumnos, desde el jardín de niños hasta el último grado del nivel medio superior (*Shape of the Nation Report*, 2001: 1-6). En Escocia cundió la preocupación en torno a la obesidad y se realizó un estudio extensivo que demostró que los niños establecían un estilo de vida sedentario a temprana edad. El tiempo promedio de conducta sedentaria fue de 70% a la edad de tres años y de 76% a los cinco años. El promedio de tiempo que los niños pasaban practicando actividades físicas moderadas y vigorosas no representaba más que 2% de las horas en que se observaron a los niños de tres años, y 4% en los de cinco años (Reilly *et al.*, 2004: 182, 211-212).

El movimiento también ha disminuido considerablemente entre la población adulta de Estados Unidos. Roben Dustman encontró que al poner a caminar a mujeres y hombres inactivos de entre 50 y 70 años, en un programa de cuatro meses, mejoró su desempeño en las pruebas de capacidad mental en 10%. William Greenough y James Black descubrieron que las ratas activas tenían 20% más vasos sanguíneos en su cerebro que las ratas sedentarias (Olsen, 1994). El movimiento facilita el desarrollo creciente de los vasos sanguíneos que transportan agua, oxígeno y nutrientes al cerebro, esenciales para el aprendizaje.

También es muy importante el aire limpio. Debido a que algunas personas fuman durante el embarazo, hay bebés que nacen con poco peso y, por lo mismo, hay un alto porcentaje de niños con discapacidades para aprender, que obtienen bajas calificaciones en las pruebas de aptitudes y que tienen menos probabilidades de llegar a la universidad (Hack, 2002: 149-157). En un estudio realizado con 4 399 niños estadounidenses se descubrió que incluso pequeñas cantidades de humo de segunda mano (cuando solo uno de los padres fumaba, menos de una cajetilla diaria) reducía las calificaciones de cociente intelectual en un promedio de dos puntos (Yolton, 2002). Los niños en edad preescolar cuyas madres fumaban demasiado (diez o más cigarros al día) en el embarazo presentaban calificaciones significativamente más bajas (un promedio de nueve puntos) en las pruebas estandarizadas de cociente intelectual que los hijos de mujeres que no fumaban. Es posible que los niños que están más expuestos al humo del cigarro no alcancen su pleno potencial intelectual. El humo del cigarro contiene entre 2 000 y 4 000 químicos, algunos de los cuales pueden afectar al desarrollo de las nuevas células nerviosas (Olds y Henderson, 1994: 228-233; Fackelmann, 1994: 101).

La conexión con los campos electromagnéticos

Nuestros cuerpos producen campos electromagnéticos de baja frecuencia a partir de la acción de los electrolitos y la polaridad que hay en cada una de las membranas de nuestras células. Además de formar parte del sistema comunicativo de los nervios, estos campos electromagnéticos de baja frecuencia le dan al cuerpo un ritmo de vibración específico.

Es posible medir estos campos electromagnéticos en el cerebro, con un electroencefalograma (EEG), o en el corazón, con el electrocardiografo (ECG). Incluso, podemos estudiar la estructura y la función del cuerpo al polarizarlo en un campo electromagnético para obtener su resonancia orgánica con un aparato de resonancia nuclear magnética (RNM) (Stuchly, 1993: 38).

Nuestros campos electromagnéticos son específicos y delicados. Durante los últimos años se han estudiado mucho los efectos de los campos electromagnéticos externos sobre el cuerpo humano. Las investigaciones se han enfocado, sobre todo, en la posible relación con las enfermedades fatales, como el cáncer, aunque algunos de los efectos más sutiles pueden tener una relación más importante para nuestro potencial de aprendizaje.

Si vemos cómo es en la actualidad nuestro entorno, notamos con facilidad que los campos electromagnéticos que nos rodean son diferentes de los que teníamos hace veinte años. Trata de recordar cómo era tu hogar hace dos décadas, ¿qué aparatos eléctricos tenías entonces y cómo eran, comparados con los de hoy? En estos días nos relacionamos con campos electromagnéticos externos que no solo abarcan los cables de alta tensión, también hay discos satelitales, televisión por cable, hornos de microondas, luces fluorescentes, computadoras, cocinas y cuartos de lavado donde todo es eléctrico, calefactores, teléfonos celulares, copiadoras, relojes análogos y con radio, secadoras para el cabello, sistemas de alarmas, abrelatas, rasuradoras y cobertores eléctricos, etc. La electricidad aporta dos terceras partes de la energía que se emplea en los edificios residenciales y comerciales y una tercera parte de la que se usa en la industria. Se cree que la demanda de este energético aumentará al doble en los próximos cuarenta años. Tan solo en Estados Unidos hay más de tres millones de kilómetros de líneas eléctricas que llegan a casi todos los edificios del país (*Society*, 1998: 5-8).

El campo geomagnético de la tierra en las latitudes medias es mil veces más intenso que el campo magnético generado por los aparatos electrodomésticos de un hogar promedio en Estados Unidos, pero esa es estática y el cuerpo humano ha evolucionado con ello en una homeostasis. Los ambientes electromagnéticos en los que vivimos ahora son muy diferentes.

Los campos electromagnéticos de nuestros hogares no son de estática, sino que poseen una corriente alterna que produce un campo magnético, el cual puede atravesar con facilidad el cuerpo humano. En Estados Unidos, la corriente eléctrica alterna pasa por un ciclo completo 60 veces por segundo (60 hertz) y el campo magnético relacionado con este cambia de dirección 120 veces por segundo. La medida estándar del campo magnético se hace en unidades de miligauss (mG) (Taubes, 1994: 354-355). El nivel ambiental promedio de campos electromagnéticos en un hogar, escuela u oficina puede ser de 0.5 mG. Cuando una persona se encuentra cerca de un cableado u otros conductos en las paredes o en los pisos, los niveles de exposición pueden ser de 10 mG, y cerca de los aparatos eléctricos pueden ser aun más altos (Stuchly, 1993: 35). Aquí tenemos algunos ejemplos del potencial en miligauss que alcanzan algunos aparatos domésticos a una distancia de 30 cm: los refrigeradores, en promedio, 2.6 mG; las televisiones a color, 7 mG; las computadoras, 7 mG; las estufas eléctricas, 9 mG; las luces fluorescentes, 10 mG; los relojes análogos y los radios con reloj, 14.8 mG; y los hornos de microondas, 36.9 mG. A 10 cm, un abrelatas eléctrico puede producir de 1 300 a 4 000 mG; las rasuradoras eléctricas producen de 14 a 1 600 mG; las sierras eléctricas de 200 a 2 100 mG, y las aspiradoras, de 230 a 1 300 mG. Son campos que disminuyen pronto con la distancia. El campo electromagnético de un refrigerador puede bajar a 1.1 mG a 60 cm y apenas alcanza los 0.4 mG a 1.20 m. Las rasuradoras eléctricas bajan, asimismo, a un promedio de 0.8 a 90 mG; las aspiradoras, de 20 a 180 mG, y los abrelatas, de 31 a 280 mG (Gauger, 1985; Associated Press, 1994: 358-359).

Se han realizado muchos estudios, como el del Instituto para la Investigación de la Energía Eléctrica (EPRI, por sus siglas en inglés), para conocer los efectos que el aumento de estos campos electromagnéticos no estáticos tienen sobre la salud humana (Ralof, 1993: 125-126). Se hizo un extensivo estudio ocupacional en Canadá y Francia, para examinar más de 4 000 casos de cáncer que ocurrieron en un período de 20 años entre cerca de 220 mil obreros dedicados a cuestiones eléctricas. Fueron hombres a los que se les dio un cuidadoso seguimiento para averiguar su exposición diaria a los campos electromagnéticos. Lo más interesante fue que quienes estaban más expuestos a los campos magnéticos de mayor potencia no manifestaron un incremento general en el riesgo de contraer cáncer, sin embargo, 50% de los que estaban expuestos a un promedio de campos de 1.6 mG o más mostraron un incremento del doble en el riesgo de desarrollar un tipo de leucemia que se presenta en adultos y que se denomina leucemia aguda no linfoide (Taubes, 1994: 355-356).

Recetas para tratar con los campos electromagnéticos: lo que es prudente evitar

Mi principal interés son los efectos que los campos electromagnéticos más débiles (en promedio) tienen sobre nuestra capacidad para aprender, por lo tanto, cerca del hogar no son los campos electromagnéticos de alta frecuencia sino los que tienen una frecuencia extremadamente baja los que han demostrado, en el estudio anterior y en nuestros hábitos, ser más dañinos por estar más próximos a nuestros propios campos electromagnéticos. De acuerdo con los investigadores de la Universidad de Medicina en Milwaukee, Wisconsin, y con la firma Sci-Con Associates en Flagstaff, Arizona, los efectos de los campos electromagnéticos parecen relacionarse con una combinación de su intensidad y su frecuencia, por lo cual "menos no es necesariamente mejor". Esas instituciones sugieren "evitar con prudencia" los campos electromagnéticos, sobre todo en el caso de los niños (Hendee y Beteler, 1994: 127). Los expertos recomiendan que: *1)* nos aseguremos de que nuestros hogares estén conectados a tierra de una forma adecuada; *2)* nos mantengamos a una distancia de un metro de los aparatos eléctricos y *3)* pongamos los despertadores eléctricos lo más lejos de la cama que nos sea posible y práctico (*Society*, 1998).

Parecería que la tecnología, de la que tanto depende nuestra cultura, es la primera que nos lleva a desarrollar los rasgos de los SHEOS a los que nos referimos en el capítulo anterior. La doctora Coulter (1993) cita investigaciones que demuestran que cada vez hay más recién nacidos en las culturas tecnológicamente avanzadas que manifiestan un estado de "excitación", casi se podría decir un sobresalto en el momento del nacimiento. Carecen del ritmo natural y la coordinación que, en las generaciones previas, se establecía durante su estancia en el útero. El feto reposa en un líquido amniótico, un baño de fluidos y electrolitos que le transmite con facilidad los campos electromagnéticos externos y estos campos externos pueden interferir con los campos electromagnéticos naturales, propios del feto. Si consideramos el constante bombardeo de campos electromagnéticos al cual están expuestas muchas mujeres embarazadas, podemos entender por qué los bebés están naciendo con tanta "excitación" y es posible que así sigan durante toda su vida.

Por lo regular, el feto aprende el ritmo y la vibración a través de los latidos y la respiración de su madre, además de los constantes impulsos eléctricos y los campos electromagnéticos que emiten esos órganos. Esta es una de las funciones del sistema vestibular, que se desarrolla y se cubre de mielina completamente para cuando cumple cinco meses en el útero. La frecuente exposición a los campos electromagnéticos externos puede interrumpir esos ritmos maternales y afectar al bebé en su aprendizaje de la estructuración rítmica. Es esencial aprender esos patrones rítmicos básicos a fin de comprender los patrones en las matemáticas, el lenguaje y, en general, para cualquier aprendizaje. Los bebés que nacen sin ese sentido del ritmo interno no se pueden tranquilizar ni cuando se mecen solos, cantan en voz baja o chupan algo. Al contrario, se irritan y pierden su capacidad para aprender fácilmente (Coulter, 1993).

Hay una gran posibilidad de que esos ritmos naturales se vean trastornados si la madre pasa horas ante la computadora, en una oficina con una elaborada instalación eléctrica, rodeada por luces fluorescentes, cerca de varios aparatos eléctricos, si pasa mucho riempo planchando o secándole el cabello a otras personas en un salón de belleza o si utiliza un cobertor eléctrico para dormir.

Algunos químicos de la Universidad de Stanford notaron la capacidad que tienen algunos campos electromagnéticos externos débiles para trastornar membranas grasas, como las que protegen la entrada para que los químicos no se filtren a las células o se salgan de ellas (por ejemplo, el bombeo de sodio y potasio), lo cual no solo afectaría la función celular en un embrión o un feto que se está desarrollando, sino también sus habilidades para aprender (ya que todas las capacidades para el aprendizaje dependen del funcionamiento adecuado de las bombas de sodio y potasio en el sistema nervioso) (Lee *et al.*, 1994: 655-658). Me pregunto qué efecto tendrán los sonogramas y monitores del desarrollo fetal que se usan de manera rutinaria, con frecuencia demasiado pronto, en el cuarto o quinto mes de gestación, cuando aún se está desarrollando el sistema vestibular.

Podemos lograr mucho si somos prudentes y tomamos conciencia al hacer uso de la electricidad en el medio donde vivimos y aprendemos. En mi experiencia en el salón de clases, he observado el notable efecto que se obtiene con tan solo apagar las luces fluorescentes. Es común que los alumnos manifiesten un suspiro físico y la energía exaltada disminuya ostensiblemente.

En la actualidad, se construyen escuelas que no tienen ventanas, iluminadas con luces fluorescentes. Como resultado, los niños tienen que esforzarse mucho para superar el desequilibrio de los campos electromagnéticos provocado por las luces fluorescentes, lo cual les deja poca energía para concentrarse y aprender.

La iluminación natural e incluso las lámparas incandescentes poseen una gran ventaja sobre las luces fluorescentes; el ojo procesa con facilidad la luz solar y no aumenta los campos electromagnéticos en el ambiente del trabajo y la escuela. En Rusia, las aulas tienen paredes con grandes ventanas y hay muy pocos focos; en Dinamarca, la ley exige que cada estudiante, así como cada trabajador adulto, pueda ver la naturaleza desde su pupitre o el lugar donde labora. En Dinamarca todos los edificios tienen muchas ventanas.

Cuando he pasado todo el día trabajando en la computadora puedo sentir, sin duda, cómo se ha drenado una gran cantidad de mi energía. Si no me doy un tiempo para salir a caminar y estar en contacto con la naturaleza, apenas logro tener la energía suficiente para tirarme en un sillón y atosigarme con más campos electromagnéticos externos provenientes del televisor.

Los huesos y las grasas (debido a que sus tejidos contienen poca agua) no se ven tan afectados por los campos electromagnéticos externos como los tejidos que contienen mucha agua, como en el cerebro, los músculos y los riñones. Si consideramos que el cerebro es, aproximadamente, 90% agua, es seguro que los campos electromagnéticos externos tendrán algún efecto sobre su eficiencia.

No hay que menospreciar la importancia de beber agua para mantener concentraciones adecuadas y balanceadas de electrolitos y conservar una alta polaridad en todas las membranas celulares. El agua es un ingrediente esencial para mantener los campos electromagnéticos naturales del cuerpo protegidos de los campos electromagnéticos externos.

Capítulo 10

Lo básico para el cerebro: nutrición

Todos sabemos que una nutrición buena y balanceada es importante para el aprendizaje, pero ¿qué significa eso? Quiere decir que debemos asegurarnos de tener a nuestra disposición la materia prima para la salud del cuerpo, sobre todo para la salud del sistema nervioso. Esto incluye contar con proteínas, carbohidratos y grasas. También significa estar atentos para que no se debilite la capacidad que tiene el cuerpo para protegerse y restaurarse, debido a la exagerada ingestión de sustancias que no son buenas para la salud, especialmente el azúcar.

Las proteínas y las grasas proporcionan la mayoría de los materiales para la construcción de las membranas de todas las células del cuerpo; de manera específica, forman la estructura de los nervios que se desarrollan, así como de las redes que estos elaboran. Las proteínas producen también la estructura de la bomba de sodio y potasio para mantener la polaridad y garantizar una adecuada transmisión nerviosa por todo el sistema corporal. Además, participan en la estructura de la hemoglobina (que es la que permite que la sangre transporte oxígeno) en los elementos contráctiles de las fibras musculares y sirven como anticuerpos, hormonas y enzimas.

Las proteínas están compuestas por largas cadenas de aminoácidos que se arman de acuerdo con el código de nuestro ADN. Al formarse las proteínas, se pliegan sobre sí mismas para conseguir unas estructuras cristalinas características que facilitan sus funciones específicas. El agua desempeña un papel esencial en la construcción de la molécula de proteína. Cuando las proteínas se cristalizan, capturan el agua y esta constituye entre 27 y 77% del volumen del cristal, así, el agua puede influir en la estructura a pequeña

escala y la función de la proteína y ayudar a maximizarla (Wilmanns y Eisenberg, 1993: 1379-1383; Luthy *et al.*, 1992: 83-85).

Debemos llevar una dieta balanceada que incluya los 10 aminoácidos
esenciales que se requieren para sintetizar las proteínas y los ácidos grasos esenciales que producen nuestras hormonas y las vainas de mielina.
El cuerpo humano no puede sintetizar estos aminoácidos y ácidos grasos
esenciales a partir de las moléculas presentes en él, así que los huevos y
el pescado aportan todos los aminoácidos y ácidos grasos esenciales; los
productos lácteos que se han procesado previamente, como el yogurt y
los quesos *cottage*, kefir, feta y de cabra, son buenas fuentes de aminoácidos
esenciales; las nueces y los aceites de pescado y de oliva son buenos para
aportar ácidos grasos saludables.

Los vegetarianos deben ser muy cuidadosos al combinar sus alimentos,
de tal manera que incluyan todos los aminoácidos y ácidos grasos esenciales en su dieta (Tortora y Anagnostakos, 1990: 801-803).

Las mujeres embarazadas deben comer aproximadamente 70 gramos
de proteínas y una cantidad similar de ácidos grasos cada día para generar
los factores que propicien la buena construcción del feto en desarrollo. En
particular, los niños necesitan tomar más proteínas y grasas, ya que en su
cuerpo, antes de cumplir los cinco años, está formando 90% de sus células
nerviosas y sus extensiones dendríticas. Asimismo, las requieren para ayudar a generar las membranas de las nuevas células durante toda la etapa de
crecimiento. Por lo general, la alimentación de los niños con dificultades
para el aprendizaje acusa un déficit de proteínas y grasas. Si a un niño se
le da un huevo en el desayuno, en lugar de cereal, además de proporcionarle bocadillos de queso, yogurt o nueces, se le estará ayudando aún más
a la construcción de su estructura para el aprendizaje (Insel y Roth, 1988:
256-264).

Los carbohidratos consisten en largas cadenas moleculares de azúcares y
son la principal fuente de energía para el cuerpo. Se enlistan como los ingre-
dientes fundamentales de granos, frutas, vegetales y el azúcar de los lácteos.
Cada una de estas fuentes contiene dos azúcares simples: una molécula de
glucosa (fuente principal de energía para el cerebro), y la que el oxígeno
descompone (oxida) para aportar la energía que queda atrapada en el TFA.
Los productos secundarios de este proceso son el bióxido de carbono (CO_2)
y el agua, que luego exhalamos y las plantas reciclan para convertirlos en
alimentos más adelante. Los carbohidratos son esenciales, pero deben estar
balanceados con proteínas y grasas.

El azúcar y los SHEOS

Cuando me invitan a dar una plática en alguna escuela, muchas veces me preguntan qué es lo primero que haría para mejorar el aprendizaje. Mi respuesta siempre inicia con estos tres puntos: primero, prohibir la televisión, las computadoras y los videojuegos antes de que el niño cumpla los ocho años, para darle la oportunidad de desarrollar su imaginación. En el caso de los niños más grandes, mantendría un límite de tiempo máximo para ver la televisión (no más de una hora) y supervisaría los programas que mira para reducir la cantidad de violencia que percibe y, con eso, una enorme fuente de adrenalina que produce demasiada tensión en la vida del estudiante (en el capítulo 4, hablé sobre la televisión y lo haré otra vez en el capítulo 12).

En segundo lugar, instituiría un divertido programa diario de movimientos integradores para toda la familia. Lo mejor sería una hora de juego al aire libre, sin estructuración, o en interiores, juegos toscos para retozar, además de caminatas, natación, baile y deportes de integración y asociación, más que de competencia. La Gimnasia para el cerebro®, el tai chi y el yoga son algunos ejemplos de programas de movimientos que pueden seguir las personas, tanto en el aula como en el trabajo o el hogar y que aseguran una óptima disposición para el aprendizaje, junto con la activación del lóbulo frontal.

En tercer lugar, disminuiría o, mejor aun, eliminaría los azúcares simples de la dieta diaria y se preguntarán, ¿si la glucosa es esencial para el funcionamiento del cerebro, ¿por qué digo esto? En realidad, esta recomendación comprende mucho más que solo azúcar. El azúcar es uno de los personajes de todo un ciclo de estrés, enfermedad y factores del sistema inmunológico que contribuyen a crear problemas para el aprendizaje. Es probable que ese ciclo comience con el estrés y el incremento de la adrenalina, lo cual nos lleva a una disminución del potencial y la polaridad de las membranas. Esto, a su vez, conduce a ciertas sensibilidades hacia los alimentos (en general, a la leche, el trigo y el maíz), con el resultado de que entre 6 y 8% de los niños menores de tres años presenten alergias (*Newsweek*, 2003) y depresión del sistema inmunológico, lo que, por supuesto, conlleva infecciones, enfermedades particulares del aparato respiratorio e infecciones del oído (Crook, 1985: 201). Las infecciones persistentes y recurrentes del oído (tema que abordaremos en el capítulo 11) están presentes entre 94 y 97% de los niños que manifiestan discapacidades para el aprendizaje. Son infecciones crónicas que dañan el sistema vestibular e inhiben la máxima estimulación del sistema de activación reticular. Eso hace que disminuya la capacidad del cerebro para estar alerta, concentrado y aprender (Levinson, 1988).

Además, las infecciones del oído, cuando son persistentes y recurrentes, suelen requerir tratamientos repetitivos a largo plazo, junto con un amplio espectro de antibióticos y estos no funcionan en absoluto cuando se trata de infecciones virales. Waickman hace la observación de que "60% de las enfermedades por las cuales los niños llegan al médico son virales. Sin embargo, muchas de estas enfermedades virales se tratan con antibióticos" (Crook, 1985: 102). Los antibióticos de espectro amplio alteran toda la flora natural del cuerpo y disminuyen los benéficos organismos llamados lactobacilos, que producen el ácido que frena el crecimiento de los hongos y de otros organismos. Asimismo, los antibióticos pueden interferir con la capacidad del sistema inmunológico para limitar las infecciones causadas por hongos (cándidas), al disminuir la capacidad de los leucocitos para destruir (fagocitar) estos organismos (Witkin, 1985).

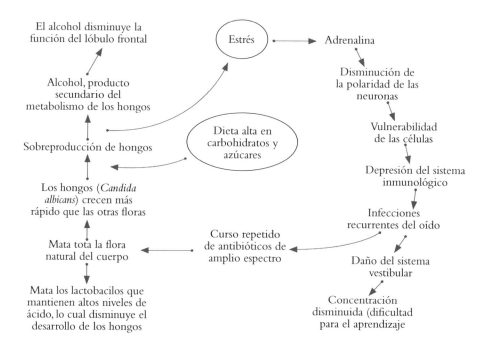

Figura 31. El ciclo estrés-infección-antibiótico-hongos-azúcares-toxinas.

Como los hongos *(Candida albicans)* crecen más rápido que los lactobacilos, florecen con más facilidad en el sistema. Luego, medran y se reproducen sobre el exceso de azúcar que se acumula como resultado de una alimentación abundante en carbohidratos y azúcares. Esta reproducción ocasiona una sobreproducción de hongos. Las cándidas utilizan azúcares como su principal fuente de alimentación y, a cambio, liberan toxinas (acetaldehído y alcohol) (Crook, 1985: 378). Más adelante, estas toxinas afectan gravemente el sistema inmunológico al disminuir sus provisiones de los ácidos grasos esenciales omega-3 y 6, que son necesarios para la formación de prostaglandinas, que estimulan la función de los linfocitos T para resistir las alergias y las infecciones (Truss, 1984: 2). Los linfocitos T, que se producen en la glándula del timo, son elementos clave en el sistema inmunológico (Iwata y Yamamoto, 1977). Cuando el cuerpo está bajo de linfocitos T, se vuelve demasiado sensible y reacciona a otros alimentos (chocolate, refrescos de cola, cítricos, huevos) y a los alergénicos ambientales, a los químicos y otros estímulos.

Esta sensibilidad exagerada a los estímulos ambientales viene del ciclo estrés-infección-antibiótico-hongos-azúcar-toxinas y es común que se manifieste como los temores y fobias que prevalecen entre los disléxicos. Harold Levinson (1992: 145-153) identifica la sensibilidad intensificada a las luces fluorescentes y la fotofobia como consecuencias de los problemas en el oído, debidos a infecciones durante la niñez y a dietas altas en azúcares que dan como resultado una producción exagerada de hongos.

Los niños que presentan una agudeza sensorial reducida, deficiencia auditiva y problemas de equilibrio ocasionados por infecciones no pueden tener una experiencia plena de su entorno. Parece probable que esos niños desarrollen temores y fobias que los conduzcan a un estrés mayor.

Una vez más, ese incremento de tensión puede dar lugar a nuevas infecciones y así continúa el ciclo. Cuando hay un excesivo consumo de azúcar, crece de manera exponencial la población de hongos y las toxinas, lo cual puede causar una sensibilidad extrema. Los campos electromagnéticos externos de baja frecuencia también podrían exacerbar ese ciclo, ya que alteran y debilitan las membranas celulares.

Entre las toxinas que se liberan por una exagerada población de hongos está el alcohol. El doctor Waickman descubrió que 60% de la población tiene algunas cándidas en el tracto digestivo, capaces de producir una cantidad de alcohol que va a parar al estómago (Crook, 1985). Si se tiene una dieta alta en carbohidratos y azúcares, las condiciones son propicias para seguir aumentando la población de hongos y la producción de alcohol, que puede llegar directamente a la sangre desde el aparato digestivo y, ante todo, afecta a los lóbulos frontales del cerebro, donde inhibe el desarrollo de la red nerviosa y su adecuado funcionamiento. Entre los síntomas provocados por esta situación pueden mencionarse una disminución de la capacidad para poner atención por un período suficientemente largo, problemas de conducta, comportamiento trastornado, irritabilidad, ansiedad por ingerir más azúcar, hiperactividad, depresión y actitud autista (Prinz *et al.*, 1988: 769; Horrobin, 1981). Esto se puede notar de manera dramática en el síndrome de alcoholismo fetal: los efectos del alcohol en el sistema pueden tener un largo alcance, en particular en los lóbulos frontales, ya que son los responsables de la coordinación motriz fina, el razonamiento formal más sutil y el discurso interior para el control de la conducta. Cuando has bebido un poco, ¿qué notas con respecto a tu coordinación motriz fina? ¿Y en cuanto a tu manera de razonar en un nivel más elevado? ¿En qué modo afecta el alcohol tu capacidad para controlar tu propia conducta y estar a la altura de las normas sociales? Pues esos son los mismos síntomas que he observado constantemente en los SHEOS, pues casi 100% de los que he conocido y con los que he trabajado han estado expuestos a una alimentación rica en azúcares y carbohidratos.

En los últimos 50 años el azúcar ha estado mucho más al alcance del público en general y su uso se ha disparado enormemente. Entre 1957 y 1977, el consumo de productos lácteos disminuyó en 21% mientras que el del azúcar aumentó de manera dramática. El consumo de refrescos se incrementó en 80%, el de galletas, pastelillos y postres aumentó 70% y el de botanas, 85%. La televisión ha contribuido mucho a esta tendencia, al familiarizar a los niños con el azúcar más que con cualquier otro tipo de alimentos (Mauro y Feios, 1977: 102).

Una forma de detener el ciclo del desarrollo exagerado de hongos y la producción de alcohol es eliminar azúcares de la dieta. Es importante observar que todos los carbohidratos son simplemente cadenas de azúcares y que las frutas contienen muchos. Cuando decimos azúcar, también hablamos de azúcar morena, miel, melaza, jarabe de maple, fructuosa y jarabe de maíz. De tal modo, incluso una comida tan común como el cereal con azúcar y fruta que tomamos en el desayuno es, en verdad, un dulce trancazo.

Cuando vayamos a hacer el intento de reducir el azúcar de nuestra alimentación, es importante leer las etiquetas de los productos alimenticios. Debemos tener una dieta balanceada, rica en proteínas (carne, huevos, nueces, yogurt, queso cottage, frijoles), vegetales que aportan calcio, magnesio, vitamina C y complejo B, cromo, zinc y ácidos grasos esenciales. Me encantaría ver en las escuelas máquinas expendedoras de nueces, manzanas, yogurt, queso cottage o vegetales, en lugar de lo que normalmente ofrecen. Los niños y adultos SHEOS con los que he trabajado me han dicho que su deseo de ingerir azúcar disminuye cuando toman más agua. Los mismos síntomas de los SHEOS se pueden encontrar en el síndrome del alcoholismo fetal, el cual se cree que causa daños en el lóbulo frontal aún en el útero y que eso puede afectar posteriormente el aprendizaje, por el resto de la vida (Burgess y Streisguth, 1990). Asimismo, se ha observado una predisposición genética al alcoholismo relacionada con la hiperactividad (Donovan, 1988). Si has tenido la ocasión de convivir con alcohólicos, habrás notado que cuando están evitando tomar, gravitan hacia el azúcar. Lo que hay en el fondo de eso es que si uno mantiene cierto nivel de estrés y una dieta alta en azúcares, puede muy bien producir su propio alcohol, que afectará al funcionamiento del lóbulo frontal. Aun cuando sean "abstemios", estos niños y adultos producen su propio alcohol a partir del ciclo estrés-azúcar-hongos.

Es conveniente que conozcamos una característica adicional y evidentemente adversa de los hongos en nuestro sistema: estos poseen sitios receptores para el cortisol, lo que significa que los hongos producen cortisol. Como veremos más adelante, cuando en el capítulo 12 consideremos el estrés, si bien el cortisol cumple con un propósito muy valioso para la mente y el cuerpo al alertarnos del peligro, también hace que decaigan las funciones del aprendizaje y la memoria (Kolata, 1984).

Capítulo 11

El sistema vestibular y los trastornos del aprendizaje

Durante los primeros 15 meses de vida, todo el aprendizaje se centra en el desarrollo del sistema vestibular. La palabra vestíbulo significa espacio que da entrada a otro sitio, y este sistema es la vía de entrada al cerebro consciente. El equilibrio, la locomoción, el discernimiento del discurso y el lenguaje, así como la coordinación de la visión con el movimiento son habilidades fundamentales que aprendemos a temprana edad y en las cuales confiamos a lo largo de nuestra vida; todas ellas dependen de que el sistema vestibular funcione de forma adecuada. Además, este sistema mantiene el importante estado de excitación general (por medio del sistema de activación reticular, SAR), necesario para estar consciente, alerta y poder responder.

¿Por qué se daña el sistema vestibular?

Los trastornos del sistema vestibular son la causa de las principales dificultades en el aprendizaje. Los investigadores Frank y Harold Levinson descubrieron que entre 94 y 97% de los niños que padecen dislexia y discapacidades para aprender demostraron tener dos o más parámetros anormales neurológicos o electronistagmográficos (ENG) que indicaban una disfunción del cerebelo y el sistema vestibular (Frank y Levinson, 1973: 690-701; Levinson, 1992). Todos esos niños habían sufrido un trauma del cerebelo y el sistema vestibular en forma de infecciones del oído, alergias o por haber sido muy "agitados" cuando eran infantes. En Estados Unidos, las dos causas primordiales de infección del oído son el humo del cigarro, proveniente de algún fumador en el hogar, y la alimentación por medio de biberones, porque la postura en la que se carga al bebé ocasiona que la leche, en su reflujo, alcance a irse por las trompas de Eustaquio. En ambos casos, la infección ocurre en las trompas de Eustaquio y de ahí pasa al oído interno, con lo que se afecta el desarrollo normal y el funcionamiento del sistema vestibular.

Como vimos en el capítulo 10, el excesivo desarrollo de hongos también tiene que ver con los problemas que afectan al cerebelo y el sistema vestibular.

Los daños pueden ocurrir, incluso, antes del nacimiento. Un estudio realizado sobre patrones temporales de nacimiento demostró que las infecciones virales (influenza, sarampión) padecidas durante el segundo trimestre del embarazo (cuando se están desarrollando el sistema vestibular y el octavo nervio craneal, el vestíbulo coclear) son causas que contribuyen a la presencia de hiperactividad, dificultades en el lenguaje y retardo mental, así como también de autismo y esquizofrenia (Livingstone, 1993: 278; *Science News*, 1993: 278).

La falta de desarrollo vestibular y la conducta etiquetada

En los niños que han sido diagnosticados con padecimientos como trastorno por déficit de atención (TDA), hiperactividad o trastorno con déficit de atención por hiperactividad (TDAH), el estrés y la falta de desarrollo del sistema vestibular ocasionan un funcionamiento bajo o errático del SAR. Son niños que pueden entrar y salir constantemente del estado de atención despierta, sobre todo si no hay movimientos que los estimulen, lo cual los conduce a una preocupación excesiva o, al contrario, a una total indiferencia, con la dificultad para mantener su atención, concentración o enfoque (Frank y Levinson, 1973). Tienden a perder fácilmente el equilibrio y tienen más accidentes en el patio de juegos. Es común que invadan el espacio de los demás sin darse cuenta y que manifiesten una comprensión incompleta de las relaciones espaciales en su entorno. No pueden quedarse quietos, pero sí pueden correr, pues esta acción se parece más a caer impulsado y no requiere tanto equilibrio como estar de pie, permanecer quieto, brincar sobre un pie, saltar o realizar los movimientos lentos contralaterales que estimulan el desarrollo de nuevas células en el hipocampo (Van Praag *et al.*, 2000: 191). Se retuercen en sus pupitres porque no han entrenado adecuadamente los músculos de la espalda y del cuello para mantener el cuerpo erguido contra la gravedad (Coulter, 1993). Si a esos niños no se les da total libertad y se les anima para que se muevan y practiquen su equilibrio cuando son pequeños, es posible que tengan muy poca activación vestibular que contribuya a su desarrollo y crecimiento.

Los niños en verdad desean ser "buenos". Para "estar alertas" cuando han tenido un desarrollo vestibular inadecuado tienen que mover, ondular y voltear constantemente la cabeza. Sin embargo, a menudo, es por esos movimientos que uno se apresura a imponerles la etiqueta de TDA, hiperactivos o TDAH. Los profesores se sienten frustrados con ese constante movimiento y les ordenan que se sienten "quietos". Como los niños quieren estar alertas, su siguiente estrategia es activar sus centros de equilibrio balanceando sus sillas sobre las dos patas traseras. Entonces, los maestros les exigen que se sienten "derechos y pongan atención".

Para tales niños, esa es una contradicción; si dejan quieta la cabeza y el cuerpo, se reducirá la activación de su cerebro. Para terminar de complicarlo, es a estos niños a los que se les pide que se queden durante el descanso para que completen su trabajo, cuando lo mejor para ellos sería salir y moverse.

Por lo menos uno de cada cinco alumnos en Estados Unidos, con una inteligencia promedio o por encima del promedio, tiene dificultades graves para aprender a leer (Bower, 2004). Se ha considerado que la dislexia es un problema visual porque aparece y, por definición, se relaciona con los problemas para leer.

Es interesante, pero el déficit central de la dislexia, universal en todos los idiomas, se relaciona con la capacidad metalingüística para descomponer las palabras en sonidos (fonemas), vincular estos con los símbolos y hacerlo todo de manera automática (Grigorenko, 2001: 91-125). Se cree que el desarrollo de esa comprensión fonémica empieza en el útero, quizá alrededor de las nueve semanas, cuando se desarrollan los canales semicirculares y el embrión responde moviéndose ante el sonido. Es en ese momento cuando se desarrolla el reflejo de Moro y, así, el embrión, el feto o el niño pueden responder en caso de peligro con una acción que los proteja. Si hay mucha tensión maternal, el feto pasará más tiempo en el reflejo de Moro y se retardarán los demás reflejos importantes para el desarrollo vestibular. Sin ese desarrollo, el feto y el niño tendrán dificultades para oír los patrones de lenguaje, los fonemas y, más adelante, para vincularlos con los símbolos para poder leer (Galaburda, 1996: 3-14; Goddard, 1996: 24; Galaburda, 1994: 8010-8013; Molfese *et al.*, 1999: 373-377).

La principal zona del cerebro implicada en el déficit de fonemas es el giro temporal, relacionado con la audición (Wood y Flowers, 1999: 129-159; 1993). Los individuos que padecen dislexia también presentan un cuerpo calloso mucho más pequeño (Hynd *et al.*, 1995: 32-38). Es curioso que, además, las investigaciones muestren que los lóbulos temporales y el cuerpo calloso son más grandes y están mejor desarrollados en los músicos y los cantantes; por otra parte, la principal corteza sensitiva y motriz, la corteza premotriz y la zona motriz suplementaria (zms) aparecen sin desarrollar (Petersen *et al.*, 1989: 153-170); todas estas son zonas que se desarrollan con el movimiento, conforme los reflejos maduran y se convierten en movimientos integrados y equilibrados y en un sistema vestibular bien desarrollado.

En cuanto a los ojos, la falta de desarrollo del cerebelo y el sistema vestibular se manifiesta en los músculos que controlan el movimiento ocular (dismetría del músculo extraocular), lo cual ocasiona que los ojos no atinen a adoptar la postura de efectividad óptima para leer, lo que, una vez más, es síntoma de un sistema vestibular mal desarrollado. Los disléxicos deben concentrarse tanto en mover los ojos, que el estímulo cerebral para la comprensión o la retención se ve limitado. La falta de movimiento y mantener la cabeza quieta durante largos períodos (como cuando vemos televisión o tenemos que quedarnos sentados, quietos y callados en la escuela) también tienen que ver con la sintomatología de la dislexia adquirida (Frank y Levinson, 1975-1976: 133-143; Levinson, 1988: 983-1006). Si en su entorno el niño se puede mover, si hay música y comunicación interactiva, eso promueve el desarrollo del discernimiento auditivo, lo cual le permitirá distinguir los fonemas y dar viva voz al lenguaje. Así, más adelante, relacionará los sonidos con los símbolos y aprenderá a leer (Fjordbo, 1995; Kjeld, 1995; Berard, 1993: 15-37).

En Dinamarca, 50% de los niños, entre los dos años y medio y los seis años de edad asisten a los jardines forestales de niños, donde trepan rocas, árboles y colinas, ruedan, brincan, se balancean y juegan, por lo menos, cuatro horas diarias sin importar el clima (Ministerio de Educación e Investigación, 1992: 1-39). El sistema vestibular de estos niños está tan bien desarrollado que es raro encontrar casos de dislexia u otras dificultades para el aprendizaje. Si los maestros notan que un niño manifiesta problemas para aprender, de inmediato lo hacen participar en actividades musicales o cantar en el coro, y establecen un programa de movimientos con un terapeuta ocupacional o físico, para que desarrolle su sistema vestibular y se acaben esos problemas (Goddard, 1996).

El sistema vestibular y el sonido son tan importantes para el pleno proceso del aprendizaje, en especial para el desarrollo del lenguaje y la comprensión de los patrones en materias como la aritmética, que he dedicado dos capítulos a ese tema en el libro *Awakening the Child Heart. Handbook for Global Parenting* [*Despertar el corazón del niño, un manual de educación global para los padres*] Hannaford, 2002: 89-119), ahí se puede encontrar una investigación de los pasos que posiblemente conduzcan a la dislexia y cómo provocar un cambio.

¿Por qué nos ayudan los movimientos integradores, la música y los juegos?

Cuando el niño se mueve, se desarrollan y se cubren de mielina nuevas redes nerviosas que pueden suplir a los tejidos dañados que van al sistema vestibular o vienen de este. Como vimos en el capítulo 3, están claros los beneficios de la estimulación del cerebelo y el sistema vestibular (movimiento) en el desarrollo cognitivo durante la infancia (Korner y Thomas, 1972: 443-453). Se puede eliminar el retardo motor grueso y cognitivo en los niños sordos si se estimula el sistema del canal semicircular por medio del movimiento (Kaga *et al.*, 1981; 412-420). Los niños de primer grado que participaron en períodos de ejercicios físicos donde se enfatizaban los movimientos que requerían el máximo control posible del cerebelo y el sistema vestibular redujeron ostensiblemente su tasa de errores académicos (Kohen-Raz, 1988). Otro estudio informó que el movimiento y la estimulación del equilibrio ayudaban a solucionar los trastornos de la atención y a mejorar la lectura (Mosse, 1982).

Las actividades que implican movimientos integradores contralaterales, como gatear, trepar, rodar, girar, caminar sobre terrenos disparejos, saltar, Gimnasia para el cerebro®, tai chi, yoga y los juegos espontáneos con mucha diversión estimulan y desarrollan, de manera específica, el cerebelo y el sistema vestibular (Singer y Singer, 1995: 1-10). Caminar sobre tableros bajos o subir por una escalera de cuerdas, ejercitarse en el pasamanos, trepar a grandes rocas o árboles altos son actividades que requieren una sorprendente cantidad de equilibrio, lo cual activa el sistema vestibular y fortalece la coordinación entre mano y ojo. Al girar, rodar por una colina o equilibrarnos sobre una pelota ejercitadora, hacemos que trabajen los músculos centrales del torso y activamos el sistema del canal semicircular que, a su vez, activa todos los músculos y nos ayuda en la visión. El simple hecho de colocar la mano sobre el ombligo, como en Botones de cerebro, nos ayuda a equilibrarnos y llevar nuestra atención al centro gravitacional del cuerpo.

Hacer sonar nuestra propia voz es muy bueno para estimular el sistema vestibular. Estudios realizados con imágenes muestran que las zonas del lóbulo frontal del cerebro relacionadas con el sistema vestibular permiten tener una construcción adecuada de la sintaxis, tanto para la música como para el lenguaje. Son varias las zonas del cerebro que manejan aspectos relacionados con el lenguaje y la música. Cuando cantamos, los ligamentos de la lengua estimulan de forma directa los canales semicirculares. Los intrincados movimientos contralaterales que se requieren para tocar un instrumento musical o, incluso, para bailar, estimulan directamente al sistema vestibular, lo hacen desarrollarse y fortalecerse.

Las respuestas del cerebro dependen de la experiencia y el entrenamiento del sujeto que escucha. Incluso un poco de entrenamiento puede modificar la reacción cerebral. Los niños de entre cuatro y cinco años de edad que han estado en un ambiente donde se escucha música constantemente mostraron una actividad auditiva cerebral mejor estimulada, en comparación con los niños de ocho años que no estaban tan expuestos a la música. Aquellos pequeños también manifestaron mucha mayor facilidad para aprender su idioma, hablarlo y leerlo (Weinberger, 2004: 92-95). Los alumnos que estudiaban música como parte de su programa escolar se desempeñaban mejor en las pruebas estandarizadas que quienes no estudiaban música y, con el tiempo, los jóvenes que tomaron lecciones de música durante cuatro años o más obtuvieron las calificaciones más altas en dichas pruebas.

En un estudio realizado con niños que leían de forma muy lenta, bastó con cinco meses de tocar un instrumento musical (violín, flauta de caña u otros instrumentos con los que se pudiera sentir el ritmo sobre el cuerpo o los dientes) para que mejoraran la velocidad de lectura dentro de un promedio de cuatro años y medio (Deasy, 2002; Anvari *et al.*, 2002: 111-130; Rauscher, 2003; Hansenn y Bernstorf, 2002: 17-21; Campbell, 1997).

La corteza auditiva de los músicos tiene un volumen aproximadamente 130% mayor que la de quienes no se dedican a ese arte y por eso les resulta más fácil discernir y responder ante los sonidos y también comprender los

importantes patrones del lenguaje, la aritmética y de cualquier otro aprendizaje cognitivo (Peretz y Zatorre, 2003).

Para decirlo de un modo sencillo, los movimientos integradores que
se realizan de manera alegre, coherente y con música activan todo el sistema vestibular, grandes zonas de la corteza motriz y la zona del campo
frontal ocular en los lóbulos frontales, además de producir químicos como
la dopamina, que contribuye a tener un aprendizaje entusiasta y buena
memoria. Una activación congruente y frecuente de la corteza motriz y la
zona del campo frontal ocular fomenta la elaboración de redes nerviosas,
junto con su correspondiente desarrollo y cobertura de mielina, en el resto
del lóbulo frontal, lo cual incluye a la corteza premotriz y a la prefrontal
superior para propiciar el pensamiento sutil y la creatividad, así como la
elegancia, equilibrio y control de todos los músculos. La profunda curación
que tuvieron Amy y Brandy, cuyas historias referí ya en el capítulo 1, está
directamente relacionada con el desarrollo del sistema vestibular.

Capítulo 12

Pelear o escapar: el efecto del estrés en el aprendizaje

La mayor prioridad de todos los organismos vivos es vivir, así de simple. Desde que nacemos, los alimentos, el oxígeno y el agua son esenciales; pero la capacidad para percibir y evitar el peligro no es menos importante para la supervivencia. El cuidado y la protección en caso de peligro son tan fundamentales que un rango completo de impulsos instintivos y procesos automáticos han evolucionado en el sistema cuerpo-mente del humano para garantizar que se satisfagan esos requerimientos. El hambre y la sed son experiencias que todos conocemos, pero también hay otras menos claras, como los instintos de autoprotección, que ponen en marcha la mente y el cuerpo cada vez que percibimos circunstancias amenazadoras.

Lo que denominamos "reacción ante el estrés" es, en realidad, la reacción por la supervivencia que emprendemos cuando percibimos la amenaza de morir y que nos prepara física y mentalmente para tomar medidas precautorias. Si se presenta un peligro verdadero, estos instintos de supervivencia son invaluables. Incrementan nuestra sensibilidad al entorno y nos ayudan a estar muy alertas. Intensifican la fuerza muscular, el flujo de la sangre y la distribución del oxígeno. Sin embargo, esta forma de responder para sobrevivir ante el estrés no nos hace más inteligentes, creativos ni racionales. Lo cierto es que estos procesos instintivos se llevan a cabo, en su mayor parte, en el tronco encefálico y el sistema nervioso simpático, pero con muy poca activación de las zonas racionales del cerebro.

Desafortunadamente, es común que permitamos a este excelente mecanismo de supervivencia tomar el control en muchas situaciones de nuestra vida, cuando no existe mayor amenaza. Vivir en un estado crónico de tensión tiene consecuencias perjudiciales de largo alcance. La Asociación Médica Estadounidense sostiene que mucho más de 90% de las enfermedades están relacionadas con el estrés. En este capítulo exploraremos la dinámica del estrés, su repercusión en el sistema nervioso y el sistema inmunológico, y sus efectos sobre la salud y la capacidad para el aprendizaje (Pert, 1997; Tortora y Anagnostakos, 1990: 455-457; Restak, 1988: 39).

¿Qué sucede cuando entramos en estado de alerta?

Cada vez que nos enfrentamos a una amenaza, una de las respuestas del cuerpo es enviar poderosos mensajeros químicos para poner en alerta nuestros sistemas y proporcionar energía extra para pelear o escapar, según se requiera. Entre las más conocidas de esas sustancias se encuentran la adrenalina (norepinefrina) y el cortisol.

Aunque todo lo que sucede en nuestra vida es sencillamente un evento, la creatividad de la mente determina la manera en que lo percibimos. Si consideramos que algo representa un peligro, segregamos adrenalina y cortisol para protegernos de la amenaza. Estas pueden presentarse de diversas formas y grados, según nuestra peculiar manera de percibir el mundo.

¿Cómo te sientes cuando tienes que presentar un examen, conocer a alguien, hablar en público, exponer una propuesta de negocios, subir a un avión, estar un rato en una habitación llena de fumadores, terminar un trabajo urgente para la escuela o el trabajo, ofrecer una fiesta, casarte, hacer trámites funerarios o, incluso, tomarte un tiempo para estar solo y tranquilo? Las posibilidades son infinitas. Pero siempre que percibamos la situación como una amenaza, segregaremos adrenalina. La respuesta para la supervivencia inicia en el corazón y la amígdala y la regula el tronco encefálico, con la adrenalina que se segrega en las terminales nerviosas del sistema nervioso simpático y la médula adrenal de las glándulas adrenales. El sistema nervioso simpático (que es parte del sistema nervioso autónomo), opera sin control consciente y regula las actividades de músculos lisos, el músculo cardíaco y algunas glándulas. La ramificación simpática tiene que ver con procesos que implican un gasto de energía, sobre todo en momentos en que se percibe un peligro y establece la respuesta de pelea o escape. La adrenalina refuerza las defensas primarias del cuerpo al aumentar el flujo sanguíneo que va al corazón, los pulmones y los músculos mayores, en especial los de los brazos y las piernas, pero no a los del aparato digestivo ni al cerebro. Ese flujo sanguíneo asegura que haya mayor dispersión de electroliros que lleguen a las membranas de dichos músculos para que se puedan contraer, y prepararse así para luchar o salir volando. Quizá esa sea la razón original por la que se nos aconseja tanto no nadar después de comer. Si uno siente que nadar es peligroso, ese temor puede ocasionar que liberemos adrenalina y la sangre se alejará del aparato digestivo para ir en apoyo de los músculos mayores. Esto provocaría calambres en el estómago. De modo que si crees que nadar es riesgoso, es mejor que no lo hagas después de comer, porque entonces sí será peligroso.

Esa dispersión general de electrolitos por todo el cuerpo hace que disminuya el potencial de las membranas celulares, desde -70 mv, que es lo normal, hasta -60 mv o menos. Es como si se abrieran al mismo tiempo todas las llaves de agua de un edificio de departamentos: a todas les llegará agua, pero con poca presión. De igual manera, cada célula recibirá algunos electrolitos, pero debido a la amplia dispersión, los niveles serán más bajos, con lo cual disminuirá el potencial de las membranas.

Cuando disminuye el potencial de la membrana se requieren menos estímulos para activar los sistemas de defensa del cuerpo. Nuestro aparato sensorial se vuelve hipersensible y está alerta ante cualquier cosa que suceda alrededor, para que podamos saber dónde está el peligro. Incluso, los ojos se mueven de manera periférica y las pupilas se dilatan con la finalidad de captar mejor cada aspecto del entorno que pudiera representar una amenaza. Mientras tanto, los músculos se contraen, se preparan para luchar o huir y, con ello, generan calor. Para proteger a los órganos internos más delicados de ese calor, el cuerpo suda, lo que implica pérdida de agua y una disminución de la polaridad de la membrana celular en, aproximadamente, -16 mv o más, con lo cual pasa del promedio habitual de -70 mv a -54 mv o menos.

El flujo sanguíneo que va a la corteza encefálica del cerebro disminuye notablemente, en especial en los lóbulos frontales y el hemisferio que no es dominante. Esta disminución en el funcionamiento puede actuar como un mecanismo de eficiencia que le permite al cuerpo reaccionar sin necesidad de pasar por un procesamiento más refinado del pensamiento (Reichal, 1990; Estroff Marano, 1999: 33-34). El potencial disminuido de la membrana, a la vez que nos hace estar más alertas ante estímulos muy pequeños, reduce nuestra capacidad para concentrarnos de forma selectiva y controlar los estímulos sensoriales. En esos momentos, el aprendizaje se hace muy difícil.

El estrés produce ondas cerebrales beta elevadas para reaccionar. Disminuye el flujo sanguíneo que va a la corteza cerebral, especialmente a los lóbulos frontales y al hemisferio no dominante, lo que ocasiona un decremento en el aprendizaje y la memoria. Hay incoherencia.

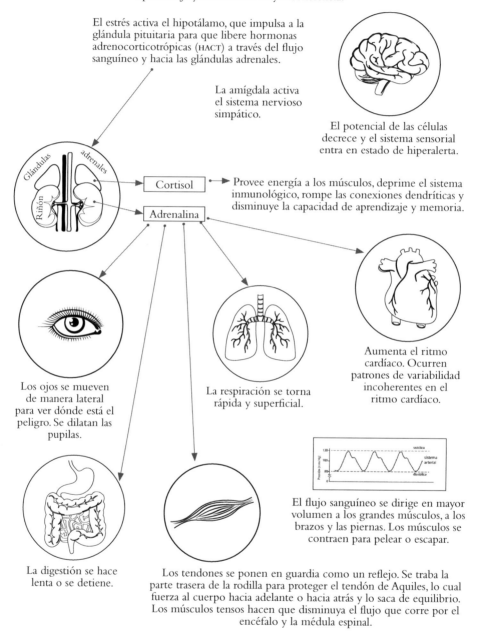

El estrés activa el hipotálamo, que impulsa a la glándula pituitaria para que libere hormonas adrenocorticotrópicas (HACT) a través del flujo sanguíneo y hacia las glándulas adrenales.

La amígdala activa el sistema nervioso simpático.

El potencial de las células decrece y el sistema sensorial entra en estado de hiperalerta.

Glándulas adrenales

Riñón

Cortisol

Adrenalina

Provee energía a los músculos, deprime el sistema inmunológico, rompe las conexiones dendríticas y disminuye la capacidad de aprendizaje y memoria.

Aumenta el ritmo cardíaco. Ocurren patrones de variabilidad incoherentes en el ritmo cardíaco.

Los ojos se mueven de manera lateral para ver dónde está el peligro. Se dilatan las pupilas.

La respiración se torna rápida y superficial.

El flujo sanguíneo se dirige en mayor volumen a los grandes músculos, a los brazos y las piernas. Los músculos se contraen para pelear o escapar.

La digestión se hace lenta o se detiene.

Los tendones se ponen en guardia como un reflejo. Se traba la parte trasera de la rodilla para proteger el tendón de Aquiles, lo cual fuerza al cuerpo hacia adelante o hacia atrás y lo saca de equilibrio. Los músculos tensos hacen que disminuya el flujo que corre por el encéfalo y la médula espinal.

Figura 32. Reacción fisiológica ante el estrés.

La liberación de adrenalina es una respuesta gradual que depende del grado en el cual el sistema se sienta amenazado. Sin embargo, una vez que se libera la adrenalina en las terminaciones nerviosas y que de las glándulas adrenales pasa a la sangre, tarda un rato en descomponerse. El hígado tiene que desintoxicar toda la adrenalina antes de que podamos sentirnos completamente calmados otra vez. Todos conocemos la sensación que queda después de ver una película de terror, aun después de terminada, todavía tardaremos en relajarnos.

Mientras estamos tensos, la corteza de las glándulas adrenales segrega también un grupo de hormonas que se llaman glucocorticoides. El cortisol (hidrocortisona) es la más abundante de estas hormonas y es la responsable de 95% de toda la actividad de las glucocorticoides. En condiciones de estrés, el cortisol provoca que lleguen grasa y azúcar al flujo sanguíneo para proporcionar la energía necesaria y contar con una función muscular eficiente. Si la grasa que circula no se utiliza para luchar o escapar, entonces puede obstruir las arterias que alimentan el corazón y ocasionar enfermedades cardíacas y obesidad una vez que esa sangre sin utilizar se deposite nuevamente en los tejidos del cuerpo (Ebeling y Koivisto, 1994: 1479-1481; Blackburn, 1999; Musselman, 1999: 73-74).

La obesidad se ha convertido en un verdadero problema en todo el mundo y es muy posible que esté relacionada, de un modo directo, con los elevados niveles de estrés que tenemos en la actualidad. El cortisol constriñe también los vasos sanguíneos que llegan a la superficie del cuerpo y, así, aumenta la presión sanguínea que va al centro del mismo y a los músculos para proteger la superficie corporal. De esta manera, si existiera alguna herida, no perderemos fluidos valiosos (Tortora y Anagnostakos, 1990: 523, 526, 807) (la crema con cortisona, tan usada como antiinflamatorio, hace que baje la hinchazón al constreñir los vasos sanguíneos y reducir los fluidos que llegan a una zona lastimada).

Asimismo, el cortisol hace que disminuya en 70% el aprovechamiento de las proteínas recibidas, de modo que las nuevas células, tanto las nerviosas como las demás, no cuentan con lo que requieren para constituirse y desarrollarse y, entonces, se marchitan las dendritas y las ramificaciones nerviosas, con lo cual decaen mucho el aprendizaje y la memoria (Diamond y Hopson, 1998: 80; Sapolsky, 1996: 749-759, 2003: 87-81; Kempermann y Gage, 1999: 48). Investigaciones realizadas en la Universidad de McGill concluyeron que el incremento de cortisol estaba correlacionado con la merma en el aprendizaje y la memoria, así como también con los problemas de atención (Dioro *et al.*, 1993: 3839-3847; *Science News*, 1993: 332). Cuando uno está tenso, recuerda menos cosas de las que normalmente traería a la mente y esto tiene relación directa con el aumento de cortisol en el sistema. Sin duda, es difícil concentrarse y recordar cuando uno está estresado.

Cuando estamos alertas y preparados para luchar o huir, el sistema entero se vuelve muy sensible a cualquier estímulo exterior, un movimiento repentino, un lápiz que cae al suelo, el sonido de un murmullo, etc. Las ondas cerebrales se hacen más rápidas (en lo más alto del rango beta) y reaccionamos (McCrone, 1991: 216-217).

Para un niño, algunos o todos los factores de estrés que se mencionan en la figura 28, "Inhibidores del aprendizaje", pueden significar una amenaza más que una situación de aprendizaje o un reto saludable. Cuando se encuentran ante una situación que perciben como amenaza, los niños reaccionan con una atención dispersa, "trepándose a las paredes" y peleando. Esta es una forma normal de responder al estrés. No obstante, los etiquetamos como niños con trastorno por déficit de atención (TDA), trastorno con déficit de atención por hiperactividad (TDAH), hiperactivos o emocionalmente discapacitados en lugar de atender con seriedad su situación estresante para que puedan aprender.

El reflejo de guardia del tendón

Otro ejemplo de la profunda e intrincada reacción que el cuerpo y la mente manifiestan ante el estrés se puede encontrar en los músculos, en particular en el "reflejo de guardia del tendón". Se trata de un proceso automático desatado por la tensión, que acorta los músculos de la pantorrilla y traba la parte trasera de la rodilla, para preparar el cuerpo para soportar y pelear o huir del peligro. Este reflejo es un mecanismo de retroalimentación que cuida también de la tensión excesiva a los músculos relacionados con el tendón y provoca que los músculos que tienen relación con el tendón de Aquiles (gastrocnemius) se contraigan mientras se relajan los músculos antagonistas (tibiales) y así llevan el movimiento a los dedos de los pies (Tortora y Anagnostakos, 1990: 365-366). Cuando hay estrés y trabamos la parte trasera de las rodillas y el cuerpo se proyecta hacia el frente, sobre los dedos de los pies, tenemos que alinear el resto del cuerpo para conservar el equilibrio. Los músculos de la espalda baja y el cuello se contraen para mantenernos erguidos y balanceados. El reflejo de guardia del tendón debe ocurrir solo por unos breves momentos, mientras nos preparamos para el combate o la huida, pero con los altos niveles de estrés que hay en la sociedad actual muchas personas terminan trabando las rodillas, la espalda baja y el cuello casi todo el tiempo. Esa inmovilidad de la columna vertebral hace que disminuya el flujo natural de los fluidos entre el encéfalo y la médula espinal en torno al cerebro. Además, los músculos de la espalda pueden sufrir tales tirones que la gente tiene problemas en la espalda baja o con discos herniados entre las vértebras. En Estados Unidos, 80% de la población padece constantemente dolores de la espalda baja y, de esas personas, 64% presentan patologías cuyo origen más probable es el estrés (Jensen, 1994: 69-73).

Los autistas y las personas con problemas de lenguaje a menudo tienen los músculos de la pantorrilla más cortos y eso se nota en que caminan "de puntitas"; podrían estar mostrando un reflejo exagerado de guardia del tendón como respuesta a una tensión intensa.

Con base en el trabajo que he realizado con niños autistas y con distintos problemas de lenguaje, creo que debe haber una relación entre los músculos más cortos de sus pantorrillas (gastrocnemius) y su falta de capacidad para hablar. Al encontrarse en perpetuo estado de tensión, es natural que los músculos de la pantorrilla tiendan a hacerse cortos y que, al mismo tiempo, se inhiba el lenguaje. ¡Es difícil hablar cuando vas corriendo o estás luchando por tu vida!

Lo primero que me hizo pensar en la importancia potencial de ese vínculo entre el reflejo de guardia del tendón y el lenguaje fue algo que observé en un niño autista de ocho años que jamás había pronunciado una palabra. En la escuela primaria, lo habían colocado en el grupo de los que tenían problemas auditivos. Ahí, se sentaba en un rincón y se mecía todo el día. Su maestra, una especialista en problemas del oído, empleaba actividades de Gimnasia para el cerebro® que yo le había enseñado en el Congreso de la Asociación Estatal de Maestros de Hawái. Entre las actividades de Gimnasia para el cerebro® que ella empleaba tres o cuatro veces al día, había algunas para relajar las pantorrillas (Dennison y Dennison, 1989: 20). Después de un par de semanas, ese niño comenzó a participar en algunas actividades, de manera limitada. Dos semanas después pronunció sus primeras palabras, que se convirtieron en oraciones al cabo de la segunda semana. La maestra me contactó para que hablara con los emocionados y felices padres de aquel niño.

A partir de entonces, en mi trabajo personal con niños autistas y problemas de lenguaje, he seguido empleando actividades que lleven la atención nerviosa lejos de la respuesta de supervivencia y relajen los músculos de la pantorrilla y toda la espalda. Entre los resultados se cuentan éxitos sorprendentes en el desarrollo del lenguaje. Todos los niños autistas con los que he trabajado y que nunca habían hablado pudieron pronunciar algunas palabras a las pocas semanas de comenzar a hacer estas actividades. El vínculo existente entre la relajación de los músculos de la pantorrilla y el lenguaje es muy profundo y merece que se investigue más de cerca.

Los padres pueden ayudar a sus hijos para que relajen el reflejo de guardia del tendón. Se coloca al pequeño en el piso, sentado o acostado sobre la espalda y sus padres le colocan ambas manos en las plantas de los pies, empujando suavemente hacia delante la bola de cada pie (la parte más redonda y amplia que está entre los dedos y el arco), para que se relajen los músculos de la pantorrilla. A muchos niños les encanta empujar simultáneamente con los pies contra la presión que se les aplica, sobre todo cuando se les anima: "¡empújame!, ¡empújame fuerte!" La contracción ejercida durante el empuje permite que la pantorrilla se relaje más. Esta relajación tiene una relación muy interesante con las habilidades verbales y he descubierto que facilita mucho la comunicación con los niños que tienen problemas de lenguaje y los autistas.

Estrés crónico

Cuando estamos en aprietos, la respuesta de supervivencia es más urgente que el razonamiento formal. Nos podemos dar el lujo de renunciar a un poco de enfoque y racionalidad de vez en cuando para escapar pronto de un atasco, pero el costo se acumula rápidamente cuando la tensión es mucha. Si pasamos toda la vida respondiendo a un mundo estresante con una conducta orientada hacia la supervivencia (SHEOS), el sistema nervioso acabará pasando la factura. Debido a que el desarrollo y la cobertura de mielina de la red nerviosa se concentran en las zonas para la supervivencia, el desarrollo de la red nerviosa en el sistema límbico y en la neocorteza se vuelve limitado. Las personas que viven con una gran cantidad de estrés pueden tener un desarrollo inadecuado de las redes nerviosas que forman las bases para un nuevo aprendizaje, para el razonamiento y la creatividad. Cuando una persona está aprendiendo algo con toda su atención, sus niveles de dopamina son altos y los de adrenalina y cortisol, bajos. Si se enfrenta con una amenaza de peligro, los niveles de dopamina se reducen, los de adrenalina aumentan tremendamente y suben también los de cortisol, aunque no tanto como los de adrenalina. En este estado, la persona cree, subconscientemente, que puede correr o pelear para salvarse (Sapolsky, 2003: 94). Las personas orientadas hacia la supervivencia, cuando están estresadas de manera crónica, por lo regular no son conscientes de lo tensas que se encuentran porque para ellas se ha convertido ya en una forma de vivir. Hans Selye (1946: 117-230) llama a esa inconsciencia el síndrome de adaptación general, un complejo mecanismo psicológico diseñado para permitir que el cuerpo se adapte de forma continua al estrés. Si este mecanismo funciona con normalidad, el cuerpo y la mente pueden adaptarse a un amplio rango de situaciones estresantes y hostiles; sin embargo, la adaptación no contempla un razonamiento elevado ni funciones creativas.

Es común que en nuestra sociedad occidental dicho estado de adaptación se convierta en uno de desesperanza y, luego, en depresión. En el estado depresivo el cortisol es muy alto, la adrenalina no tanto y la dopamina se halla muy baja. La dopamina aporta la chispa emocional que enciende el entusiasmo en el cerebro y nos llena de motivación para vivir, de modo que cuando se encuentra en niveles muy bajos nos falta motivación y podemos deprimirnos. En 1999, 2.5% de los niños y hasta 8.3% de los adolescentes en Estados Unidos sufrían depresión (Weissman *et al.*, 1999: 1701-1713; Birmaher *et al.*, 1996: 1427-1439). Los accesos de depresión en los niños ocurren a una edad cada vez más temprana (Klerman y Weissman, 1989: 229-235). La depresión en niños y adolescentes se relaciona con un creciente riesgo de conductas suicidas. El suicidio fue la tercera causa principal de decesos durante 1997 en personas que tenían entre 10 y 24 años de edad. Es posible que hasta 7% de los adultos jóvenes que desarrollan un alto grado de depresión en la adolescencia decidan cometer suicidio (Schaffer *et al.*, 1996: 339-348; Hoyert *et al.*, 1999; Lewinsohn *et al.*, 1998: 765-794).

Consideremos algunos de los agentes estresantes que, al parecer, están siempre presentes en nuestra sociedad tecnológica y que podrían conducirnos a una depresión y déficit de aprendizaje y de memoria: el temor proyectado de sufrir violencia o muerte (perpetuado por los medios de comunicación y por la programación televisiva, con un promedio de 12 actos de violencia por hora); inseguridad acerca del futuro, con situaciones inestables en el hogar, la escuela y el trabajo; exámenes obligatorios y programas de evaluación; competencia en las escuelas o en el mercado de trabajo, y el acelerado ritmo de vida. Si no tenemos un manejo efectivo del estrés, se ve limitada nuestra habilidad en la vida para ser creativos, productivos y para aprender con gusto.

¿Cómo comunicamos nuestro estrés a los niños?

Nuestra respuesta al estrés puede comenzar a muy temprana edad. Quizá, incluso, desde el útero. Los fetos pueden verse afectados por los niveles de adrenalina de su madre. Cuando las mujeres embarazadas se sienten tensas, suelen notar que hay una diferencia en los movimientos de sus bebés en el útero, en comparación con los momentos en que se sienten tranquilas y relajadas. El estrés que experimenta la madre hace que su ritmo cardíaco se altere y se vuelva incoherente. A eso se debe que, más adelante, el niño pueda tener dificultades para organizar los patrones de información que lo ayuden a aprender con más facilidad el idioma o las matemáticas, por ejemplo (Fride y Weinstock, 1988: 1059-1065). Los bebés que han sufrido mucha tensión en el útero presentan trastornos del sueño y la alimentación, menor resistencia a las enfermedades y es posible que tengan hasta 60% de retraso en su desarrollo normal. Como el útero es un sitio muy importante para el aprendizaje, durante el embarazo debería dársele prioridad a la conciencia del estrés y la mejor manera de manejarlo.

Los infantes son muy sensibles a las emociones que manifiestan las personas que los cuidan (padres, familiares y amigos cercanos). Pueden sentir de inmediato los temores y las tensiones que hay a su alrededor y terminan por estresarse. Esto, muchas veces, se nota muy bien en los primogénitos, sobre todo varones (Frieze, 1978). Como en el momento del nacimiento el desarrollo de los bebés varones se encuentra rezagado dos o tres semanas con respecto a las niñas, sus sistemas digestivos no están tan bien formados como los de ellas, necesitan comer y orinar con más frecuencia, de modo que duermen menos y lloran más. Si sus padres se encuentran demasiado agotados o preocupados, el niño puede percibirlo, en tanto que su enfoque primario se centra en la supervivencia, así que esto podría darle cólicos. Además de la dentición, la ansiedad de los padres puede ser la causa principal de inquietud en la salud del bebé cuando sus necesidades básicas ya se han cubierto.

Casi 20% de las madres sufre de depresión antes o después del parto (Beardslee *et al.*, 1985: 807-815). Tienden a sentirse ansiosas y les parece que su vida escapa de su control. Hay mucha probabilidad de que sus bebés sean pequeños (de poco peso al nacer) y, como infantes, pueden estar soñolientos, quizá lloren mucho y muestren tensión retorciéndose y arqueando la espalda. Cuando empiezan a dar sus primeros pasos se vuelven muy emocionales y, más adelante, muestran una gran variedad de problemas de conducta, muchos de los cuales persisten en la adolescencia (Field *et al.*, 1985: 1152-1156; Field, 1998: 200-203).

Los SHEOS y la familia

Es en la familia donde se producen los primeros modelos importantes de conducta. Si en el hogar hay un ambiente coherente, pacífico y seguro, los niños pueden sentirse protegidos de muchos factores de estrés que nos convierten en SHEOS. En cambio, si los padres u otras personas al cuidado de los niños viven con mucho estrés y desorden, estos pueden llevar esos modelos a sus propios sistemas nerviosos.

Son varios los factores que, en el hogar, pueden propiciar una conducta de SHEOS. Es común que los estudiantes con menor aprovechamiento escolar provengan de familias de nivel socioeconómico bajo. Es posible que hayan tenido una nutrición deficiente, que su entorno sensorial durante los primeros años fuera pobre y que su familia viviera con mucha tensión e, incluso, con violencia (Brower, 1994: 24-25). También vemos un alto porcentaje de "niños abandonados" por familias adineradas, niños abandonados ante la televisión, la computadora y los juegos de video, con carencias de relaciones humanas. Los niños que están expuestos a gran cantidad de tensión en hogares disfuncionales sufren mucho. Quizá no tengan el apoyo y la atención que requieren. Es posible que nunca emerja la esencia de lo que en realidad son. En su esfuerzo por sentirse adecuados ante sus modelos, desarrollan patrones de SHEOS. Estos síntomas florecen a partir del instinto de supervivencia y la necesidad de ser aceptados. No se deriva de una comprensión consciente. Como la supervivencia es su objetivo principal, cabe la posibilidad de que no se desarrollen los centros más elevados del pensamiento y la regulación, por mucho que el pleno potencial siga ahí.

El retrato que Sharon Wegschneider-Cruise hace del rol de supervivencia que desempeña el "bufón" encaja en la mayoría de los SHEOS. De acuerdo con Cruise, los bufones tienden a hacer el papel del payaso, rivalizando por conseguir la atención, ya sea de manera positiva o negativa. Esto sirve para dos cosas: para obtener reconocimiento y para dar salida a las tensiones familiares o sociales por medio de sus actos. Los bufones se encuentran atrapados en una lamentable contradicción, ya que viven en el caos pero se les suele decir que todo va bien. Como creen en lo que se les dice, se vuelven incapaces de confiar en su propia intuición y pueden desarrollar la ilusión de estar dementes. Se sienten frágiles, inseguros y ansiosos, de manera que se hace evidente ante su falta de confianza y autoestima. Sus acciones tienen la intención de llamar la atención a cualquier costo. A veces, si insisten, la consiguen, aun en forma de maltrato pero, al menos, logran satisfacer su necesidad humana de contacto físico (Satir, 1991; Wegschneider-Cruise 1989; 137-149).

Los descubrimientos científicos demuestran que los niños son más susceptibles al entorno de lo que se creía. Algunas experiencias estresantes, como presenciar la violencia doméstica o sufrir maltratos, hacen que se pongan en acción las hormonas de la supervivencia que afectan al desarrollo normal del encéfalo y que pueden ser la causa de problemas intelectuales y de conducta en la edad adulta (Hamburg, 1994: 1-2). De tal manera, un trauma a temprana edad puede alterar el funcionamiento del cerebro y quizá se establezca un patrón de actividad cerebral de respuesta exagerada al estrés que dure para toda la vida y que desampare al cuerpo en su facultad de adaptarse de un modo adecuado (Watanabe *et al.*, 1994: 1321-1324).

Como consejera, en mi trabajo con diversos niños considerados como SHEOS, desde el jardín de niños hasta la secundaria, encontré que 95% de ellos adoptaba el rol de supervivencia del bufón. Tomando en cuenta que la supervivencia es la prioridad de cada uno de ellos, resulta incongruente pedirles que efectúen un razonamiento muy elaborado para sacar deducciones y que controlen su conducta de forma racional si antes no se les dan herramientas para que manejen su estrés.

No debe subestimarse la importancia que tiene como modelo la persona que está al cuidado de los niños. Poner más atención en establecer relaciones coherentes y de apoyo mutuo al fundar una familia puede aportarle más beneficios a los SHEOS que cualquier otra cosa. Había una clara ausencia de casos de SHEOS en las aldeas de África y Bali que visité, donde cada adulto está considerado como una persona importante al cuidado de los niños y cada criatura es valorada como parte especial e integral de su clan.

Capacitar a los adultos que están al cuidado de los niños para que aprendan a manejar de forma efectiva las tensiones, controlen su propio comportamiento y, luego, enseñen esas técnicas a los niños es tan eficaz como el metilfenidato (comúnmente conocido como Ritalín) o mejor.

Para obtener buenos resultados en el aprendizaje y conseguir buenas soluciones a los problemas se necesita que quienes críen a los niños tengan una participación activa y persistente (Healy, 1990: 201).

Asimismo, los niños deben aprender a hacerse responsables de sus acciones. Si los adultos asumen el papel de héroe familiar o si siempre entran al rescate y hacen todo por sus hijos, estos no aprenderán ni fortalecerán la confianza en su capacidad para hacerse cargo de su vida y controlarla (Wegschneider-Cruise, 1989: 132-137; Satir, 1991). Quienes se ocupan de los niños los pueden ayudar a desarrollar su sentido de la responsabilidad, desde antes de que cumplan los dos años de edad, primero al fungir como sus modelos y, después, al permitirles y animarlos a que cuiden sus juguetes, sus mascotas y a las demás personas. Recomiendo mucho el trabajo que inició Jim Fay, *Ser padres con amor y lógica* (Fay *et al.*, 2000), así como también la obra de Becky Bailey (2001), *Guía Amorosa,* ambos son excelentes ayudas para dar a los niños una atención congruente.

El estrés y la vulnerabilidad a las enfermedades

El estrés tiene enormes consecuencias en la salud. Cuando sufrimos mucha tensión somos más vulnerables a las enfermedades, debido a que la adrenalina y otros neurotransmisores inducidos por la tensión hacen que disminuya la polaridad de las membranas celulares, con lo cual se pone en riesgo la salud de la célula. Las bacterias y virus (patógenos) que acechan a las células son básicamente carroñeros y buscan a las más vulnerables del organismo. Ante todo, atacan a las que tienen una membrana de baja polaridad y los sistemas que presentan menos dehidroepiandrosterona. George W. Crile demostró de manera gráfica esa relación con la polaridad de la membrana en un experimento en el que se colocaban dos electrodos con la misma carga (positiva o negativa, pero no una y una) aproximadamente a una distancia de 10 cm del antebrazo de una persona. Se generaba un cambio que duraba un tiempo muy corto y luego se estudiaba con detalle esa zona del antebrazo. Al cabo de un día ya se había formado ahí una lesión. Entonces, se tomaban cultivos de ambos antebrazos para evaluar la extensión que había alcanzado el desarrollo de bacterias y hongos. La lesión no mostró una concentración de bacterias y hongos mayor a la del antebrazo que no se había tratado. Sin embargo, a los pocos días, la lesión ya estaba densamente poblada por organismos causantes de enfermedades.

Esos organismos, siempre presentes en la piel, no causaban ningún daño antes de que la integridad de las células de la piel fuera destruida al hacer que disminuyera la polaridad de la membrana. Fue la polaridad disminuida la que ocasionó que las células se volvieran vulnerables y abiertas al ataque patogénico (Crile, 1926: 104-110, 180-184).

Asimismo, la dehidroepiandrosterona (DHEA), sustancia transmisora de extrema importancia para la conservación del sistema inmunológico del cuerpo, contiene las mismas sustancias precursoras (progesterona y pregne-nolona) que el cortisol. Cuando uno está bajo estrés crónico, los precursores elaboran más cortisol, de manera que baja la producción de DHEA y, con ello, nuestra inmunidad. Se ha considerado que el cortisol es el inmuno-depresor más violento que podamos conocer. Tiene que ver con los casos de sida, esclerosis múltiple, diabetes, enfermedad de las arterias coronarias, cáncer y la enfermedad de Alzheimer (DeFoe 1989: E35-E42; McCraty *et al.*, 1998: 153-154).

Para la enfermedad siempre hay alguna oportunidad. Constantemente aspiramos patógenos y algunos de ellos (como los virus) viven en nuestro cuerpo durante largos períodos. Cuando aumentan los niveles de estrés, los organismos de las enfermedades consiguen por fin introducirse en las células y ocasionar afecciones.

Dada la cantidad de agentes estresantes que nos ofrece el mundo actual, no es raro que los niños manifiesten elevados niveles de adrenalina y sean más vulnerables a infecciones crónicas del oído. Harold Levinson (1988) descubrió que más de 90% de los niños que tenían dificultades para el aprendizaje habían padecido de infecciones del oído en sus primeros años. Al parecer, la intención de la naturaleza es que la respuesta al estrés sea de corta duración, lo suficiente como para poner al cuerpo fuera de peligro cuando algo amenaza su vida y, luego, retornar a la normalidad. Si los niños mantienen elevados niveles de tensión durante mucho tiempo, su cuerpo queda abierto a las enfermedades y a las infecciones crónicas del oído.

La manera en que elegimos percibir y procesar las experiencias determina si podremos manejarlas con calma o les permitiremos desatar la respuesta que corresponde a una situación tensa. La mente humana es muy activa y puede imaginar futuras angustias que generen estrés y nos den motivos para preocuparnos y vivir con miedo. Esos temores desempeñan un papel importante en nuestra salud. En nosotros está escoger si vemos cada situación como una oportunidad para aprender o como una amenaza. En verdad somos nosotros quienes elegimos y nuestros hijos seguirán el ejemplo.

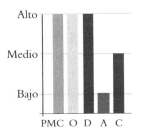

Relaciones seguras
y bien establecidas
Juego
Calma y coherencia
Atención concentrada
(Saludable)

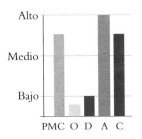

Supervivencia
Reacción aguda al estrés
Pelea o escape

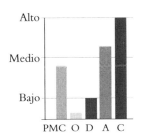

Depresión
Desesperanza aprendida
(Vulnerabilidad a las
enfermedades)

PMC: Potencial de la membrana celular
  O: Oxitocina
  D: Dopamina
  A: Adrenalina (norepinefrina)
  C: Cortisol

Gráfica 2. El potencial de la membrana celular y la respuesta
de la información química.

Las emociones y la salud

El sistema inmunológico está regulado por el sistema límbico, la zona del cerebro que procesa las emociones. En la década de 1980, los investigadores del Instituto Nacional para la Salud Mental descubrieron que en las células del sistema inmunológico y, sobre todo, en los monocitos, hay sitios receptores para los neuropéptidos y neurotransmisores del sistema límbico. Los monocitos son una especie de glóbulos blancos muy importantes para el sistema inmunológico porque se desplazan a las zonas de infección y destruyen los organismos patógenos de las enfermedades. Los daños y lesiones que sufre el hipotálamo (que es parte del sistema límbico) ocasionan alteraciones en la actividad de los monocitos y otros glóbulos blancos, lo cual implica problemas para el sistema inmunológico (Ruff *et al.*, 1985: 1281-1283; Pert, 1997).

La estrecha relación que guardan los neuropéptidos y los neurotransmisores con las emociones y el sistema inmunológico hacen pensar que las emociones y la salud tienen una profunda interdependencia. Si el hecho de sentirse feliz, triste, pensativo o emocionado desata la producción de neuropéptidos y neurotransmisores en el sistema límbico, entonces también las células del sistema inmunológico deben verse afectadas cuando tenemos esas emociones (Chopra, 1990: 66-67; Pert, 1997).

Dado que el aparato nervioso y el sistema inmunológico están químicamente vinculados, resulta natural que las emociones afecten a todo el cuerpo. Al corazón, que por tradición se considera el asiento de las emociones y el amor, se le ha quitado parte de esa carga para repartirla por igual entre los demás órganos y, sin embargo, químicamente sigue muy relacionado con las emociones. En la aurícula del corazón se produce una hormona (factor natriurético auricular o FNA) que afecta de manera dramática a cada uno de los grandes órganos del cuerpo, incluyendo las regiones del cerebro que regulan los estados emocionales (la amígdala) y que influyen en nuestra forma de aprender y memorizar. El FNA actúa en respuesta a los factores ambientales y a una fuerte emoción que provenga del sistema límbico, ya sea de ira o de amor. Eso causa una impresión en el tálamo y en la dinámica que este establece con la pituitaria, la glándula endocrina maestra, que se encarga de regular el cuerpo. También influye en el hipotálamo y en la glándula pineal, que regulan la producción y la acción de la melatonina, la cual afecta el ritmo circadiano y los cambios en el estado de ánimo. Es así como el corazón, por medio del FNA, desempeña un papel primordial en nuestros estados emocionales, en el funcionamiento del sistema inmunológico, en la memoria y en el aprendizaje (Canton y Genest, 1986: 76; Armour y Ardell, 1995).

Nuestra comprensión, cada vez mayor, de la relación entre las emociones y el sistema inmunológico subraya la importancia de expresar las emociones con responsabilidad. Para esto se requiere una integración de todo lo que constituye el sistema cuerpo-mente cada vez que sentimos una emoción. Eso facilita la vinculación de la comprensión y el razonamiento con la emoción. El aprendizaje de este proceso comienza con el desarrollo del cerebro límbico, alrededor de los 15 meses de edad. Si uno atiende con seriedad a las emociones que el niño expresa, en una atmósfera de seguridad y apoyo, verá cómo aprende a expresarse de un modo responsable. Para cuando cumpla los cinco años, ya podrá relacionar la razón (desde la neocorteza) con las emociones y cuando tenga ocho años añadirá la reflexión (desde los lóbulos frontales) para refinar sus emociones. Con el tiempo, la expresión responsable de las emociones se convierte en una habilidad muy valiosa, absolutamente esencial para una persona sana y una sociedad igualmente saludable (Goleman 1995).

Cuando las emociones más fuertes (temor, ira o tristeza ante una injusticia) no se expresan, o no se pueden expresar, quedan sin resolverse y terminan por ser relegadas al sistema nervioso simpático donde, con el tiempo, se pueden convertir en miedo y acaban por estallar como enojo y violencia o manifestarse internamente como enfermedades. Cualquiera que sea el caso, se estimula una respuesta ante el estrés y el sistema se vuelve vulnerable a la enfermedad y se inhibe el proceso de aprendizaje. Las investigaciones han descubierto que hay una relación entre la gente y los tipos de personalidad que no son capaces de expresar sus emociones y la creciente probabilidad de enfermarse de cáncer o sufrir algún padecimiento cardíaco (Grunberg y Singer, 1991: 247-250).

Se ha determinado que las personas que sufren abuso sexual y que no han podido expresar lo que sintieron en tales situaciones, producen elevados niveles de adrenalina y endorfinas y dan muestras de tener sistemas inmunológicos débiles. Frank Putnam, del Instituto Nacional para la Salud Mental, y Martín Teicher, de la Escuela de Medicina de Harvard, observaron que los niveles elevados de adrenalina, cuando son crónicos, pueden matar neuronas en zonas del cerebro fundamentales para el pensamiento y la memoria. Descubrieron que el abuso sexual frenaba la evolución del hemisferio izquierdo y, en consecuencia, atrofiaba el desarrollo del lenguaje y la lógica, aumentaba los niveles de un anticuerpo que debilitaba de manera muy significativa el sistema inmunológico (Putnam y Teicher, 1994). La relación que existe entre el abuso sexual y las emociones se demuestra de un modo dramático en la investigación realizada por la doctora Lenore C. Terr, quien observó que las personas que habían padecido tales abusos se mostraban indiferentes ante el dolor, no sentían empatía, no tenían la capacidad para definir o reconocer los sentimientos y aborrecían la intimidad emocional (Terr, 1991: 68-72).

A diferencia de la reacción ante el estrés, cuando tenemos la oportunidad de expresar y resolver las emociones de una forma responsable o de sentirnos bien, alegres, entusiasmados y podemos exclamar "¡ajá!" al aprender algo, ciertamente estamos dando un sano impulso al sistema inmunológico. Cada vez que nos relajamos y nos sentimos en verdad felices, exaltados y dichosos, hay un aumento en las interferonas y las interleucinas, segregadas en las células, así como un aumento en la producción de dopamina en el cerebro. Las interferonas y las interleucinas hacen que aumente la polaridad de la membrana y, de este modo, la célula se vuelve invulnerable ante los organismos patógenos. La dopamina ayuda a la salud y el desarrollo de los nervios y es buena para el aprendizaje. La adrenalina, las interferonas y las interleucinas son químicos que resguardan la vida; la primera es esencial para la supervivencia y las otras dos para la salud y la longevidad (Chopra, 1990).

¿Por qué un corazón duro te puede debilitar?

En nuestra sociedad, los hombres mueren más jóvenes que las mujeres y la principal causa de decesos son las enfermedades cardiovasculares. A diferencia de lo que señala el viejo estereotipo hollywoodense, ahora parece que un corazón fuerte no es aquel que se muestra indiferente a las emociones y que un "corazón roto" puede significar más que una metáfora para lo que sucede cuando no se expresa el amor o no se satisfacen las necesidades emocionales de cariño y contacto. No obstante todas las evidencias de que las enfermedades están relacionadas con la tensión y de que es muy saludable expresar las emociones para liberar el estrés, la sociedad continúa promoviendo para los jóvenes, sobre todo para los varones, un modelo que no es emotivo.

Las investigaciones demuestran intrigantes correlaciones entre la manera en que hombres y mujeres llevan sus relaciones, su sentido de la autoestima y, en último caso, su salud. En un estudio llevado a cabo con personas entre 14 y 28 años, resultó que las mujeres consideraban su autoestima de un modo muy diferente de cómo lo hacían los hombres. Las chicas con una alta autoestima tienden a ser entusiastas, asertivas, emocionalmente abiertas, cálidas y a trabajar muy bien con otras personas. Los varones con elevada autoestima tienden a ser duros, serios, parcos y faltos de habilidades sociales. Ese estudio afirma que mantener buenas relaciones con los demás estimula la autoestima de las mujeres, en tanto que la autoestima masculina se fomenta por la actitud fría en el manejo de las propias ansiedades. No es una sorpresa que este estudio revelara que los hombres tienen niveles de tensión y de hiperactividad más elevados que los de las mujeres (Block y Robins, 1993). Otros estudios han demostrado que las mujeres manejan el estrés más efectivamente que los hombres gracias a que se relacionan de un modo más íntimo con otras amigas cercanas y a que están más dispuestas a buscar el apoyo de otras personas (Day y Livingstone, 2003; Nash, 1989).

¿De dónde surge la noción de qué son la masculinidad y la feminidad? Basta con echar un vistazo a las comedias televisivas y, en general, a los medios de comunicación para saber su procedencia. Lo cierto es que los varones se encuentran en franca desventaja en esta cultura en lo que concierne al aprendizaje de la mejor manera para expresar humanamente su verdadera naturaleza emocional. Por fortuna, ya hay excelentes libros que hablan de esas necesidades emocionales y que ayudan a los muchachos en su desarrollo emotivo, con lo cual aumenta la posibilidad de que disfruten de una vida más larga y apasionada (Thompson y Kundlion, 2000; Pollack, 1998; Kraemer, 2000).

La adecuada expresión y resolución de las emociones ayuda a mitigar las situaciones estresantes. La forma en que vivimos y expresamos las emociones, en especial las negativas, determina en gran medida si segregamos adrenalina u otros neuropéptidos. Cuando las emociones negativas, como la ira y la congoja, se expresan de un modo responsable y humano en vez de reprimirse, no se libera adrenalina o, si acaso, brota solo en cantidades moderadas.

La expresión de las emociones evita que el estrés que se suele asociar con ellas se vuelva crónico. Si en verdad nos permitimos expresar las aflicciones también podremos demostrar profundamente la alegría. Así, la vida se vuelve una exuberante y apasionada aventura llena de valiosas lecciones y con mucha salud (Sylvester, 2000: 3).

La televisión, un agente de estrés no tan secreto

Cada vez hay más conciencia de que la tensión que causa ver tanta televisión y la violencia que se transmite a través de ella tienen una relación estrecha con los problemas de aprendizaje. Para 1977, más de cien artículos publicados, que representan cincuenta estudios hechos en laboratorio y en campo, además de otros experimentos que implicaban la participación de diez mil niños y adolescentes de los más variados estratos sociales, demostraban que la violencia que exhibe la televisión afecta a los espectadores. Las investigaciones actuales confirman lo que ya aquellos estudios habían hecho notar: que la televisión tiene mucho que ver con las dificultades para aprender y que la violencia que muestra hace a los niños más proclives a dañar a otros, más agresivos en sus juegos y con más probabilidades de que elijan agredir para responder a situaciones de conflicto (Moody, 1980: 81; Chaffee y Singer, 1984: 30-36).

En nuestros días, los pediatras afirman, casi de manera universal, que el uso que los niños hacen de los medios de comunicación los afecta en forma negativa en muy diversas áreas, incluido el desempeño escolar, los hábitos alimenticios y el riesgo de obesidad, la disminución de los niveles de actividad física y la conducta agresiva de alto riesgo. La Academia Estadounidense de Pediatría sugiere: *1)* evitar que los menores de dos años vean la televisión, *2)* limitar el tiempo que los niños pasan ante el televisor y *3)* fomentar otro tipo de entretenimientos para los niños (Gentile *et al.*, 2004: 1235-1242).

Ante estas recomendaciones, consideremos algunas tendencias perturbadoras en los hábitos de los telespectadores de nuestra sociedad. En octubre de 2003, la Fundación para la Familia Henry J. Kaiser publicó los resultados de una encuesta realizada entre 1 065 padres de familia con hijos desde seis meses hasta seis años de edad. Esta reveló que 43% de los niños de dos años o menos veía un promedio de dos horas diarias de televisión y que 26% de esos pequeños tenía un aparato de TV en su dormitorio. (Nielsen Co., 1990). Los niños estadounidenses en edad preescolar, de tres años, veían la televisión un promedio de 3.6 horas al día y más de 28 horas a la semana (Christakis *et al.*, 2004: 708-713; Gallup y Newport, 1990: 1-9). Aproximadamente, la mitad de los padres de familia en Estados Unidos han desistido de fijar límites a lo que ven sus hijos (Peter D. Hart Research Associates, 1992: 10-17). Además, no son solo los niños. La cuarta parte de los adultos estadounidenses es incapaz de concebir una cantidad de dinero, por grande que sea, que los pudiera convencer de dejar de ver la televisión (Moody, 1980: 83, 90).

La televisión comercial dedicada a los niños es de 50 a 60 veces más violenta que los programas que se transmiten en el horario estelar para adultos. Hay dibujos animados que, en promedio, tienen más de 80 actos violentos por hora. La violencia que se emplea en las caricaturas está cuidadosa y deliberadamente pensada para atraer a los pequeños y para captar la mayor cantidad de público posible y vender más. El propósito primordial de la televisión comercial no es entretener ni educar, sino vender. Se ha observado que las caricaturas violentas son la manera más fácil de atraer a los televidentes de entre dos y 11 años de edad. El efecto más grave y más difundido de este esquema mercadológico es la insensibilización y el desarrollo de seres humanos endurecidos, desapegados y cínicos, que viven en un clima de temor y que aprenden que la violencia es una solución aceptable para los conflictos (Pearce, 1992: 169-170). Para cuando los niños han cumplido los 13 años, ya habrán visto más de 18 mil asesinatos simulados y 200 mil actos de violencia en su televisor (Centerwell, 1989: 1-58). Los niños de 14 meses ya son capaces de reproducir el comportamiento que ven en la tele. Un estudio extensivo, realizado en Estados Unidos, Canadá y Sudáfrica con jóvenes de 15 años, demostró que una niñez largamente expuesta a la televisión era un factor causal que se halla detrás de, aproximadamente, la mitad de los homicidios, violaciones y asaltos cometidos en esos países (Healy, 1990: 200).

¿Cómo nos causa tensión la televisión?

El doctor Byron Reeves, de la Universidad de Stanford, dirigió algunos estudios acerca de la actividad cerebral de los telespectadores. El cerebro de los sujetos respondía a los movimientos en el televisor como si fueran reales y esto ocasionaba que el sistema nervioso se preparara para una respuesta física (Pizzato, 2003: 338-340). El cerebro es muy sensible a los movimientos rápidos, los ruidos repentinos y, sobre todo, a los cambios de luz que pudieran indicar peligro, así que nos preparamos para pelear o escapar por nuestra vida. Los programadores de televisión lo saben y lo usan para mantenernos pegados a la pantalla, aunque no queramos. Si deseas darte una idea de la manera en que los programadores incrementan los cambios de luz, puedes contar los cambios e intermitencias que ocurren durante una emisión y los comerciales. Son las mismas intermitencias que se dan en una pantalla de computadora y se pueden notar si se graban en video.

Esas intermitencias de luz pueden producir patrones anormales de las ondas cerebrales, que es lo que sucedió en Japón en 1997, cuando una secuencia de cinco segundos de luces destellantes en un episodio de *Pokemon* envió al hospital a 618 niños que sufrieron un ataque. Las mismas reacciones pueden afectar de manera regular a uno de cada 4 000 espectadores (Liebert y Sprafkin, 1988). Puesto que hay una reacción física natural ante el peligro, cada vez que ocurre un cambio en la luz del entorno y no existe una salida para la reacción cuando uno está viendo la televisión, cabe la posibilidad de que el televidente desarrolle hiperactividad, frustración o irritabilidad y eso puede afectar otros aspectos de su vida (Moody, 1980; Mander, 1978; Buzzell, 1998; Meltzoff, 1988).

Mi hija trabaja como maestra de preescolares y observó que los pequeños se aferraban a ella desesperadamente cada día (niños que llegaban a la escuela a las siete de la mañana y salían a las cinco de la tarde). Ella y yo llegamos a la conclusión de que eso se debía a que pasaban mucho tiempo ante la televisión y la computadora y carecían de atención paterna en sus hogares.Ver la televisión provoca en el niño una respuesta de supervivencia: su cuerpo siente miedo y por eso, en ese estado de irritación, se aferran a sus padres (su fuente natural de seguridad) y pelean con sus hermanos por ganar la atención y protección de aquellos. Cuando no pueden recurrir a sus padres, permanecen en un estado de preocupación exagerada (hiperactividad), irritabilidad y temor y por eso se afianzan al primer adulto que les inspire seguridad.

Los padres de familia que han echado el televisor fuera de casa han notado que, tras una resistencia inicial, los niños se tornan más calmados, menos temerosos, más curiosos e imaginativos. En poco tiempo aprenden a jugar y crear nuevamente. Esos padres comentan que cuentan con más tiempo productivo para sí mismos porque sus hijos no reclaman su atención constante.

Además de seguridad, el cerebro se enfoca en garantizar el cuidado y la longevidad del ser humano para la supervivencia de la especie. Durante el desarrollo límbico, empezamos a aprender acerca de las relaciones, las emociones y las acciones necesarias para la supervivencia de nuestra especie. Si los niños ven en la televisión que las personas son heridas y asesinadas, su preocupación innata por la supervivencia de su especie entra en juego.

Cualquier situación que vaya en contra de la supervivencia de la especie puede desencadenar una reacción de estrés durante los primeros cuatro años de edad.

Al mismo tiempo, los niños tienen el deseo instintivo de imitar el comportamiento que observan sin razonar si esa conducta es digna de imitarse. Los infantes de hasta 14 meses de edad observan y hacen suyo el comportamiento que ven en la televisión (Singer *et al.*, 2004; Meltzoff, 1988: 470-476). Copian cualquier cosa, incluidas las conductas destructivas y antisociales (Flavell, 1986: 418-425).

Conforme crecen y hasta los cuatro años, no pueden distinguir entre la realidad y la ficción cuando miran la televisión. Para un preescolar, la tele es una fuente de información completamente verídica sobre el modo en que funciona el mundo. La violencia que se proyecta en el televisor, mediante la estimulación de la respuesta de supervivencia, puede convertirse en un objeto cotidiano, en un lugar común. Por lo visto, el sentido de supervivencia innato en las especies se puede embotar y reemplazar por la impresión del poder y el atractivo de la violencia. En los siguientes años, ya con un estrés muy severo, los adolescentes y adultos vuelven a sus primeras impresiones de lo que es la violencia y su función en la sociedad. Muchas de esas impresiones pueden provenir de la televisión (Heller y Polsky, 1976). Así lo demuestra dramáticamente un estudio realizado con delincuentes varones que fueron encarcelados por cometer crímenes violentos (homicidio, violación y asalto). Entre 22 y 34% de ellos admitió haber imitado las técnicas criminales que había aprendido en la televisión (Heller y Polsky, 1976). En estudios hechos con hombres violentos y antisociales y jóvenes asesinos se observó que sus vidas prácticamente habían carecido de una conducta juguetona normal (Beown, 1995: 4-12).

Se ha relacionado el hábito de ver televisión con la incapacidad de mantener la atención durante lapsos suficientemente largos y con el desarrollo del trastorno con déficit de atención por hiperactividad (TDAH) (Christakis *et al.*, 2004). La hiperactividad aparece en los varones ocho veces más que en las niñas (Biederman *et al.*, 1990). A los niños se les ofrecen modelos más claros por medio de la violencia que cometen los hombres en televisión.

Así, los pequeños reciben contundentes mensajes de ser duros y "actuar con frialdad" ante la violencia. Al no contar con una forma aceptable para liberar o expresar la tensión que guardan, la adrenalina que ha corrido a sus músculos puede ocasionarles estados de hiperactividad en los cuales el exceso de energía los hace moverse o agitarse demasiado. Lo que sigue es obtener una etiqueta de SHEOS: hiperactivo, TDAH, TDA o emocionalmente discapacitado.

Las morfinas en la cabeza

Otros neuropéptidos que segregamos como respuesta a los altos niveles de estrés y dolor. Son los analgésicos naturales llamados encefalinas y endorfinas; se localizan en el tálamo, el hipotálamo y algunas partes del sistema límbico. Fueron descubiertos en 1974 por Candace Pert y Solomon Snyder, en la Universidad Johns Hopkins. Estos opiáceos (morfinas) naturales ayudan al placer en niveles muy bajos, pero en niveles elevados nos retornan a los tiempos en que el alivio inmediato al dolor significaba que los animales pudieran huir sin demora de sus atacantes (Tortora y Anagnostakos, 1990: 408-409).

El corredor de maratones es un buen ejemplo de la manera en que funcionan esos analgésicos. Hay un momento en que ese ejercicio equilibrado comienza a volverse doloroso y el cuerpo envía mensajes al cerebro para avisarle que es hora de detenerse, antes de que ocurran daños más graves en los tejidos. Los corredores lo llaman "el muro". Si el corredor ignora la urgencia del cuerpo y sigue su carrera, el cerebro recibe un mensaje que lo alerta de que está ante una situación de vida o muerte y que es esencial que se siga moviendo. En tal punto, el cerebro segrega cantidades extra de endorfinas para evitar la sensación de dolor y, así, el corredor supone que su cuerpo ya está fuera de peligro. El corredor tiene, entonces, una sensación de euforia. Sin embargo, al no escuchar ni responder al mensaje que su cuerpo le envió para detenerse y provocar que se enmascarara la molestia física con señales químicas que hicieron creer que aún persistía algún peligro, esos atletas se ocasionan lesiones que no eran necesarias. En la actualidad hay demasiado ímpetu por competir y me pregunto si no habremos desarrollado una sociedad de adictos a la endorfina que se ponen en órbita con su propia morfina. Podría ser un intento por no percibir el dolor que abunda en nuestra vida tan exageradamente tensas.

Asimismo, he notado una disminución en la dopamina y un aumento en la respuesta de endorfina en niños que se "fugan" en la escuela, dejando atrás el dolor que hay en su mundo. Ese dolor puede incluir trauma y maltratos en el hogar, una experiencia muy amarga en la escuela o, en algunos casos, ambas situaciones. Comoquiera que sea, el sistema siempre se apresura a colgarles alguna etiqueta de hiperactivos, emocionalmente discapacitados o TDA.

La actividad aeróbica balanceada, en la que no rebasamos los mensajes que envía el cuerpo ni segregamos endorfinas de más ni disminuimos la cantidad de dopamina, incrementa el suministro de oxígeno, tan importante para el aprendizaje. Los ejercicios aeróbicos, como la natación, caminar, correr o andar en bicicleta, en los que se usan los músculos más grandes del cuerpo, sobre todo de las piernas, son actividades saludables que mantienen en buen nivel la condición cardíaca. El Consejo Presidencial sobre Aptitud Física, Deportes y Nutrición estadounidense recomienda dedicar un mínimo de media hora diaria a la salud física e intelectual (Olsen, 1994: 35). Los médicos y psicoterapeutas que tratan a los pacientes que sufren estrés recomiendan ahora hacer ejercicio, especialmente caminar (el Gateo cruzado), como una terapia muy efectiva para manejar las tensiones (Burks y Keeley, 1989: 62-64).

Los programas de educación física en los que hay cooperación mutua y no competencia, a la vez que promueven la participación de los alumnos, son muy divertidos para todos. Disminuyen el estrés y, por lo tanto, aumentan el potencial para aprender. Si eliminamos de nuestra vida las competencias innecesarias, evitaremos sufrimientos y reduciremos la necesidad de segregar endorfinas.

Además de actuar como analgésicos, las endorfinas afectan nuestra salud de otro modo muy serio. Cuando las producimos como respuesta ante las tensiones emocionales, suprimen la actividad de las células T, con lo cual baja nuestra resistencia a los patógenos, el cáncer y las enfermedades autoinmunes. Las células T, también llamadas linfocitos T, son glóbulos blancos que provienen del timo y que son particularmente eficaces en la destrucción de bacterias, virus, hongos y células cancerosas. El sida provoca una enorme reducción de linfocitos T en la sangre. Hay muchas personas que portan el virus del sida, pero quienes manifiestan la enfermedad quizá estén lidiando con agentes emocionalmente estresantes que aumentan sus niveles de endorfina (Ackerman, 1986: 217-219).

El sentido de conexión, la calma, la concentración y el aprendizaje

El estrés se ha convertido en un modo de vivir en nuestra cultura y, por lo mismo, en eso hemos puesto la atención. Sin embargo, ya es hora de que nos ocupemos de la química del cuerpo, que aporta lo que se requiere para relacionarnos con los demás, nos motiva a ser curiosos y a explorar el mundo por diversión y para aprender, además de permitirnos elegir en qué nos enfocamos.

Empezaremos por la oxitocina, el químico que ayuda en el alumbramiento y que nos vincula. Esta sustancia se produce en el hipotálamo, se transporta al lóbulo posterior de la glándula pituitaria y se libera en el cuerpo para activar al sistema nervioso parasimpático y todas las células. Esa importante cercanía y vinculación de la que tanto depende la mujer para sentirse segura cuando sufre tensión es la que ocasiona que se produzca esta hormona poderosa y calmante. Los hombres y las mujeres producen oxitocina en cantidades semejantes, pero nuestra sociedad ve con mejores ojos la relación cercana entre mujeres que se tocan y se tranquilizan, que cuando se trata de hombres, aun cuando eso podría contribuir a que estos tuvieran mejor salud y una vida más larga.

Las mujeres producen oxitocina durante el proceso del alumbramiento y también se estimula su producción por medio del contacto físico, el olfato y la cercanía de otra persona. El simple hecho de frotar de manera rítmica el rostro, las manos, la espalda o los hombros eleva los niveles de oxitocina y hace que la persona se vuelva menos sensible al dolor, menos temerosa, más curiosa, más optimista, creativa y dispuesta a explorar lugares poco familiares o participar en situaciones sociales que no son comunes. Ayudan a que la persona confíe y exprese lo que siente de un modo que, en vez de atrofiar el funcionamiento de su sistema inmunológico, contribuya a mejorarlo. Asimismo, establece el entorno de seguridad que se requiere para que haya un aprendizaje óptimo.

La liberación de oxitocina incrementa la función del parasimpático, de modo que mejora la digestión, hay un buen almacenamiento de nutrientes, se reduce el cortisol, baja la presión sanguínea, disminuye el ritmo cardíaco, mejora la salud y las células se dividen y se desarrollan. La dopamina, la serotonina, el glutamato, la noradrenalina y la misma oxitocina estimulan la secreción de oxitocina. Las endorfinas, el cortisol y el GABA hacen que disminuya su secreción. Es importante saber que la sensación de paz, relajación, contento y una conducta más interesada en el bienestar de los demás, favorece el aumento de oxitocina (Uvnäs-Moberg, 2003).

Es una pena que en nuestra cultura occidental hoy en día vayan en aumento la independencia y el interés por la televisión y las computadoras, que alteran el patrón natural de contacto íntimo con otras personas, ya sea de forma física o psicológica. Es raro que tengamos tiempo o ganas de, simplemente, estar con alguien, tomarlo de la mano o sentirlo de un modo edificante. Cuando hay menos contacto, hay menos tacto y se reduce la oxitocina. Es necesario que rindamos honores a los vínculos cercanos y a la amistad, valores que alguna vez fueron inherentes a nuestra cultura, ya que su efecto en la reducción del estrés es muy profundo. Permitamos la expresión de nuestras emociones y establezcamos el contexto adecuado para el aprendizaje y la creatividad.

Por su parte, la dopamina tiene un importante efecto en la motivación, la curiosidad, el aprendizaje y la memoria (Wise, 2004: 1-12; Fried *et al.*, 2001: 201-207); se produce en las células del sistema límbico, con sus ramificaciones que llegan al lóbulo frontal, la zona del olfato, la amígdala, el hipocampo, la corteza prefrontal y otras zonas relacionadas con la organización del movimiento, la motivación, la conducta orientada hacia la búsqueda de sensaciones y la consecución de objetivos, además del aprendizaje integrado.

La dopamina aporta la chispa para explorar cosas nuevas y es muy importante para "adherir" los recuerdos en la memoria y adjudicar valor motivacional a lo que de otra forma serían estímulos ambientales neutros como, por ejemplo, las lecciones escolares. El placer que uno siente cuando triunfa en el deporte, en la escuela, en una relación o en cualquier clase de reto viene del aumento en la dopamina y ese placer se convierte en la motivación para emprender nuevas acciones (metas) que sean placenteras y recompensen el esfuerzo. Al parecer, la dopamina imprime los sentimientos de placer que acompañan al descubrimiento y al éxito. Tal es la relación entre estímulo y recompensa que se requiere para aprender a controlar nuestra conducta sobre la base de experiencias anteriores (Roy, 2004). De igual manera, cuando alguien se equivoca con frecuencia, insiste en creer que no puede lograr algo o constantemente se le castiga o se le menosprecia, sus niveles de dopamina descienden, deja de plantearse objetivos, ya no se siente motivado y se vuelve más susceptible a la depresión. Es entonces cuando uno se rinde.

La dopamina es importante para el proceso cognitivo porque activa la amígdala en torno a las emociones relacionadas con las nuevas y más atractivas experiencias y con la recompensa interna que se necesita para que funcionen el aprendizaje y la memoria (Fried *et al.*, 2001). Mientras juegan, los niños y los adultos disfrutan de manera activa, manifiestan curiosidad, exploran situaciones novedosas, se atreven, están totalmente alertas y son coherentes. En esos momentos, suben los niveles de dopamina y el aprendizaje se produce de un modo natural, ya que la persona se halla motivada para descubrir y conocer. La dopamina es el químico que nos motiva a aprender y a desarrollarnos como individuos creativos (Panksepp, 1998).

Para que podamos concentrarnos, razonemos y recordemos la información nueva es esencial que el cerebro bloquee los estímulos irrelevantes. El tercer neuropéptido que presentaremos es el ácido gamma aminobutírico (GABA), el cual pone un cerco a cualquier estímulo que no resulte importante, al hiperpolarizar las membranas de las neuronas postsinápticas e incrementar la polaridad de la membrana (a más de -70 mv en el interior), hasta un punto en que solo responda a determinados estímulos seleccionados (Restak, 1988: 40; Tortora y Anagnostakos, 1990: 349, 407, 409, 531). Hacemos que se activen las neuronas que segregan GABA cuando, por ejemplo, leemos un libro muy interesante. Elegimos no poner atención al entorno ni al paso del tiempo para que el cerebro no se distraiga y se mantenga completamente enfocado. Del mismo modo, segregamos GABA con toda intención por las noches, para que la luz, los sonidos o las texturas de la cama no nos impidan dormir, gracias al GABA, el sistema puede escoger en qué pone su atención en lugar de reaccionar a todos los estímulos que aparecen a su alrededor, como le sucede con la adrenalina. De forma consciente elegimos qué membranas hiperpolarizaremos con GABA. Por ejemplo, en mis días de madre primeriza podía bloquear el sonido de los DC-10 que volaban sobre la casa durante las noches, pero si mi hija emitía un simple quejido yo despertaba de inmediato. El bienestar de mi niña era mi intención consciente. Fue así como elevé el umbral de conciencia con respecto al ruido de los aviones pero bajé el umbral en las zonas del sistema nervioso que tuvieran que ver con la atención a mi hija. De igual manera, durante una sesión de aprendizaje, utilizamos el GABA para bloquear los estímulos irrelevantes, como el sonido de un lápiz que cae al suelo, las risas de los niños o los ruidos de la calle. Esto nos permite enfocar la atención.

El GABA nos da el conttol para estar bien presentes, mental y emocionalmente. Así vencemos la reacción de la adrenalina. Con la práctica aprendemos a segregarlo, si contamos con un ambiente donde haya buenos modelos y se fomente la dedicación de un tiempo a estar callados y concentrados. Las personas que no han adquirido esta importante habilidad de cuerpo y mente, quizá se arriesguen a que las tachen de "hiperactivas" porque tienden a percibir todos los estímulos y a reaccionar ante ellos, pero que no son capaces de discernir cuándo conviene ignorar determinadas provocaciones. No han desarrollado por entero la capacidad de tranquilizar y enfocar su propio sistema. He visto que los movimientos integradores y coherentes pueden ayudar mucho a esas personas. Las zonas del cerebro que albergan a las neuronas que segregan el GABA se relacionan con el movimiento, en especial con los actos coordinados y finos, por lo tanto, parecería que la práctica de movimientos finos y coordinados, como Gimnasia para el cerebro®, tai chi o yoga aumentarían el estímulo y la proliferación de las dendritas de tales neuronas, con lo cual crecería la disponibilidad de GABA en el sistema, para ayudar a tener una atención más concentrada.

El manejo de las tensiones implica el uso de todo el sistema cuerpo-mente en una forma más efectiva. Para eso hay que alejar, de modo consciente, el foco y la energía nerviosa de los centros dedicados a la supervivencia y llevar coherencia a cada parte del sistema. No podemos aprender óptimamente, y tampoco nuestros hijos, si vivimos a la sombra del estrés. La habilidad para manejar las tensiones en todos los aspectos de la vida abre las puertas al aprendizaje más significativo y a una existencia plena de gozo.

Capítulo 13

La educación equivocada y el juego de las etiquetas

> Debido a la infinita variedad con la que se integran los individuos,
> hay que suponer que las propiedades sensitivas de una persona,
> como sus huellas digitales, nunca podrán ser idénticas a las de alguien más,
> por lo tanto, es probable que no exista ni llegue a existir una persona
> que sea exactamente igual a otra. Si la singularidad fuera requisito
> indispensable para una sociedad en evolución, cada persona sería indispensable.
> *Paul MacLean* (1990: 575)

El hábito de competir está tan difundido en nuestra sociedad que incluso los alumnos se ven afligidos por las omnipresentes presiones que conducen al estrés. La escuela misma es una gran fuente de tensión, sobre todo para aquellos pequeños que tienen un deficiente desempeño académico. Resulta inevitable que la escuela sea una experiencia que defina a casi todas las personas. Las calificaciones y premios que recibimos en ella influyen mucho en la autoestima, la elección de una carrera y las expectativas en la vida. Un mal desempeño escolar ocasiona demasiadas emociones negativas, temores y percepción de amenazas. Eso es el estrés. Como ya hemos visto, la tensión termina por incapacitar al estudiante, estableciéndose un círculo vicioso en el que las calificaciones descienden cada vez más.

No debería ser así. Si cada alumno supiera que vale mucho y se sintiera respaldado, se podría erradicar una gran cantidad de tensión en las aulas. ¡Hay tantos trabajos escolares deficientes que se podrían atribuir a las prácticas educativas, en especial en las escuelas donde no se preocupan por darle un lugar a las diferentes capacidades para el aprendizaje! Las personas aprenden de maneras distintas. No obstante, las escuelas están diseñadas de tal modo que favorecen ciertos estilos de aprendizaje y las actividades se centran en determinada clase de tareas.

En general, la escuela enseña, examina y valora las tareas que se dirigen al cerebro lógico. Se alaban mucho las habilidades verbales, la secuenciación lógica, la computación y la categorización. En cambio, la intuición, la emoción, la visión, el buen humor, los movimientos rítmicos, la formación de imágenes y otras capacidades gestálticas del cerebro no se practican ni se examinan ni se valoran lo suficiente. Es solo cuando uno llega al mundo real, fuera del salón de dases, cuando descubre cómo el éxito depende de la capacidad de emprender, de la imaginación y de la perspicacia y, entonces, empieza a apreciar la importancia del cerebro gestáltico. La escuela es muy parcial y, por eso, muchos estudiantes sufren en ella y terminan manifestando la conducta de los SHEOS.

Los estilos innatos de aprendizaje y los perfiles de dominancia

Todos estamos constituidos de una manera singular. Nuestras experiencias particulares modelan nuestras percepciones, la manera en que aprendemos y, en esencia, lo que somos. Sin embargo, hay factores innatos que determinan parte de nuestro cableado neuronal (las redes nerviosas). Por ejemplo, todos mostramos alguna preferencia o mejor disposición hacia el uso de una de las dos manos, uno de los dos ojos y hasta uno de los dos oídos. También dejamos ver una preferencia sobre uno de los dos hemisferios cerebrales, el cual podría estar conectado de forma directa con nuestra supervivencia.

Cuando estamos tensos, un registro de tomografía de emisión de positrones (TEP) o un electroencefalograma (EEG) indicará que hay un descenso en el flujo sanguíneo a través de toda la neocorteza, pero principalmente hacia el hemisferio menos dominante del cerebro (Reichal, 1990). Este patrón homolateral puede permitir que el hemisferio dominante guie con mayor eficiencia la reacción de supervivencia sin tener que consultar al otro hemisferio a través del cuerpo calloso. Además, cuando estamos estresados, el cerebro manifiesta un veloz patrón de ondas cerebrales beta que hacen más fáciles la reacción y el movimiento, mientras disminuyen las ondas alfa y theta, que se usan para el pensamiento y el aprendizaje (Hannaford, 2002: 26).

A partir de mis investigaciones, tengo fuertes sospechas de que desarrollamos esa homolateralidad alrededor de las nueve semanas de estar en el útero, cuando evoluciona el reflejo de Moro para la supervivencia. Las funciones principales nos permiten reaccionar más rápido, sin necesidad de pensar qué pierna mover primero o con qué brazo golpear. Este cableado dominante también se usa cuando estamos aprendiendo algo nuevo, quizá porque fue tendido a tan temprana edad en nuestro desarrollo que nos resulta de lo más familiar. Constituye nuestro estilo particular de aprendizaje y determina la forma en que lo percibimos y cómo lo asumimos con ciertas preferencias en el modo de llevar a cabo una tarea.

En los últimos años, los educadores y psicólogos han desarrollado varios sistemas para analizar e identificar los estilos de aprendizaje. Para mi trabajo, ha sido muy útil un método sencillo que mide y caracteriza los estilos de aprendizaje individuales.

La primera que me enseñó ese método fue la kinesióloga Colleen Gardner. Es un enfoque que identifica la dominancia básica de ojos, oídos y manos con relación al hemisferio cerebral dominante y que aporta información importante de la manera en la cual podemos captar y procesar mejor lo que aprendemos.

Cuando estamos tensos, nos apoyamos más sobre nuestros sentidos dominantes y nuestras formas preferidas de procesamiento. En las situaciones menos tensas pueden fluir nuestros perfiles dominantes. Cuando nos topamos con una situación cambiante que requiere un nuevo aprendizaje y hacer ajustes, partimos de la base de nuestro perfil dominante y asumimos perfiles de dominancia para adaptarnos o compensar lo que sea necesario. Estos perfiles de adaptación reflejan las estrategias de aprendizaje diseñadas por nosotros mismos y que mejor nos han funcionado.

Sin embargo, en casos de estrés, reaccionamos y regresamos de inmediato al perfil básico. Bajo tensión, solo un hemisferio funciona eficientemente y puede ser cualquiera, el gestáltico o el lógico. En esos momentos nada más tenemos acceso a los sentidos que alimentan al hemisferio dominante o que se expresan por medio de este.

Cada vez que nos enfrentamos a una nueva situación de aprendizaje, captamos la información con mayor facilidad a través de nuestros sentidos dominantes (ojos u oídos) y nos expresamos (ya sea con palabras, ademanes o escribiendo) con la mano dominante.

Gracias a nuestros circuitos nerviosos innatos, el hemisferio izquierdo controla el movimiento del lado derecho del cuerpo y recibe la información sensorial que le envía este lado. El hemisferio derecho controla el movimiento del lado izquierdo del cuerpo y recibe la información sensorial que este lado le manda.

En la figura 33 vemos a Domiperfil, un personaje esquemático que nos ayudará a visualizar los perfiles dominantes. Cuando se oscurece alguna zona de Domiperfil es para indicarnos que hay dominancia de ese hemisferio, mano, ojo u oído.

Figura 33. Domiperfil, personaje
del factor dominante.

La eficiencia de los sentidos depende de dónde se encuentre el ojo, oído o mano dominante con respecto al hemisferio cerebral dominante. Por ejemplo, el estímulo visual es más eficiente cuando el ojo dominante se encuentra en el lado opuesto al hemisferio cerebral dominante. Si en alguien dominan el hemisferio izquierdo y el ojo derecho, la visión es más fácil. El hemisferio izquierdo controla los movimientos musculares del ojo derecho, con lo cual se optimiza la eficiencia del enfoque tridimensional y del bidimensional para una visión de rastreo y periférica. Lo mismo sucede si dominan el hemisferio derecho y el ojo izquierdo. Sin embargo, si los dominantes son el ojo izquierdo y el hemisferio también izquierdo (homolateralidad), la visión es menos eficaz porque el cerebro dominante no controla los movimientos musculares del ojo dominante. Además, como una buena parte del hemisferio que no es dominante se apaga cuando hay tensión, la información visual que llega del ojo del lado opuesto al hemisferio que no es el dominante resulta muy limitada. Homolateralidad significa que el ojo, oído o mano dominantes se encuentran del mismo lado que el cerebro dominante. Eso hace que disminuya la eficacia, sobre todo cuando hay tensión, porque se ve limitado el funcionamiento del hemisferio que no domina. En adelante, me referiré a los perfiles homolaterales como limitados.

Los ojos nos permiten ver y tener una interpretación visual del mundo. Los oídos nos ayudan a escuchar y recordar. Las manos ayudan a la comunicación, ya sea oral, escrita o por medio de gestos. El hemisferio izquierdo pone en marcha la expresión del lenguaje (verbal o escrito) con la mano derecha. El hemisferio derecho comienza el movimiento expresivo y la manipulación física con la mano izquierda. Cuando tanto el hemisferio

Figura 34. Aprendiz visual.

Figura 35. Aprendiz con
limitaciones visuales.

izquierdo como la mano izquierda son los dominantes, la comunicación se ve limitada. Lo mismo ocurre si los dominantes son el hemisferio derecho y la mano derecha. Son explicaciones muy simplistas, que apenas rozan el alto grado de complejidad que representan estos perfiles.

A continuación tenemos un cuadro de perfiles básicos, donde podemos apreciar el modo en que trabajan en conjunto los hemisferios, los ojos, los oídos y las manos. Hay personas que tienen perfiles contralaterales en el caso de determinados sentidos, y hay quienes tienen perfiles homolaterales para ciertos sentidos. Asimismo, se pueden mezclar en cualquier combinación, por ejemplo, una persona puede ser contralateral para la vista y homolateral para el oído.

Cuadro 3. Perfiles contralaterales y homolaterales

Perfiles contralaterales		
Sentido dominante	*Hemisferio dominante*	*Estilo de aprendizaje preferido*
Ojo derecho	Izquierdo	Visual
Ojo izquierdo	Derecho	Visual
Oído derecho	Izquierdo	Auditivo
Oído izquierdo	Derecho	Auditivo
Mano derecha	Izquierdo	Verbal
Mano izquierda	Derecho	Kinestésico

Cuadro 3. Perfiles contralaterales y homolaterales (continuación)

Perfiles homolaterales		
Sentido dominante	*Hemisferio dominante*	*Estilo de aprendizaje preferido*
Ojo derecho	Derecho	Visualmente limitado
Ojo izquierdo	Izquierdo	Visualmente limitado

* Los estudiantes con limitaciones visuales prefieren aprender por medio de sus otros sentidos. Es posible que cierren los ojos o miren en otra dirección para concentrarse en la información que de verdad desean aprender o expresar.

Oído derecho	Derecho	Auditivamente limitado
Oído izquierdo	Izquierdo	Auditivamente limitado

* Los alumnos con limitaciones auditivas quizá no escuchen lo que se dice y acaso se desconecten cuando alguien habla demasiado, como en las conferencias. También suelen tener problemas cuando se trata de aprender otros idiomas y recordar sonidos.

Los registros de TEP hechos a sujetos en el momento en que están hablando muestran que, en casos de estrés, solo funcionan bien las zonas primarias del hemisferio izquierdo, conocidas como zona de Wernicke y zona de Broca, además de una zona en el lóbulo parietal que se conecta con ellas (Tortora y Anagnostakos, 1990: 403). Se cree que esta zona de conexión (el territorio de Geschwind) es importante para que el niño adquiera la capacidad del lenguaje. Asimismo, es la última zona del cerebro en madurar y coincide con el desarrollo total de las habilidades para la lectura y la escritura (Catani, 2004). Además, si ves el diagrama del habla (comunicación) en la figura 15 y lo comparas con el mapa del cerebro, en la figura 7, observarás que la zona principal del habla se conecta con la mano y, en segundo término, con la boca. De tal modo, las personas en las que domina el hemisferio izquierdo y la mano derecha son aprendices del tipo verbal y necesitan hablar mientras aprenden o para aclarar las cosas de manera lineal cuando se encuentran en una situación tensa.

Sentido dominante	*Hemisferio dominante*	*Estilo de aprendizaje preferido*
Mano derecha	Derecho	Comunicativamente limitado
Mano izquierda	Izquierdo	Con limitaciones comunicativas y kinestésicas

Por otro lado, los alumnos con comunicación limitada no pueden hablar fácilmente cuando están tensos. Si su hemisferio dominante es el derecho, lo que digan no tendrá sentido lógico ni lineal. Sus palabras estarán llenas de emoción y su actitud será más bien kinestésica. Si su hemisferio dominante es el izquierdo y son zurdos, les costará mucho trabajo hablar y comunicar lo que piensan.

Las niñas aprenden la lingüística más rápido que los varones y dan muestras de tener una constitución celular más densa que ellos en la zona de Wernicke. Los estudios hechos con RNM cuando los alumnos leían palabras rítmicas mostraron que los hombres realizan sus procesos preferentemente en el lóbulo frontal derecho, mientras que las mujeres tienden a hacerlo en el lado izquierdo y emplean las zonas frontal, temporal y parietal, con mayor procesamiento a través del cuerpo calloso. El opérculo parietal que se usa para el lenguaje y la atención están en el lado derecho del cerebro y las niñas logran acceder a él con más facilidad (Witelson, 1995; Giedd *et al.*, 1997). Nuestra sociedad tiende a creer que las personas con habilidades para el lenguaje y la lectura son inteligentes, de modo que presionamos a los niños, incluso los más pequeños, para que hablen y lean. Por lo regular, los varones no hablan bien antes de entrar a la escuela y eso los pone en desventaja. Son más los niños que las niñas enviados a los grupos especiales.

Está claramente definido que entre 65 y 70% de la población es diestra. Sin embargo, Einstein era zurdo y ellos tienen centros para el lenguaje en ambos hemisferios y un cuerpo calloso más grande que los diestros. Cuando se obliga a los niños a usar siempre la mano derecha, como era común en nuestra sociedad, quizá se les ayude en el proceso del lenguaje pero también se les puede inducir al tartamudeo (Witelson, 1995). Acaso lo mejor sería, sencillamente, respetar a los zurdos por naturaleza.

Los perfiles dominantes fueron una valiosa contribución a mi trabajo como consejera con alumnos considerados emocionalmente discapacitados y puestos en grupos de educación especial. Al utilizarlos en programas educativos individuales, los perfiles ayudaron a informar y respaldar la manera en que cada niño comprendía su forma particular de aprender (por lo regular, los programas tienen objetivos que se plantean a un año, se establecen de un modo individual para cada niño y en su elaboración participan el maestro, el consejero y los padres del alumno). Además, el perfil dominante permitía que los padres de familia y los profesores entendieran cómo era mejor abordar y respetar el estilo de aprendizaje de cada niño.

Incluso, hubo maestros que empezaron a utilizarlos en sus clases normales, como parte del programa de autocomprensión y autoestima que se aplica a los alumnos.

Los perfiles dominantes y las etiquetas educativas

Después de utilizar esta evaluación del perfil dominante en diversas escuelas y con muchos estudiantes, comencé a ver que surgían ciertos patrones. Por ejemplo, varios de los alumnos con hemisferios gestálticos dominantes o limitaciones sensoriales eran, también, los que supuestamente tenían dificultades para el aprendizaje. En 1990 emprendí un estudio más formal para comparar los tipos de perfil dominante con los sistemas que había en las escuelas para diagnosticar a los estudiantes (Hannaford, 1993).

Haciendo uso de los perfiles dominantes básicos, reuní datos a partir de una muestra aleatoria de 218 alumnos que asistían a escuelas de Denver (Colorado) y Kona (Hawái). La evaluación de la dominancia se hizo mediante la revisión de la respuesta muscular, que es un método de diagnóstico empleado por médicos, kinesiólogos, quiroprácticos y otros profesionales de la salud, mientras llevan la atención del sujeto a cada brazo, ojo, oído y a cada hemisferio del cerebro (Hannaford, 1997: 155-158; Monti *et al.*, 1999). Además, los estudiantes fueron identificados de acuerdo con las siguientes etiquetas, según se establece en los criterios de evaluación de esas escuelas:

DT = Dotado y talentoso (los niños elegidos para este programa sobresalían académicamente y tenían altas calificaciones en el SAT, lo cual significa que eran muy buenos en lenguas y matemáticas).

N = Normal (niños que se desempeñaban adecuadamente en el aula).

R = Terapéutico (niños con dificultades específicas para la lectura).

X = Educación especial o emocionalmente discapacitado (niños que se considera que tienen discapacidad para el aprendizaje y trastornos con déficit de atención por hiperactividad, TDAH).

SR = Secundaria de redireccionamiento (una escuela secundaria alternativa para alumnos que han desertado de otras escuelas).

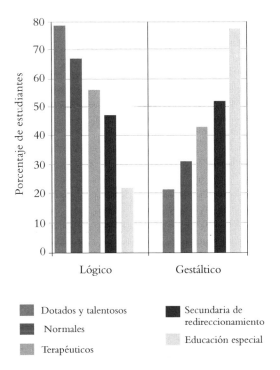

Gráfica 3. Dominancia de hemisferios en una muestra aleatoria de 218
estudiantes que asisten a escuelas en Denver y Kona.

La gráfica 3 muestra mis descubrimientos con porcentajes para cada grupo
que revisé —las columnas que representan el hemisferio lógico y el gestáltico de cada grupo suman 100%.

En los últimos 14 años he proseguido mis investigaciones sobre el perfil
dominante y continúo encontrando los mismos patrones.

En los años 2000 y 2002, el hermano John Wu, padre salesiano y director escolar, y Amy Choi, asesora educativa, obtuvieron información de la
dominancia en dos escuelas secundarias de Hong (comunicación personal):

- Escuela Secundaria Lam Woo, con 180 alumnos, integrada por 20%
  de los estudiantes más sobresalientes.
- Escuela Técnica Ng Siu Mui, con 123 alumnos, integrada por 10% de
  los estudiantes menos aventajados.

En el cuadro 4 se muestra su comparativo.

Cuadro 4. Dominancia de hemisferios en una muestra de 303
estudiantes que asisten a dos escuelas de Hong Kong

Función	*Secundaria Lam Woo (porcentaje)*	*Escuela técnica Ng Siu Mui (porcentaje)*
Hemisferio gestáltico (izquierdo) dominante	57	33
Aprendiz verbal (hemisferio izquierdo, mano derecha)	27	11
Seguidor de instrucciones (hemisferio izquierdo, pie derecho)	28	15
Aprendiz visual (hemisferio y ojos en lados opuestos)	47	63
Aprendiz auditivo (hemisferio y oídos en lados opuestos)	48	34

Estos datos son similares a los de mis estudios y revelan la gran diferencia entre los alumnos más aventajados y los que tienen menos éxito, incluso en una cultura que aprecia a sus hijos y se esfuerza por asegurarles el triunfo.

¿En qué pueden estar mal los que emplean el hemisferio derecho?

En mis investigaciones, lo primero que me llamó profundamente la atención fue el contraste entre las etiquetas asignadas a 78% de los alumnos con hemisferio lógico dominante y la etiqueta puesta a 78% de los alumnos en los que dominaba el hemisferio gestáltico. En las escuelas donde estudié, con frecuencia se consideraba que los alumnos con grandes habilidades verbales y procesos cerebrales lógicos eran personas dotadas y talentosas, los que mostraban un procesamiento gestáltico y pocas habilidades verbales lineales eran considerados, más a menudo, como discapacitados para aprender y con necesidad de educación especial.

Es bien sabido (y lo expliqué en el capítulo 5) que aquellos en quienes domina el procesamiento lógico, también llamados hemisferios zurdos, se concentran en los detalles. Específicamente, en el caso de un idioma, ellos se fijan en las palabras, la sintaxis y la estructura de la oración. En cuanto a las matemáticas, son más aptos para el uso de un procesamiento lineal detallado a la hora de resolver problemas. Asimismo, son más proclives a aprenderse los detalles de la técnica en la pintura, la música, la danza y los deportes. Si les gusta la música, son buenos leyendo partituras, llevando el compás y dominando la técnica que requiere un instrumento. Por lo regular, la música se enseña de manera lineal, empezando con las notas, el compás y la técnica, de modo que, en un principio, viene bien el procesamiento que hace el hemisferio izquierdo. Sin embargo, si quienes estudian música y tienen un hemisferio lógico dominante no desarrollan de forma adecuada las capacidades del cerebro gestáltico, pueden tener dificultades cuando llegue el momento de las imágenes, la pasión, el ritmo y el flujo que se necesitan para hacer que la música cobre vida.

En el cuadro se puede ver que los estudiantes con un talento que corresponde al cerebro lógico reciben con más frecuencia el refuerzo positivo que significa la calificación de "dotado y talentoso" otorgada por el sistema educativo. Es posible que ellos tengan una autoestima más alta y sufran menos tensiones, ya que los trabajos escolares están dirigidos a sus capacidades. Eso les da la confianza para explorar el aprendizaje por la vía de la Gestalt (pero solo si no tienen la presión de estar en franca competencia con otros y tratando de obtener siempre las máximas calificaciones). A la larga, al sufrir menos estrés, aumentan sus oportunidades de adquirir más estrategias integradoras de aprendizaje, así como de desarrollar más redes nerviosas y cubrirlas adecuadamente de mielina por todo el cuerpo calloso.

Los que procesan en el hemisferio gestáltico, llamados también de cerebro diestro, son capaces de observar todo el panorama, sentir las conexiones emocionales y lograr una comprensión intuitiva. Son muy espontáneos y necesitan aprender de manera kinestésica, a través del movimiento.

En disciplinas como la pintura, la música, la danza, el teatro y los deportes pueden sentir la pasión, el movimiento y perciben el esquema completo. Todos estos elementos son importantes para la creatividad. En el caso de la música, prefieren abordarla en su conjunto y explorar, tocar el instrumento y cantar lo que oyen y sienten.

Si no utilizan su cerebro izquierdo de un modo adecuado (por ejemplo, en momentos de tensión), les costará trabajo manejar los detalles y hacer un procesamiento lineal. A los aprendices gestálticos les afecta más que a los lógicos el impulso inicial que reciben, entre los cinco y los siete años de edad, para aprender funciones lineales, ya sea en aritmética o en lengua. Pronto empiezan a creer que son tontos y desarrollan "desesperanza aprendida".

En un estudio que comparó la actividad de las ondas cerebrales en niños "normales" y con "discapacidad para el aprendizaje", se descubrió una importante diferencia. Los niños con "discapacidad para el aprendizaje" mostraban: *1)* menos activación general del hemisferio izquierdo, incluso cuando se trataba de ejercicios verbales y *2)* una cantidad significativamente baja de cambios entre uno y otro hemisferio cada vez que un ejercicio requería diferentes estrategias de procesamiento (Mattson *et al.*, 1989). Pienso que esto tiene una relación directa con el estrés. Cuando un niño se siente tenso en el sitio donde ocurre el aprendizaje, termina dependiendo solo de su hemisferio dominante (gestáltico), del tronco encefálico y del sistema nervioso simpático. Se vuelven incapaces de explorar y utilizar su hemisferio lógico. Se ven atrapados en un círculo vicioso. La tensión que les produce la escuela incrementa su incapacidad para aprender de forma lógica, entonces disminuye el desarrollo de sus células nerviosas y su consecuente cobertura de mielina, además de su capacidad para utilizar los dos hemisferios alternadamente. ¡Nuestra sociedad ha emprendido una fuerte discriminación contra los aprendices gestálticos!

Los diestros cerebrales (gestálticos) tienen que esforzarse más para salir bien librados en nuestro sistema educativo. Albert Einstein, además de ser zurdo, era un aprendiz gestáltico. Son muy famosos sus fracasos escolares a temprana edad y, cuando ya era adulto, se refería más a su confianza en las imágenes visuales que a la lógica lineal. Él decía: "las palabras que componen el idioma, puesto que son escritas o habladas, no parecen tener ninguna función en el mecanismo de mis pensamientos. Las entidades físicas que aparentemente sirven como elementos del pensamiento son ciertos signos e imágenes más o menos claras que se pueden reproducir o combinar a voluntad" (Einstein citado en Gardner, 1983: 190). Por fortuna, él buscó situaciones holísticas para el aprendizaje, en las cuales su curiosidad se veía estimulada y crecía su sed de comprender. Tocaba el violín apasionadamente y eso ayudó a la integración de su cerebro. El mundo ha tenido la bendición de contar con sus increíbles discernimientos, los cuales estuvieron mucho más relacionados con sus imágenes internas y sus sentimientos que con un procesamiento lineal estricto (Brewer y Campbell, 1991).

El sistema educativo hace poco por fomentar el pensamiento holístico, intuitivo y basado en imágenes (a diferencia del que se basa en las palabras). ¿Y dónde estaríamos si no tuviéramos esas capacidades? Los aprendices gestálticos poseen talentos que con frecuencia se subestiman en las escuelas. Si, como resultado, estas personas se menosprecian a sí mismas, corremos el riesgo de que dejen de aportar su importante contribución a la sociedad. Hay que comprenderlos y procurar que desarrollen su proceso de aprendizaje, si no perderemos un recurso muy valioso.

¿Cómo propicia el sistema educativo el pleno uso de nuestros sentidos?

El sistema educativo favorece a los estudiantes que pueden hacer un proceso lineal, captar información auditiva y visualmente, mirar al maestro y volver a enunciar los fragmentos de información de manera lógica y lineal. En mi estudio, a esos los llamo alumnos de "acceso sensorial completo" (por lo regular, domina en ellos el hemisferio izquierdo, el ojo derecho, el oído derecho y la mano derecha). En promedio, constituyen 15% de la población de esta prueba. Aquellos a los que se les ha considerado "dotados y talentosos" representan el segmento más grande de este grupo de acceso sensorial completo.

Figura 36. Aprendiz de acceso sensorial completo.

Por lo general, esos estudiantes se desempeñan bien en las pruebas de habilidades lingüísticas y aritméticas que suelen aplicarse en nuestras escuelas, incluidas la evaluación académica SAT (Scholastic Assesment Tests) que, a pesar de su limitado alcance, en Estados Unidos está considerada como una confiable evaluación de la inteligencia. Podrás observar que este perfil depende

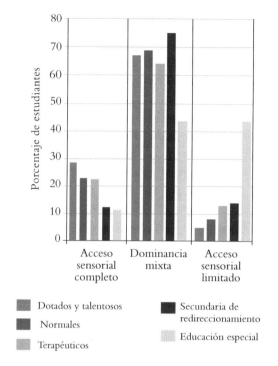

Gráfica 4. Patrones de acceso sensorial en la misma muestra de 218 estudiantes de Colorado y Hawái.

en gran medida del funcionamiento del cerebro lógico, pero si a esos alumnos no se les anima para que hagan uso del procesamiento del cerebro gestáltico, quizá no desarrollen de modo adecuado algunas habilidades importantes, como captar todo el panorama, relacionarse con otros de manera empática, sentir las implicaciones emocionales de las ideas o generar con espontaneidad nuevas opiniones. No obstante, todo el sistema está diseñado para enseñar, sobre todo, las habilidades del procesamiento lógico.

Analicemos otras implicaciones descubiertas en este estudio. En la gráfica 4 observa la columna que corresponde a los sujetos con limitaciones auditivas. Cuando el oído dominante está del mismo lado que el hemisferio dominante, el funcionamiento auditivo es menos eficaz y la persona podría no escuchar bien lo que se dice. En mi estudio, el perfil de limitación auditiva representa un promedio aproximado de 52% de la población. Aun así, las disertaciones habladas son nuestra forma primordial de enseñanza. De este modo, en una conferencia, es posible que la mitad del público no capte los mensajes. Ejercicios como Sombreros de pensamiento y el Bostezo energético (que vimos en el capítulo 7) son excelentes para afinar las capacidades auditivas si se hacen antes de una plática. Observa también que un alto porcentaje de alumnos, tanto de los dotados y talentosos como de los que requerían educación especial, tenían limitaciones auditivas. Tenemos aquí un interesante y, al parecer, paradójico punto en común que puede explicarse si consideramos que en la gran mayoría de los alumnos "dotados y talentosos" domina el hemisferio lógico y, por lo tanto, verbal. Entonces, aun cuando tienen limitaciones auditivas y quizá no capten bien lo que se está diciendo, hablan y, por lo mismo, uno supone que son más inteligentes. Sucede lo contrario con los estudiantes que son asignados a una educación especial, sobre todo en los que domina el hemisferio gestáltico, cuando no son verbales. Nuestra sociedad equipara las habilidades verbales con la inteligencia y, por eso, etiqueta a los que hablan bien como dotados y talentosos. En cambio, a los que no se distinguen por su habilidad para hablar, es probable que los envíen a recibir una educación especial.

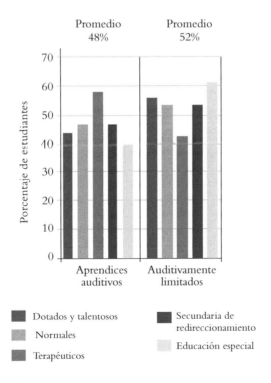

Gráfica 5. Patrones de dominancia auditiva y hemisférica en la misma muestra de 218 estudiantes de Colorado y Hawái.

En este mismo estudio, entre los alumnos que mostraban perfiles contralaterales en cuanto a la mano y el hemisferio cerebral, 22% de los del grupo
de dotados y talentosos eran kinestésicos y no verbales, en comparación
con 89% del grupo de educación especial. En el sistema educativo tradicional y en la sociedad valoramos mucho las capacidades lingüísticas. Nuestras
pruebas SAT reflejan esto al examinar las inteligencias lingüísticas y lógi-
co-matemáticas. Como señaló Howard Gardner, esta tendencia ignora por
lo menos otras cinco inteligencias, incluidas la kinestésica, la visual-espacial,
la musical, la interpersonal y la intrapersonal (Gardner, 1985; Given, 2000).
Un típico plan de estudios ofrece muy pocas técnicas, si no es que ninguna,
para un aprendizaje kinestésico, aunque las investigaciones han revelado la
importancia del movimiento para aprender mejor. Ya se ha demostrado que
actividades como la actuación, la música y la pintura hacen que mejoren
las calificaciones en las evaluaciones de lingüística y matemáticas (College
Bound Seniors, 1992).

Mirar al maestro no significa poner atención

También nos gusta creer que las personas aprenden solo porque nos miran
mientras les enseñamos. Tengo muchos años de experiencia como profesora
y sé que uno se siente bien cuando le habla a un grupo y todos lo miran. Pero
observa en la gráfica 5 la columna que señala a quienes tienen limitaciones
visuales. Esta columna representa cualquier perfil en el que el ojo dominante
está del mismo lado que el hemisferio dominante y constituye aproximadamente la mitad de la población. Solo en el grupo de los dotados y talentosos
hay 27.8% de alumnos con limitaciones visuales, en comparación con 72.2%
del grupo que recibe educación especial. Esto podría deberse a que en sus
aulas se enfatiza demasiado en el aprendizaje visual. Si los conceptos que
se tratan son nuevos y difíciles de entender, las personas con limitaciones
visuales quizá necesiten mirar hacia otro lado o cerrar los ojos para que sus
sentidos dominantes capten la información con mayor facilidad. Es una pena
que muchas veces esto se considere como falta de atención.

Una vez me enviaron a una chica de 15 años porque andaba mal en
matemáticas. Su hemisferio dominante era el izquierdo, su mano la derecha, su oído el derecho y su ojo el izquierdo, por lo tanto, su perfil básico
era de limitación visual con dominancia lógica, audición plena y acceso a
la comunicación. Los aprendices auditivos en los que domina el hemisferio

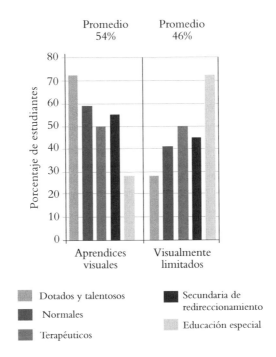

Gráfica 6. Patrones de dominancia visual y hemisférica en la misma muestra de 218 estudiantes de Colorado y Hawái.

lógico suelen ser buenos para las matemáticas, así que decidí entrar de visita a su clase. Su maestro la había puesto en primera fila, directamente enfrente de él. Cada vez que él mencionaba un problema matemático o lo escribía en el pizarrón, ella cerraba los ojos y se volteaba para que su oído derecho apuntara hacia el profesor. Lo que estaba haciendo era su mejor esfuerzo para captar de manera óptima, con su sentido preferido (el oído), dentro de una situación que se había tornado muy tensa para ella. Él le dijo de inmediato: "¡mírame!, ¡ve el pizarrón!". En cuanto ella, sin más remedio, miraba al profesor o el pizarrón, perdía su concentración auditiva y su habilidad óptima para aprender mejor.

Los tres aprendimos mucho de aquella experiencia. El profesor la ubicó en la tercera fila, del lado izquierdo del salón, viendo hacia él. Sí, ella tenía pleno acceso auditivo con su oído derecho. Al maestro ya no le molestaba lo que parecía una distracción de la alumna, puesto que ella ya no necesitaba cerrar los ojos. Mientras tanto, la chica empezó a practicar Gimnasia para el cerebro® diariamente, para estimular su sentido preferido del oído

Figura 37. Aprendiz con dominancia lógica, limitación visual, audición
plena y acceso a la comunicación.

y hacer que trabajara su visión. En menos de un mes obtuvo la calificación
más alta en matemáticas.

Tuve un caso similar en una clase de anatomía y fisiología en la universidad. Una mujer que había vuelto a la escuela después de 25 años de
trabajar como enfermera para conseguir su certificado técnico en enfer-
mería tomó asiento en la parte trasera del salón y mientras duraba la clase,
no hacía otra cosa que tejer. Nunca tomaba notas y rara vez me miraba. ¡Al
final obtuvo una de las calificaciones más altas de todo el curso y tejió nueve suéteres en ese semestre! Era una aprendiz auditiva, no necesitaba verme
ni mirar al pizarrón para captar y como usaba ambas manos para tejer,
tenía activos sus dos hemisferios y los empleaba por igual. En las escuelas
europeas los niños tejen como parte de su adiestramiento, es una actividad
excelente para propiciar el desarrollo de la coordinación motriz fina, el
funcionamiento del lóbulo frontal y la integración hemisférica, todo en
beneficio del aprendizaje (Ministerio de Investigación y Educación, 1991).

El perfil de limitación visual también afecta la habilidad para leer, sobre
todo en circunstancias estresantes. Cuando uno está tenso, los ojos reaccionan moviéndose de manera periférica (para ver en dónde está el peligro)
y si nos piden que leamos, utilizamos el ojo no dominante, porque este lo
mantenemos alerta, ya que la supervivencia es una función primordial. En
este caso, los músculos del ojo dominante no recibirán la función motriz
completa del hemisferio cerebral que no es el dominante porque este se
encuentra parcialmente apagado. Es obvio que así se vuelve difícil tener un
enfoque foveal y seguir la lectura en una página; asimismo, se minimizará el
estímulo sensorial integrado. Los Ochos perezosos para ver (ya analizados

en el capítulo 7) ayudan a que los ojos trabajen en conjunto para captar al máximo la información visual.

¿En Israel le va mejor a los lectores cuyo ojo dominante es el izquierdo?

La característica de tener como ojo dominante el izquierdo también ha dado lugar a una observación curiosa. En realidad no tenemos una visión binocular. La gran protuberancia que tenemos entre los ojos (la nariz) interfiere la visión binocular completa. De modo que tenemos un ojo que dirige el rastreo y el otro lo sigue. El ojo derecho ejerce un rastreo natural de izquierda a derecha, mientras que el ojo izquierdo lo hace al contrario (Eden *et al.*, 1996: 155–177).

El aprendiz que sigue un patrón en el que domina el ojo izquierdo querrá ver primero el lado derecho de la página y de ahí moverá la vista hacia la izquierda. En los idiomas donde se lee de derecha a izquierda (como el hebreo y el chino), los alumnos con ojo dominante izquierdo tienen la ventaja. Es posible que en esos lugares ellos sean los dotados y talentosos, ya que leerán con mayor facilidad y se ganarán los aplausos. En Israel, los estudiantes que tenían más dificultad para la lectura eran los que tenían como ojo dominante el derecho.

En mi estudio, los alumnos terapéuticos tienen el porcentaje más alto de ojo izquierdo dominante. Asimismo, 81% de esos estudiantes eran de ojo dominante izquierdo y mano dominante derecha. Como, por naturaleza, su ojo quiere rastrear de derecha a izquierda, también guiará a la mano de derecha a izquierda, lo cual puede ocasionar dificultades para escribir o causar que pongan las letras invertidas. Además, esto puede ser señal de que hay una conexión entre la coordinación ojo y mano y problemas para escribir bien. Los niños que están en el programa terapéutico escriben invertidas las letras y los números y les cuesta mucho trabajo aprender a leer; lo que necesitan es entrenamiento para coordinar ambos ojos y poder conducirlos en la dirección opuesta. Una forma de hacerlo es ejercitar los ojos moviéndolos en todas direcciones, enfocando a lo lejos después de mirar un objeto cercano, y luego enfocando el movimiento de un dedo que se acerca y se aleja de la nariz, como si uno estuviera tocando el trombón. Esto fortalece los músculos oculares y su habilidad para trabajar en conjunto. El adiestramiento visual, tal como lo enseñan Paul y Gail Dennison,

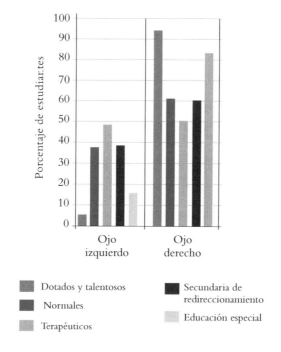

Gráfica 7. Dominancia visual en la misma muestra de 218
estudiantes de Colorado y Hawái.

vigoriza la función ocular al activar el seguimiento en todas las direcciones
mientras se hace acupresión en determinados puntos. Las actividades que
la Gimnasia para el cerebro® recomienda para los ojos, en especial el Ocho
pereroso, ayudan a tener un buen rastreo de la mirada y un buen enfoque
foveal, además de que contribuyen a la lectura y la escritura. Hacer malaba-
res con pelotas o bufandas también resulta de gran eficacia para coordinar
el ojo y la mano. Como el sistema vestibular armoniza los movimientos
oculares, puede ser buena idea que los alumnos se sienten o se muevan sobre una pelota ejercitadora o una tabla en equilibrio mientras leen.

¿Y los maestros qué?

Mi estudio buscó también descubrir el perfil de los maestros en esas escuelas. En tres de cada cuatro profesores, es decir, 75%, dominaba el hemisferio
lógico, la mano derecha, el ojo derecho y eran auditivamente limitados.

Figura 38. Aprendiz con dominancia lógica, acceso visual
y de comunicación, pero con limitación auditiva.

Cuando las personas que tienen este tipo de perfil se encuentran estresadas, tienden a hablar de los detalles, no escuchan y esperan que los estudiantes los miren. Por supuesto, los maestros pueden estar tan tensos como cualquier persona y hasta más. Al estar en un salón de clases abarrotado de alumnos y, entre ellos, muchos niños SHEOS portándose mal, los profesores pueden poner en acción sus propios perfiles dominantes básicos. El estrés crea un círculo de frustración para todos los involucrados.

El perfil de un grupo en desventaja

El grupo de aprendices que se encuentra en mayor desventaja es el de quienes tienen una total limitación sensorial, sobre todo cuando su hemisferio dominante es el gestáltico. La gráfica 4 nos presenta un comparativo de este grupo en la columna señalada como limitación sensorial completa. Solo 5% de los alumnos dotados y talentosos tienen una limitación total, en comparación con 44% que forman el grupo de educación especial. Las personas con una limitación gestáltica completa (hemisferio dominante el derecho, ojo derecho, oído derecho y mano derecha) tienen problemas para captar los estímulos sensoriales cuando están tensas; se retraen y procesan por medio de imágenes internas, movimientos y emociones, sin poder expresarse verbalmente.

Para estas personas es importante contar con tiempo para estar solas y procesar la situación. En nuestra sociedad se le da tanto peso a las palabras, que queremos que todos sean capaces de dar voz a sus ideas y sentimientos.

Figura 39. Aprendiz gestáltico con total limitación sensorial.

Un aprendiz con una completa limitación gestáltica puede captar todo el panorama pero le costará trabajo expresarlo con palabras. En su frustración, al no poder hacerlo así, quizá estalle de una manera emocional. Es posible que se enrede en una pelea o que se vuelva emocionalmente volátil en el aula, con lo cual se ganará la etiqueta de discapacitado emocional. Una manera de ayudar a quienes tienen una limitación gestáltica completa es incluir diversos factores en el ámbito del aprendizaje, como *1)* movimiento, *2)* captar primero todo el panorama y luego ir a los detalles, *3)* comenzar con ellos un procesamiento lineal cuando tengan entre siete y ocho años de edad, no antes, *4)* para que se sientan seguros con sus emociones y en sus relaciones, y *5)* dejar que tengan un rato en silencio para procesar de manera interna el conocimiento recién adquirido. Los salones de clases tradicionales albergan a demasiados alumnos y la mayoría de los maestros tiene un hemisferio lógico dominante; además de esto, los planes de estudio suelen basarse en los detalles, de modo que estos aprendices, por su tipo de limitaciones, pasan mucho tiempo en actitud de supervivencia. El resultado puede ser "desesperanza aprendida", depresión, violencia y la apabullante cantidad de estudiantes de perfil gestáltico (entre tres y cuatro millones) que hay en los programas cada vez más numerosos de educación especial y para personas con discapacidad emocional.

Recuerdos de una estudiante con perfil gestáltico

Mi perfil personal es el del patrón en el que domina una plena limitación gestáltica. Por eso me parecen tan importantes las actividades de Gimnasia para el cerebro® y el éxito que han demostrado. Me veo reflejada en los niños con los que he trabajado y sé que el sistema está acomodado en su contra.

En lo particular, tuve muchas dificultades con las habilidades cognitivas en la escuela. No aprendí a leer antes de cumplir 10 años. Fue hasta que un preceptor mostró respeto por mi ritmo y mi estilo para aprender cuando encontré el sentido de la lectura. Entonces me convertí en una lectora voraz. Cada semana había un examen de ortografía y eso me paralizaba de terror. En poco tiempo llegué a pensar que era una "burra". En quinto grado, mi autoestima bajó aun más cuando tenía que memorizar las tablas de multiplicar. Llegué a odiar las matemáticas, después de reprobar álgebra dos años seguidos. Era frustrante. Podía saber las respuestas pero no lograba formular el procedimiento lineal para llegar a ellas y sustentarlas. Mientras más me esforzaba, menos entendía. La mayor humillación ocurrió el día en que una profesora me envió a otro salón a contestar mi examen porque creyó que copiaba los resultados. Lo que sucedía era que mi estilo para aprender no encajaba en el sistema. Si hoy estuviera de nuevo en la escuela, es indudable que me pondrían en un grupo de educación especial, etiquetada como discapacitada para el aprendizaje. Por suerte, cuando iba al colegio en la década de 1950 no se les había ocurrido recurrir a la educación especial.

La escuela primaria a la que asistí tenía un estricto programa de educación física. El movimiento, el arte y la música formaban parte integral del plan de estudios diario. Eran materias que me gustaban mucho, me emocionaban y mi buen desempeño en ellas me motivaba a volver cada día, a pesar de mis dudas sobre mí misma y mi retardo "cognitivo". Además, podía pasar un largo rato sola y en silencio, con la naturaleza, con mi imaginación y con una curiosidad que estimuló mi interés por la biología. Si bien lidié con esos problemas, he tenido éxito como educadora, bióloga, neurofisióloga y como conferencista internacional, aunque a veces vuelven a surgir, de entre mis batallas escolares, esas vocecillas que me quieren hacer dudar de mí misma.

Reconocí la misma frustración en mi hija, conforme su alegría por aprender fue decayendo a medida que pasaba de un año al siguiente. Lo intentó dentro del sistema tradicional, pero cuando en realidad despegó fue durante los seis meses que asistió a una escuela Montessori a los siete años y, después, a una secundaria de redireccionamiento (una escuela alternativa con la que cuenta el sistema escolar público de Denver) que se adaptaba a su estilo particular de aprendizaje. En la actualidad, es una de las mejores estudiantes de su escuela y está tratando de obtener la licenciatura en trabajo social internacional.

Tras haber trabajado con los maravillosos niños que encontré en los programas de educación especial y los que fueron colocados en programas para pequeños con discapacidad emocional en diversas escuelas, pude ver a través de su frustración la inteligencia inadvertida que había en cada uno de ellos. Descubrí su espontaneidad y vi que sobresalían en inteligencias de tipo kinestésica, musical, visual-espacial e interpersonal. Si tomamos más en serio las artes, el movimiento y las relaciones interpersonales en nuestras escuelas y en la sociedad, estos alumnos pueden llegar a convertirse en los líderes del mañana.

La solución de los problemas desde la perspectiva del hemisferio derecho

A pesar de que el sistema educativo abraza y recompensa la solución a los problemas que ofrece el hemisferio izquierdo, cada vez se reconoce mejor el papel que tiene el hemisferio derecho cuando se trata de resolver un problema. El investigador Grayson Wheatley ha estudiado un aspecto de la solución a los problemas desde el hemisferio derecho, el cual he reconocido como el mismo que yo uso para procesar las matemáticas y, en especial, el álgebra.

Wheatley (1977: 36-39) afirma que el hemisferio derecho destaca en tareas que no implican el uso del lenguaje oral, que son de tipo espacial y poco familiares. Este hemisferio capta la totalidad y resuelve el problema de inmediato. El hemisferio izquierdo procesa la información que lo estimula, de modo que uno puede describir con palabras dicho estímulo. Al momento de solucionar un problema, es importante no forzar al niño a que utilice el lenguaje como vehículo para el pensamiento si las imágenes pueden funcionar de manera más adecuada. Los niños pueden estar bien enterados de algo aunque no se muestren capaces de expresar sus ideas con palabras. Bob Samples (1975: 21-23) describe este tipo de pensamiento y hace notar que la solución de los problemas requiere una reestructuración de los elementos y no solo seguir algunas reglas.

Todavía nos apoyamos demasiado en un aprendizaje algorítmico (lineal, matemático y orientado hacia las normas) y seguimos esperando que los alumnos aprendan, ante todo, por medio de la memorización, desde el jardín de niños hasta la universidad. ¿Por qué? La memoria y las habilidades lineales son fáciles de probar y de cuantificar. Son un tipo de pruebas que ofrecen comparaciones objetivas. ¿Pero qué miden? Los hechos y las habilidades lineales, por lo general, son adquisiciones, pero ¿son lo más importante en la educación de una persona? ¿No debería interesarnos más el pensamiento, la creatividad y la aplicación del conocimiento a las situaciones reales de la vida? El énfasis en las habilidades de bajo nivel y las pruebas de memoria alientan un énfasis en un proceso de pensamiento de bajo nivel, es decir, enseñar a los alumnos para que pasen pruebas. Por consiguiente, uno deja de esforzarse por desarrollar un pensamiento de alto nivel. Herman Epstein (1979) observó que "más de la mitad de la población de Estados Unidos nunca alcanza la etapa de Piaget del razonamiento formal. ¡Tenemos gente que conoce pero muy pocos pensadores!".

La tensión que provoca tener que someterse constantemente a pruebas hace que disminuya la capacidad para ver la solución de los problemas en un contexto más amplio. Esto convierte la educación en un juego de números en el que se estimula más la competición que la cooperación, mientras que la información no llega a la aplicabilidad o al pensamiento creativo. Si conseguimos progresar hacia una educación que balancee la memoria y el pensamiento y que respete el proceso de aprendizaje que sigue cada persona, es posible que surjan aprendices ágiles con valiosas herramientas de pensamiento. Para decirlo de un modo más cerebral, como señala Bob Samples, "hemos descubierto que si aplaudimos las funciones del hemisferio derecho será inevitable que se desarrollen las cualidades del hemisferio izquierdo".

Enseñar para todo el cerebro

He estado presente en salones de clase donde las matemáticas se enseñan solo a partir del planteamiento de un problema. Cuando los alumnos resuelven problemas que se basan en un planteamiento anecdótico y trabajan desde una perspectiva tridimensional de la vida real, tienen acceso a imágenes. Los mismos estudiantes se ven estimulados a proyectar esos problemas anecdóticos y, así, les dan una importancia emotiva a la vez que penetran profundamente en su pensamiento imaginativo. Entonces, los problemas se resuelven en equipos de aprendizaje en los que cooperan tres o cuatro alumnos. Es posible que todas las respuestas en el aula sean idénticas, pero la forma en que cada equipo llega a esa respuesta es muy particular. Después, todos los equipos comparten sus métodos para la solución del problema y cada alumno gana al enriquecer su percepción del proceso general para resolver dilemas.

En el contexto universitario (por ejemplo, un curso de economía para 300 alumnos), tiene mucho más sentido emplear un modelo de aprendizaje que se base en la cooperación que conformarse con recitar una ponencia en la que uno puede perder la atención de una gran cantidad de estudiantes (según mi estudio, 52% de los estudiantes tenían limitaciones auditivas). Dividir a los alumnos en equipos, darles los lineamientos y dejarlos que debatan, escriban, diagramen, aprendan y se afiancen en la experiencia personal con la información que se les presentó es muy importante. El movimiento que efectúan al poner en palabras sus pensamientos, escribiéndolos o ilustrándolos, además de enriquecer su perspectiva en el trabajo compartido, hará que se expanda su razonamiento formal más sutil y los pondrá rumbo a convertirse en una nación de pensadores.

McKim va aun más allá cuando sostiene que en la flexibilidad está la clave del pensamiento productivo; cree que es recomendable dejar de pensar conscientemente, relajarse, dar un paseo o dormir una siesta y permitir que el pensamiento proceda de manera inconsciente, sin tensión (Myers, 1982). El doctor Czikszentmihalyi (1996) llama a ese estado de presencia pero sin pensamiento consciente el "flujo", del cual se derivan todos los pensamientos creativos y las acciones auténticas. Cuando los niños y los adultos de verdad están jugando, se hallan en un estado de "flujo" y el aprendizaje se les da de manera natural y abundante. En las escuelas debemos permitir el movimiento y un tiempo para la integración si queremos garantizar el desarrollo sofisticado de la resolución de problemas.

El conocimiento de que existen diferentes estilos para aprender ha motivado a muchos maestros y algunos sistemas escolares completos a ser más innovadores en sus planes de estudios. Algunos programas, como el de Howard Gardner, que se basa en las inteligencias múltiples, el sistema 4-MAT de Bernice McCarthy (1986), derivado del trabajo de David Kolb (1984: 96), y la obra de Rita Dunn (Given, 2000) ayudan a distinguir las diferencias en los estilos de aprendizaje y cada vez tienen más aceptación. El replanteamiento de la definición de inteligencia que hace Gardner (1983: 59-70) ha contribuido, en gran medida, a remodelar la teoría educativa y su práctica. De acuerdo con Gardner, la inteligencia: 1) es la capacidad para responder con rapidez a una nueva situación, 2) es importante para una cultura específica, en tanto que ayuda y respalda a esa cultura, 3) tiene sus propios patrones de desarrollo y *4)* tiene un potencial similar en cada persona. Cuando ocurre una catástrofe, el sujeto que suele salir bien en las pruebas SAT y las que miden el cociente intelectual quizá no sea el más inteligente para ayudar a los demás en su supervivencia. Lo que reflejan tales pruebas, principalmente, es la preparación social y emocional de un individuo para resolver los problemas que le presenta un examen, los cuales suelen estar saturados de suposiciones culturales y, lamentablemente, han establecido los criterios para definir la inteligencia en nuestra sociedad.

En tanto conservemos nuestras inflexibles creencias acerca de lo que hace que alguien sea valioso, inteligente o adecuado, estaremos promoviendo los hábitos de etiquetar y competir de manera desleal y eso puede destruir nuestra diversidad y potencial humanos. Se puede observar esto de modo gráfico en un estudio realizado con aldeanos africanos que habitan en las costas del Lago Victoria, en Kenya. Cuanto más altas eran las calificaciones que obtenían los niños en edad escolar en una prueba de conocimiento práctico sobre las plantas medicinales que utilizan sus familias, más bajas eran sus calificaciones en los exámenes de inteligencia y logros académicos. Los niños cuyos padres hacían más hincapié en lo académico obtenían mejores calificaciones en la escuela y en las pruebas de cociente intelectual, pero carecían de cierto manejo de conocimientos prácticos (Richardson y Sternberg, 2003: 93). De acuerdo con los criterios de Howard Gardner, ¿cuáles niños habrían sido considerados más inteligentes?

A principios del ciclo escolar, Heather Goodmanson, maestra de tercer grado de primaria en Hawái, pidió a sus alumnos que se imaginaran cuáles podrían ser sus propios perfiles de dominancia. Luego, dejo que ellos solos se organizaran según el acceso sensorial que más se les facilitaba. Los aprendices visuales se sentaron en las primeras filas, los auditivos en las siguientes, entre estos, los de oído derecho dominante se sentaron del lado izquierdo del salón y los de oído izquierdo dominante en el lado derecho. Los que tenían una limitación gestáltica total ocuparon las últimas filas y se les entregó plastilina o cera para manipularla kinestésicamente durante la clase. Esto contribuyó a comprender y respetar mejor a todos los alumnos y aumentó la autoestima de cada uno de ellos. Los niños de ocho años se caracterizan por criticar mucho a los demás pero, en este grupo, si algún compañero tenía dificultades, se enfocaban en su perfil y lo abordaban considerando las que serían sus cualidades dominantes, siempre con compasión y empatía.

Esos alumnos practicaban actividades de Gimnasia para el cerebro® todos los días, cinco minutos antes de empezar la jornada, cinco después del descanso y cinco después del almuerzo. Al cabo de seis semanas se les permitió cambiar de asiento y lo hicieron con una profunda comprensión de sus patrones preferenciales y de su mejor lado para aprender. Se redujeron mucho los niveles de tensión en el aula y la convivencia se convirtió en un proceso cocreativo para todos. Al final, cada alumno obtuvo el mayor aprovechamiento académico de su trayectoria escolar. Este fue un modo muy sencillo y sensato de respetar a cada aprendiz.

Respetar a todos los alumnos

La mayoría de los maestros sigue creyendo que el aprendizaje solo ocurre cuando el niño está quieto, callado, escuchando y cuando cumple con todas sus tareas. Es tan incisiva la competencia en el campo del aprendizaje, que los padres de familia no confían en sus propias corazonadas de que el juego (en especial entre padres e hijos) y la adquisición de habilidades sociales son más importantes para los niños que imbuirles capacidades cognitivas a muy temprana edad. Si su hijo no tiene tan buen desempeño como el del vecino de la otra cuadra o mejor que él, los padres se preocupan y lo llevan a evaluar y a que le diagnostiquen "incapacidad para el aprendizaje", incluso antes de que cumpla un año. ¿Cómo podemos juzgar a un niño en particular, cuando cada quien tiene su propio ritmo de desarrollo y apenas está en camino a convertirse en alguien?

Parece que las expectativas de los padres de familia se acentúan cuando el niño entra a la escuela y los maestros resienten la presión de quienes desean asegurarse de que su hijo destaque académicamente. Incluso, hay calcomanías para pegar en la defensa del auto que alardean: "Aquí va el orgulloso padre de un digno estudiante". Si en verdad hablamos de "dignificar" a los alumnos, trataremos de ser sensibles a su desarrollo y sus necesidades, de acuerdo con su estilo para aprender y nos daremos cuenta de que cada persona es un aprendiz "digno" de respeto. Podemos aprovechar herramientas como los perfiles de dominancia para ayudarnos en ese proceso y tener una mejor comprensión y compasión, en tanto que nos deshacemos de la necesidad de competir.

Asimismo, los perfiles de dominancia pueden contribuir a que las parejas en conflicto se entiendan mejor, al igual que si el conflicto se da entre padres e hijos o entre compañeros de trabajo o de juego. En mi libro *Cómo aprende tu cerebro* (publicado por esta misma casa editorial) ofrezco más información acerca de los perfiles y cómo se pueden determinar los de cada persona (Hannaford, 2023).

La salud del sistema educativo depende de nuestros cuidados y de que difundamos el aprendizaje en cada ciudadano. Debemos dejar de emitir juicios que nos conduzcan a etiquetar y provocar competencias, lo cual ocasiona demasiada tensión. Es necesario establecer un criterio adecuado que sintetice el procesamiento de todo el sistema cuerpo-mente por medio del arte, la música y el movimiento, de manera regular, en conjunto con las habilidades cognitivas. Tenemos que dotar a los estudiantes con las herramientas integradoras para el cuerpo y la mente que les permitan detener el ciclo del estrés y activar su total acceso sensorial y hemisférico. Es posible que, entonces, nos demos perfecta cuenta del singular potencial humano que invoca Paul MacLean, en una sociedad evolutiva en la que todas las personas triunfen en su aprendizaje.

Las personas aprenden de manera instintiva, pero lo que aprendemos y la forma en que nos consideremos como alumnos generalmente dependerá de cómo nos tratan los instructores y otras figuras que tomamos como modelos a seguir. Enseguida, un fragmento de una carta escrita por una madre aborigen australiana al maestro de su hijo. En pocas palabras, esta elocuente mujer expresa un anhelo universal de todo padre de familia: ¡trate a mi hijo con dignidad!

Estimado señor o señora:

Antes de hacerse cargo del aula en la que está mi hijo, por favor, pregúntese ¿qué va a enseñarle a unos niños aborígenes?

Sería muy bueno que tuviera en mente que nuestros hijos son muy hábiles interpretando el lenguaje del silencio, la sutil y muda comunicación de las expresiones faciales, los gestos, el movimiento corporal y el uso del espacio personal. Se darán cuenta de lo que usted siente y de sus actitudes con una precisión admirable, aunque tenga mucho cuidado y cubra todo con una sonrisa o una voz modulada.

Ellos aprenderán en su salón de clases porque los niños aprenden de un modo involuntario. Lo que ellos aprendan dependerá de usted. ¿Piensa ayudarle a mi hijo para que aprenda a leer o le va a enseñar que tiene problemas para la lectura?

¿Lo ayudará a desarrollar habilidades para la solución de los problemas o le enseñará que la escuela es un lugar en el que uno tiene que adivinar cuáles son las respuestas que el maestro quiere oír? ¿Aprenderá mi hijo que el sentido que tiene de su propio valor y dignidad es muy adecuado o que debe estar disculpándose eternamente y "esforzándose más" por no ser blanco?

¿Puede ayudarlo a adquirir las habilidades intelectuales que necesita sin que, al mismo tiempo, le imponga usted sus valores, encima de los que él ya observa? Respete a mi hijo. Es una persona. Tiene el derecho de ser él mismo.

Muy atentamente,

[Una madre de familia aborigen (*The Native Perspective*, 1977)]

Capítulo 14

Fármacos e hiperactividad

*De tal manera está hecho el hombre que cada vez que
algo enciende su alma la imposibilidad se desvanece.*
La Fontaine

Desde hace mucho tiempo, nuestra sociedad ha tenido sentimientos muy fuertes pero contradicrorios con respecto a confiar en drogas que pudieran parecer maravillosas para tratar los problemas que nos afligen. La confianza en los remedios tipo "bala mágica" y la dependencia a ellos han alternado con la sospecha acerca de las afirmaciones exageradas de logros y preocupaciones en torno a efectos secundarios, intencionales o anunciados. En el tratamiento de la conducta que afecta de manera contraria al aprendizaje, el péndulo se balancea definitivamente, hoy en día, por el reconocimiento de la necesidad de contar con alternativas sensatas, naturales y que no invadan la intimidad para los fármacos.

Hay razones urgentes para cuestionarnos sobre la insistente práctica de tratar la hiperactividad y los trastornos por déficit de atención con ritalina y otros medicamentos semejantes.

En primer lugar, el trastorno con déficit de atención por hiperactividad (TDAH) se entiende actualmente como una etiqueta asignada a un comportamiento del cual no se ha demostrado que haya antecedentes genéticos ni patológicos. Lo más certero es que sus agentes causales sean los factores ambientales que ya se delinearon en el capítulo 8, en el cuadro que muestra los inhibidores del aprendizaje. Estos complejos factores ambientales están encabezados por la falta de atención de los adultos y por contextos que no son estimulantes para el aprendizaje. Peter y Ginger Breggin señalan que cuando los adultos tienen que lidiar con un niño diagnosticado con TDAH, cuentan con dos opciones divergentes: transformarse ellos mismos y, por consiguiente, al sistema educativo, o reprimir al niño. El camino más fácil parece ser someterlo a demasiadas terapias basadas en medicamentos. Los niños, por naturaleza, son curiosos, activos y dependen de la atención de sus padres para aprender. Cuando encuentran algo interesante que hacer o cuando se les da una cantidad razonable de atención de calidad, es común que desaparezca el TDAH (Breggin y Breggin, 1994: 3, 62, 78).

En segundo lugar, los métodos sensatos, que no son fastidiosos y que se enfocan en el niño, funcionan mejor a largo plazo. Si se aplican adecuadamente, les permiten responsabilizarse de sus emociones y su energía física y les proporcionan las armas para desempeñarse mejor en la vida.

En tercer lugar, los riesgos que conlleva el uso de drogas suele superar a los beneficios. Los fármacos interactúan con el cerebro y el cuerpo de maneras intrincadas y, a menudo, nada deseables. El valium, uno de los tranquilizantes más socorridos en nuestra sociedad desde hace diez años, nos ofrece una advertencia, porque compite con los neuropéptidos que se encargan de causar sensaciones de ansiedad (los octadecaneuropéptidos). El efecto calmante de ese fármaco confunde a todo el sistema nervioso y, a la vez, se anticipa a la respuesta emocional. Además, el valium actúa sobre los monocitos (los leucocitos que destruyen los organismos causantes de enfermedades), lo cual afecta de forma directa al sistema inmunológico. El comportamiento de los monocitos es delicado y vulnerable. Añadir químicos que modifiquen el estado de ánimo a la, ya de por sí, complicada estructura química del cuerpo y del sistema inmunológico parece muy peligroso, en un momento en el que está aumentando la incidencia de enfermedades que ponen en riesgo la vida (como el cáncer, el sida y las enfermedades cardíacas) (Chopra, 1990: 66-67).

Candace Pert (1999), una de las grandes investigadoras científicas de nuestro tiempo, nos recuerda que la raíz anglosajona de la palabra "mente" significa "poner atención a algo" y que aquello en lo que ponemos nuestra atención es lo que aprendemos. No puede haber aprendizaje sin motivación de la atención y anticipación del placer. Cuando se dan la atención y la anticipación, nuestros químicos naturales, como la dopamina, las endorfinas y la serotonina, se producen en dosis muy sutiles que se conectan a los sitios receptores de las células que tenemos en todo el cuerpo , donde estimulan de inmediato ciertas funciones celulares y luego se destruyen. Esto permite que el cuerpo esté constantemente abierto y flexible ante las nuevas experiencias. En tanto que haya un sitio receptor, se dará el aprendizaje y este no puede ocurrir si no hay *emoción, anticipación, atención y motivación*. Las emociones se originan con nuestros químicos naturales en el cuerpo y esas moléculas de emoción guían cualquier movimiento, pensamiento y aprendizaje.

La dopamina es un neurotransmisor que desempeña una función muy importante para aprender a controlar los movimientos y la motivación. Los cuerpos de las células nerviosas que contienen dopamina proyectan de manera muy amplia sus axones dentro de la zona prefrontal del lóbulo frontal, así como también en las estructuras subcorticales, entre las que se incluye el ganglio basal (Fischback, 1992: 54-55). Son zonas relacionadas con la regulación y el control de los movimientos finos motores normales y con nuestra motivación para explorar y actuar en el entorno de un modo que se optimice todo el aprendizaje. En casos médicos como el del mal de Parkinson, se administra dopamina para controlar los temblores del cuerpo y los movimientos erráticos.

Los registros de TEP en los niños diagnosticados con TDA y TDAH mostraron niveles de dopamina significativamente más bajos y volúmenes cerebrales más reducidos que los de los niños normales, sobre todo en la sustancia gris de la zona frontal derecha, relacionada con el movimiento y la integración de las ideas (Mostofsky, 1999). Asimismo, se observó que dos regiones en la parte frontal del cuerpo calloso eran más pequeñas en dichos niños; una de esas regiones se conecta con la parte del cerebro que se encarga de reprimir el impulso de inquietarse, y la otra hace que se active la producción adecuada de dopamina (Matochik, 1994; Winslow y Markstein, 1984).

El Ritalín, las anfetaminas y el cerebro

Los fármacos como el Ritalín (metilfenidato), la Dexedrina (dextroanfetamina), el Cylert (pemolina), el Adderall (anfetamina) y, en ocasiones, los antidepresivos tricíclicos (el Tofranil y el Norpramín) que se usan para tratar la hiperactividad modifican los niveles de los neurotransmisores naturales del cerebro. El simple hecho de tomar Ritalín durante varios días afecta a las células ricas en dopamina dentro de la zona cerebral denominada núcleo caudado y la habénula, en los lóbulos frontales. La habénula mantiene la conexión con las células que producen serotonina y ayuda a regular la transmisión de la dopamina que llega al cerebro, haciendo que disminuya su liberación en cualquier otra parte (Ellison, 1993). El uso del Ritalín provoca que la dopamina se vaya a cualquier otro sitio y que disminuya la serotonina, de modo que el cuerpo se calma por un rato y uno consigue concentrarse mejor (Breggin y Breggin, 1994: 85).

Esa concentración no es producto de un proceso natural. Ocurre debido a que esas drogas se unen a las proteínas que transportan la dopamina al cerebro y, por lo tanto, afectan la acción de esta en múltiples sistemas cerebrales. Dichas sustancias inundan los receptores de la dopamina, de manera que las endorfinas naturales, la dopamina, la serotonina, etcétera, no logran estimular a sus receptores (The Presidem's Council on Bioethics, 2002). Así pues, es necesario empezar por desintoxicarlos para que vuelvan a estar libres y funcionen adecuadamente y este proceso requiere mucho tiempo, por eso los medicamentos como el Ritalín y los ya mencionados disminuyen o inhiben nuestra propia producción natural de químicos y permanecen un largo período en el cuerpo antes de que el hígado los descomponga (Pert, 2001).

Los más afectados son los lóbulos frontales, el ganglio basal y el cuerpo estriado, las zonas del cerebro responsables de que haya más control motor, motivación, pensamiento integrador y sentido del tiempo (Johnson, 1992: 153-154; Hartmann, 1993: 73). Los lóbulos frontales controlan nuestra capacidad para ir de un estado abierto de libre asociación a un estado de conciencia concentrado y detallado. Esta habilidad para pasar desde un estado difuso y amplio a una concentración aguda y delimitada es importante para el pensamiento humano y la solución de problemas. Así es como ocurre el razonamiento formal más sutil, conforme vamos y venimos cómodamente entre el panorama completo (estímulo amplio) y los detalles. Aun cuando el Ritalín nos permite estar atentos a los detalles, a una actividad escolar repetitiva y nos ayuda para que podamos aprender de memoria, inhibe nuestra capacidad para cambiar de enfoque entre una conciencia abierta y una concentrada (Whalen y Henker, 1980).

Asimismo, disminuye el impulso motivacional que nos hace ser únicos, creativos, felices y curiosos. Es semejante a lo que sucede con otras sustancias estimulantes, la televisión y los juegos de video, que reducen la necesidad de obtener estimulación por medio de nuestras propias acciones (Rapaport et al., 1978: 560-563). El Ritalín y otros estimulantes de la psique pueden hacer que decaiga la conducta que busca las sensaciones y que nos motiva a explorar de modo activo el mundo y aprender de él (Ellison, 1993). De los niños en edad escolar que toman Ritalín, 43% de los menores de 10 años y 50% de los que tienen entre 10 y 19 años padecen depresión (DeGrandpre, 1999; Blackman, 1998: 84-89).

El Ritalín actúa sobre el cerebro igual que los "aceleradores". Desde un punto de vista neurofarmacológico, causa los mismos efectos que la cocaína y las anfetaminas, los mismos efectos secundarios y los mismos riesgos. La Administración de Alimentos y Medicamentos (FDA, por sus siglas en inglés) clasifica al Ritalín en la categoría de los principales adictivos, en el Catálogo II, junto con las anfetaminas, la cocaína, la morfina, el opio y los barbitúricos (APA, 1989: 1221). Es importante agregar que no hay evidencias de que el Ritalín contribuya a mejorar el aprendizaje, el desempeño académico a largo plazo, el bienestar psicológico ni el comportamiento social (Breggin, 1991: 15; Swanson *et al.*, 1992; Ellison, 1993).

Un estudio realizado con adultos hiperactivos que fueron tratados con Ritalín cuando eran niños demostró que cerca de la cuarta parte de ellos no terminó la secundaria. Solo uno de los jóvenes hiperactivos, en comparación con otros ocho de un grupo de control, continuó con sus estudios hasta obtener una licenciatura. En comparación con los que conformaban el grupo de control, muy pocos miembros del grupo hiperactivo tenían un empleo de nivel profesional. Ya como adultos, entre la tercera parte y la mitad de ellos seguían presentando una continua hiperactividad (Mannuzza *et al.*, 1993). Un estudio descubrió que hubo un encogimiento en el cerebro de varios de los adultos diagnosticados con TDAH que han consumido Ritalín durante muchos años (Nasrallah *et al.*, 1986). También, un estudio con registros de TEP acerca de los efectos que causaba el Ritalín en los adultos etiquetados con TDAH hizo notar que había una relación con el estrés y, a pesar de que ya al final del estudio los sujetos tenían menos inquietud y mejoraba su atención, su actividad cerebral todavía daba muestras de reacción ante el estrés. A partir de estos resultados David Shaffer (1994) llegó a la conclusión de que el TDAH en los adultos está ocasionado por el estrés cuando este no ha sido reconocido ni tratado de manera apropiada. De nuevo, parece más adecuado denominarlos SHEOS.

El peligro reside en los cambios perdurables de la química cerebral ocasionados, posiblemente, por el uso prolongado de fármacos. Se ha demostrado que cuando se administraba Ritalín de manera continua a un grupo de ratas jóvenes, sucede una reducción persistente en la densidad de los transportadores de dopamina en el cerebro, incluso ya que se había descontinuado el uso del Ritalín (Moll *et al.*, 2001).

El mal de Parkinson está relacionado con una baja producción de dopamina y, por lo tanto, los niños hiperactivos a los que se les receta Ritalín tienen más probabilidades de padecer esa enfermedad en su vida adulta

(Hartmann, 1993: 76). En términos generales, todo esto no habla muy bien de este fármaco.

Algunas de las precauciones y reacciones adversas del Ritalín que se han establecido comprenden: pérdida del apetito, dolor abdominal, pérdida de peso, insomnio, taquicardia (latidos irregulares del corazón), nerviosismo y posible hipersensibilidad, anorexia, nausea, vértigo, palpitaciones, dolores de cabeza, discinesia y somnolencia. Con respecto al estrés, existe una aclaración muy específica en la publicación *Physicians Desk Reference* (Arby y Gole, 1995: 897): "Por lo regular, no se recomienda el Ritalín para síntomas relacionados con las reacciones agudas al estrés".

El porcentaje de niños diagnosticados con TDAH a los que se les ha recetado Ritalín y otros fármacos similares aumentó de 55%, en 1989, a 75%, en 1996 y a 90%, en 1998 (Blackman, 1998). La cuota anual de producción de Ritalín casi se triplicó entre 1992 y 1995 y se volvió a duplicar entre 1995 y 2002. La cuota de 2002, de 20 967 kg, es suficiente como para producir un poco más de mil millones de píldoras, con un contenido de 20 mg de metilfenidato. Asimismo, se incrementó tremendamente la cuota de anfetaminas durante el período de 1996 a 2002 (The President's Council on Bioethics, 2002). Ya para el año 2000, 15% de todos los niños en edad escolar (ocho millones) tomaban Ritalín o algún medicamento semejante (*Wisconsin State Journal*, 1996; Parker-Pope, 2005).

Desde un punto de vista ético, estamos sugiriendo a nuestros niños que "digan NO a las drogas" y, sin embargo, les enviamos el mensaje de que la única manera en que ellos pueden estar bien es consumiendo esa droga. El Consejo de Bioética del Presidente, en diciembre de 2002, planteó los siguientes cuestionamientos que debemos considerar:

> ¿Qué es lo que el uso del Ritalin y las anfetaminas les está enseñando a los drogadictos y a sus amigos acerca de sí mismos? ¿A qué está conduciendo a los niños? ¿No están olvidándose de aprender a controlarse a sí mismos? ¿Están aprendiendo que el autocontrol no es necesario? ¿Se están viendo a sí mismos como débiles y afligidos? ¿Consideran que están excusados de su mal comportamiento o su mal desempeño si no toman Ritalín o que están libres de culpa mientras se hallan bajo sus efectos? ¿Los niños que han ingerido Ritalín durante años desarrollan su autonomía moral y su responsabilidad? ¿Qué le enseña a los jóvenes, con respecto al uso de tales fármacos, el uso tan extendido que hacen los adultos del Ritalín y las anfetaminas? (McKearney, 1977: 116).

Tucker Janes trabaja como profesor de educación especial en Massachusetts y ha expresado claramente que "el uso de drogas excede por mucho a nuestra comprensión de las mismas y es una pena que nuestros motivos para emplearlas estén más orientados hacia el control que hacia la educación".

Si las investigaciones han demostrado con tanta contundencia que los movimientos integradores, el contacto afectivo, la música y el juego ayudan al desarrollo de las zonas cerebrales necesarias para mejorar la concentración y el aprendizaje durante toda la vida, sin que ello nos produzca efectos físicos perjudiciales, ¿por qué, entonces, recurrimos al uso de drogas potencialmente dañinas? (Mercogliano, 2003; Stein, 2002; Berne, 2002).

Alternativas ante los fármacos

Existen alternativas estratégicas muy beneficiosas para ayudar a las personas diagnosticadas con hiperactividad, TDA y TDAH. El doctor Eberhard Mann, médico y director de la Clínica para el Tratamiento de la Hiperactividad, en el Centro de Consultoría Kapiolani, en Hawái, aboga por un tratamiento extensivo para el TDAH.

> Al decir tratamiento extensivo queremos indicar un programa de tratamiento que aborde cada problema que incida en el potencial de aprendizaje del niño y en sus interacciones sociales positivas. Es un tratamiento que incluye educación especial, grupos de asesoría formados por amigos, adiestramiento para el autocontrol, educación de padres y maestros, cultivo de motivación y autoestima, manejo de la ira y, en algunos casos, medicamentos "estimulantes" como el Ritalín (Mann, 1994).

Cuando las investigaciones han demostrado que los juegos toscos, sobre todo en los primeros años de la adolescencia, reducen la hiperactividad y los síntomas de TDAH (Panksepp et al., 2003), y que jugar con niños autistas unas 15 horas a la semana disminuye en gran medida los síntomas del autismo (Gavin, https://playproject.org/), podríamos tener en consideración el juego, el contacto afectivo y el movimiento como las primeras opciones para el tratamiento, y acudir a los fármacos solo cuando estos no hayan dado resultado. En poco tiempo, los niños y adultos "hiperactivos" con los que he trabajado, al emplear el movimiento, han sido capaces de refrenarse y coordinar sus movimientos, de pasar con facilidad de los detalles al panorama completo y no solo de concentrarse, sino de divertirse con lo que aprenden.

Dejar atrás la etiqueta de SHEOS

¿En realidad existe el trastorno con déficit de atención? Los SHEOS y, para el caso, todos nosotros, nos comprometemos mejor en algo cuando las lecciones y el entorno en que sucede el aprendizaje tienen más importancia y valor. Si uno está interesado en el proyecto en que se embarca, es capaz de concentrar su atención e, incluso, perder la noción del tiempo. La motivación es un elemento clave en la atención concentrada. Como lo demuestran nuestros estudios acerca del cerebro, en el sistema nervioso hay un estrecho vínculo fisiológico entre el centro de atención (SAR) en el tronco encefálico y el sistema límbico, asiento de la emoción, la motivación y la memoria.

Si para el alumno es valioso lo que va a aprender, su cerebro se activará. Todos somos curiosos por naturaleza, sobre todo con respecto a nosotros mismos y nuestro mundo. Si nos encontramos con desafíos que nos motiven y nos interesen, aprenderemos mejor y contribuiremos con entusiasmo ofreciendo lo que nos hace distintos. Albert Galaburda (1988) lo expresa de un modo muy sencillo: "En la manera en que los disléxicos o cualquier otra persona utilizan su cerebro se halla un factor crítico para modificarlo". Hasta los que en verdad padecen dislexia y en los cuales puede haber deficiencias en el hemisferio izquierdo, manifiestan habilidades notables correspondientes al hemisferio derecho (Vail, 1987). Es hora de abandonar nuestros prejuicios, expectativas y creencias sobre lo que es "inteligente" y glorificar el aprendizaje y lo que hace especial a cada estudiante.

Si persistiera alguna duda en cuanto a la eficacia de ofrecer un entorno seguro, alentador y personalmente valioso para el aprendizaje, junto con la posibilidad de ejercer movimientos alegres y conscientes cada día, de manera coherente y refinada, permítanme proporcionar la siguiente lista donde enumero lo que aquellos alumnos "discapacitados para el aprendizaje" lograron hacer en un lapso de entre seis semanas y seis meses:

1. Relajarse y divertirse en el aula, disfrutando el proceso del aprendizaje con todos.

2. Sostener conversaciones inteligentes.
3. Concentrar su atención en una tarea por un período lo suficientemente largo como para llevarla a buen término.
4. Demostrar interés y preocupación por los demás alumnos, por los maestros y por sí mismos.
5. Escuchar callados y con mucha atención cuando los demás exponían sus ideas.
6. Trabajar y jugar bien con otras personas (lo que disminuye notablemente las peleas).
7. Llegar a un acuerdo equitativo después de una discusión.
8. Responder por sí mismos con total confianza y de un modo positivo cuando otros los molestaban.
9. Expresar con seguridad su creatividad de mil maneras, mediante la música, la pintura, la poesía, la danza y las relaciones interpersonales.
10. Expresar adecuadamente su ira y su cariño.
11. Alcanzar una coordinación motriz fina y un buen equilibrio.
12. Mostrar un uso adecuado del discurso interior para el razonamiento deductivo y para controlar su propio comportamiento.
13. Tener éxito y celebrar los logros de otras personas.
14. Implantarse dentro de mi corazón como seres humanos increíblemente maravillosos y magníficos supervivientes.

¿Habrá algún fármaco que ofrezca semejantes resultados? ¡Y vaya que mis experiencias no son únicas en su género! Es hora de que veamos a cada niño y a cada persona como un alumno singular, poseedor de un tiempo y un ritmo específicos para el aprendizaje. Si comprendemos los factores que causan tensión y que conducen a las personas a convertirse en SHEOS, tendremos un excelente comienzo para crear situaciones óptimas para el aprendizaje. Técnicas tan simples, naturales y libres de fármacos como tocar para aprender y usar música, juegos creativos, bailes, Gimnasia para el cerebro®, tai chi, yoga y muchas actividades más que nos pueden ayudar a eliminar de manera consciente todas las etiquetas de SHEOS que ocultan al aprendiz inteligente debajo de ellas. Hubo un niño de tercer grado, en un salón de clases aislado, especial para alumnos con discapacidad emocional (tenía un perfil gestáltico, con una dominancia totalmente limitada), que me conmovió tanto con su inteligencia que no pude menos que escribirle este texto:

El regalo

Sentí su pegajosa tibieza cuando se aferró al respaldo de la silla, "criatura perdida, hiperactiva, con dominancia limitada, TDAH, emocionalmente discapacitada", su nariz ensangrentada y su cabello emplastado cubrían su rostro manchado de lodo y dos riachuelos blancos que manaban de sus ojos hasta caer furiosamente en el suelo.

Atrapado en el acto innato de sobrevivir, el campo de juego que lucha en un desesperado intento por mantener su dignidad, más cierto sentido de humanidad contra las palabras lacerantes de un semejante.

Encarcelado en las etiquetas que otros han cincelado en su delicada memoria desde que nació, criatura de luz, reducida a un perfil psicológico-lingüístico, cuidadosamente conservado y elaborado por cada persona que ha venido a encargarse de él.

Estos mismos labios que ahora se estremecen por la frustración, ayer me guiaron por una fantasía de imaginativa riqueza que rebasó mi realidad, con solo presenciar el alba de su intrincada belleza. Estas manos, ahora llenas de sangre, antes dibujaron a un hombre que tenía 17 brazos y que con cada uno de ellos empuñaba un bastón singularmente tallado, mientras paseaba a su perro, del color del arco iris y ojos fluorescentes.

Y esas piernas, con moretones y valientemente trabadas para sostener en el aire el combado tronco de su cuerpo, sabían más que bien de qué modo conducir el balón y podían correr veloces, sin esfuerzo, con los pies descalzos por una cancha de hierba y lava. Esta criatura que conocía muy pocos besos y abrazos, esta exquisita criatura que tenía el futuro en el corazón.

Yo era esa criatura, hace muchos, muchos años, incapaz de explicar lo que necesitaba o de expresar de un modo lógico mi frustración. Sin poder entender que ese hoyo en mi alma pedía a gritos un abrazo o que alguien me viera con más claridad de lo que podía verme yo para conectarme conmigo o enseñarme cómo hacerlo, en un veloz curso de autoconocimiento y autoestima y llegar a creer en ello, aun frente a tantas etiquetas e imágenes limitadas, impuestas por la sociedad.

Este momento y esta criatura son el sitio para empezar a curar las heridas. Sus ojos, reflejo de este mundo, pegajosos como están, golpeados y llenos de temor, profundos y honestos, no me permiten voltear la mirada. Él es mi regalo, mi alarma para despertar. Una nueva oportunidad que Dios me da para aprender a AMAR.

Capítulo 15
En busca de modelos

Me sorprende cómo nuestra cultura puede destruir la curiosidad
en el más curioso de todos los animales, el ser humano.
Paul MacLean

Para darnos una mejor idea de qué caminos conducen al éxito en el aprendizaje, es hora de que veamos qué funciona no solo en nuestra cultura y nuestro sistema educativo, sino también en otras partes del mundo. Muchas veces pienso que nos engañamos suponiendo que representamos la verdad cuando llamamos a nuestra cultura y a nosotros mismos el Primer Mundo, mientras etiquetamos las aldeas africanas de las montañas de Lesotho como el Tercer Mundo. Es posible que esa distinción resulte adecuada si hablamos de la proliferación tecnológica o de la afluencia económica, pero cuando nos referimos al aprendizaje, llega el momento en que debemos emprender una reevaluación más importante. No estoy diciendo que tengamos que volver a la era previa a la tecnología, sin embargo creo, eso sí, que en los conceptos y las prácticas de otras culturas hay muchas cosas que podríamos aprender.

Percepciones que provienen del Tercer Mundo

En los pueblos de Lesotho, en el sur de África, los valores sociales y las prácticas comunales sustentan el desarrollo temprano de la niñez de un modo mucho más efectivo que en nuestras ciudades. Los beneficios que obtienen los niños son sustanciales. Una terapeuta ocupacional que dirige a un grupo de evaluación en KwaZulu, Sudáfrica, compartió conmigo sus interesantes descubrimientos. De los 10 mil niños evaluados para ver si estaban listos para empezar a aprender antes de entrar a la escuela cada año en KwaZulu, los de la población rural negra han obtenido, de manera consistente, calificaciones mucho más altas que los de la población blanca urbana en 47 de las 50 pruebas de diagnóstico. En dos de las tres pruebas en que no fueron superiores, resultaron iguales. En la que fueron inferiores se evaluaba su enfoque foveal (cercano y bidimensional) y las razones de su mal resultado las expuse antes, en el capítulo 6. Los niños de raza negra manifiestan un alto nivel de pericia para el aprendizaje, una excelente integración de cuerpo y mente y muchos deseos de aprender (Sunfield Home School, 1993).

Estas culturas tienen mucho que enseñarnos acerca de la forma de valorar a la gente, la estimulación temprana sensitiva y motriz, el fomento de la responsabilidad, el desarrollo del lenguaje y las relaciones interpersonales. Los niños y, en particular, los bebés, se consideran el tesoro del clan. Una costumbre tribal dicta que el recién nacido pase sus primeras seis semanas solo con sus padres y sus familiares más cercanos para dejar que se fortalezcan sus vínculos. Durante ese período, toda la tribu participa en arreglar las diferencias que pudiera haber entre sus miembros. Utilizan delantales de cuero con largas orlas y en estas hacen un nudo por cada pleito que sostienen con algún otro integrante de la comunidad. Su tarea es aclarar cualquier problema que acarreen y deshacer todos los nudos antes de que el bebé sea presentado a la tribu al final del período de seis semanas.

Como en esta tribu nacen muchos bebés, constantemente hay reconciliaciones. Es una costumbre que garantiza un alto grado de armonía social en beneficio de los jóvenes. El ideal es que todos los niños crezcan en una comunidad completamente amorosa y cooperadora, que trabaje en conjunto por el bien de cada criatura a lo largo de su crecimiento. Asimismo, cada adulto en la tribu se vuelve responsable de la crianza de todos los niños. Esta es otra práctica de cohesión social que transmite a los pequeños la preocupación por el bien colectivo, el conocimiento de las reglas y los límites y el derecho a tener seguridad y cariño.

Cuando aprendí que existía este sistema, me di cuenta de por qué tantas veces me he sentido abrumada como madre soltera. He estado tratando de hacer por mi hija algo de lo que, por naturaleza, se ocupan por lo menos cien personas en un clan familiar.

En la estructura del clan, el primer año en la vida del bebé está lleno de estimulaciones sensoriales y motrices. Esto incluye el contacto y la atención constantes por parte de todos los que integran la comunidad, la familia y los amigos, el lugar que ocupa el bebé en el lecho familiar cada noche, los naturalmente ricos aromas del hogar, y un contacto físico continuo con la madre, aun cuando ella trabaje. Si está laborando, ella asegura con firmeza a su hijo envolviéndolo con una toalla o una cobija atada a su espalda, de manera que el oído del bebé esté cerca del corazón materno. Desde allí, el bebé se mece, se balancea siguiendo los finos movimientos bailarines de su madre y siente las vibraciones y el ritmo de sus cantos mientras ella se ocupa de sus tareas. Los bebés reciben el cariño que requieren. Al satisfacer sus necesidades básicas de alimento, protección, calor y estimulación, se establece un patrón de seguridad y confort. Gracias a este contexto de seguridad los bebés se sienten con plena confianza para explorar su nuevo entorno.

Desde su posición en la espalda de su madre, el bebé tiene libertad para mover la cabeza y, así, fortalece los músculos del cuello, con la finalidad de ver y escuchar la vibrante vida que lo circunda, gozando de una perspectiva binocular y biaural. El desarrollo vestibular y muscular del infante se vuelve rápido y el bebé obtiene cada vez más control sobre sus estímulos sensoriales y motores.

Cuando la madre no se encuentra trabajando, extiende la cobija para que el niño pueda explorar su ambiente sobre su vientre o su espalda. Los músculos centrales que sostienen la postura se fortalecen, en tanto que el bebé se menea, estudia sus apéndices y, al final, aprende a rodar, apoyarse con las manos, gatear y sentarse. Sus ojos van ganando agudeza y reconocen un entorno rico en objetos sensoriales. El bebé mira sombras de distintos tonos de verde que se mueven constantemente cada vez que la brisa balancea las hojas de las plantas. Contempla el brillante cielo azul africano, con las múltiples y variables figuras que forman las nubes. Ve una infinidad de aves de llamativos colores y alegres cantos y mira las continuas caras de los niños y adultos que se acercan y ríen y que le traen juguetes creados con su inagotable imaginación, fabricados con plantas, piedras, cartón y hasta con bolsas de plástico. Son bebés a los que siempre están cargando, abrazando, haciéndoles cosquillas y apapachando.

Cuando empiezan a arrastrarse y a gatear, entran en total contacto con el entorno. Su salón de juegos es el piso sucio de la ronda que se junta por las noches para bailar, cantar y contar historias, o los polvorientos, rocosos y ricos campos en los que trabaja la mamá. El movimiento de los músculos centrales, su comprensión de la gravitación y la plena función de los hombros y el cinturón pélvico se desarrollan de manera natural antes de que el niño dé sus primeros pasos.

Cuando empieza a andar, el niño aprende pronto a correr para no quedarse atrás de sus compañeros quienes, con los pies descalzos, pueden cruzar con gracia cualquier tipo de terreno. Recuerdo muy bien a un pequeño que había comenzado apenas a caminar y que, de pronto, corrió junto con los demás niños detrás del camión en que partí de su aldea. Su hermana lo tomó de la camisa para detenerlo, pero él se zafó y la dejó parada en donde estaba, mientras corría sonriéndonos alegre durante cerca de kilómetro y medio, con sus piernitas y sus pies descalzos, saltando a través del terreno lodoso y lleno de piedras.

Los niños son parte de la estructura de la familia y del clan. Es común que se ocupen de ellos los abuelos cuando la madre deja de amamantarlos. A medida que crecen, esos niños se hacen cargo de sus hermanos menores y ya, para cuando tienen seis años de edad, tienen la responsabilidad de reunir leña para el hogar o de cuidar una vaca, un borrego o un caballo. Se les anima para que aprendan a tallar madera, tejer, cantar, bailar, contar historias, pintar y crear juegos llenos de imaginación.

Al llegar la noche, las familias de un grupo comen juntas, en medio de una animada charla acerca de las aventuras del día. Uno los puede escuchar llamándose a gritos a través del valle, por encima del sonido de los tambores, cuando termina la jornada. Entonces, en lugar de encender el televisor, se escuchan las anécdotas de los miembros de otras familias o clanes que han venido de visita y que hablan otro idioma. Los niños crecen en un ambiente multilingüe y cuando entran a la escuela, ya conocen dos o tres lenguas.

Siempre hay cantos cuando la noche se cierra suavemente sobre los últimos latidos del tambor y se van apagando las últimas voces de la armoniosa convivencia. Luego, la noche africana se vuelve silencio y brillan millones de estrellas.

Las arraigadas tradiciones tribales que conocí albergan la idea de *ubuntu,* que significa, "porque soy, somos y porque somos, soy". La estructura del clan se basa en un gobierno de consenso. El jefe reúne al clan cada vez que se necesita llegar a una decisión comunal. Puede tomar días y hasta semanas acordar un resultado, ya que todos los miembros tienen derecho a expresar su opinión. Al final, los integrantes del clan asumen la decisión tomada y la respaldan. Desde pequeños, los niños aprenden a respetar a los ancianos y a todo aquel que sea de mayor edad.

Lo que más me llamó la atención fue la curiosidad de los niños y su gran deseo por aprender. Caminaban largas distancias para asistir a la escuela y lo hacían con mucho entusiasmo. El aprendizaje y la sabiduría son muy apreciados por todos en el clan.

Un plan de aprendizaje del Primer Mundo proveniente de África

En mi visita a esas comunidades africanas, llegué a entender más sobre los factores cruciales para el desarrollo, necesarios para la elaboración del pleno potencial del aprendizaje. Después de observar cómo es su vida y tener el privilegio de compartirla con ellos, ofrezco el siguiente compendio de lo que es mi idea de un plan de Primer Mundo para apoyar el aprendizaje y el desarrollo del cerebro:

- Un ambiente sensorial donde haya abundancia de estímulos naturales para el oído, el tacto, el olfato y la vista.
- Mucho movimiento, juego y la posibilidad de explorar con libertad el propio cuerpo dentro del espacio.
- Contar con seguridad y la gratificación de las necesidades básicas que estimulen la total exploración del ambiente físico.
- Tener la presencia de los padres y de otros adultos para que los niños puedan escucharlos, consultarlos y participar con ellos en tanto que cultivan su desarrollo.
- Contar con mucho tiempo y práctica dedicados al reconocimiento de patrones: sensorial y motor, de lenguaje, de ritmo y música y de relaciones humanas.
- Establecer responsabilidades, límites y respeto hacia uno mismo y hacia los demás.
- Estimular la imaginación, las artes, la música, la comunicación y el juego interactivo.

Programas efectivos de aprendizaje formal

Cuando se hallan presentes estos factores en el hogar y en la comunidad durante los primeros años del niño, se respalda y se fomenta el proceso del aprendizaje. Asimismo, durante los años formativos es importante la manera en que esté considerado el proceso de aprendizaje para su educación formal. He tenido la fortuna de atestiguar y experimentar con programas de educación formal que de verdad están pensados para el estudiante. Se enfocan en él, son democráticos y, sobre todo, tienen un historial de eficiencia. Gracias al impulso de la comunidad, estos programas se han aplicado en muchas escuelas de Estados Unidos y han tenido diversos grados de éxito. Lo cierto es que están ayudando a elevar la conciencia de las comunidades y les permite desechar prácticas que muchas veces resultan infructuosas.

En Estados Unidos, algunas escuelas se han salido de su ruta marcada para dar lugar a un aprendizaje individualizado. Arney Langburg desarrolló un plan de este tipo en la High School Redirection (Programa de Redirección para el Bachillerato), una escuela alternativa que pertenece al sistema escolar público de Denver y que ha ofrecido una nueva oportunidad para los "niños que ya habían tenido una última oportunidad". La escuela se reconstruyó siguiendo el modelo de un colegio que Arney desarrolló y dirigió en Evergreen, Colorado, para acoger a sus propios hijos durante el tiempo que cursaron la educación media superior.

Había 14 criterios que cada estudiante debía reunir si deseaba graduarse. Incluían: conocimiento de sus recursos internos, cuidado de sí mismos y de los demás, sentido de justicia, ética e integridad, toma de riesgos, autodesafío, capacidad para el cambio, apreciación de las riquezas de la diversidad cultural, persistencia, compromiso, confiabilidad para trabajar en un puesto a largo plazo, capacidad para emprender y habilidades cognitivas básicas.

Cuando ingresaba, cada alumno hacía una autoevaluación de las 14 expectativas para su graduación y, así, se determinaba en qué área habría de concentrarse más profundamente su trabajo. Las normas de la escuela animaban a todos los estudiantes a plantearse sus propios objetivos personales, académicos y sociales. Con la ayuda de un mentor, cada alumno fijaba un programa de aprendizaje específico que incluía el estudio de sus particulares campos de interés.

La High School Redirection, con una población de más de 300 estudiantes en 1992, ostentó el índice de inasistencias más bajo entre las escuelas públicas de Denver. Se emprendió una labor estupenda al encaminar hasta su graduación a sus alumnos autodirigidos con integridad personal, habilidades para desempeñarse en el mercado y una base sólida para tener éxito en el aprendizaje por el resto de sus vidas.

Desafortunadamente, en lugar de convertirse en el prototipo del programa que podría haber ayudado a mejorar todo el sistema educativo, se les redujo el presupuesto alegando que se necesitaba más dinero para respaldar los programas de educación especial y fue de esa manera como terminó la historia de la High School Redirection.

El sistema escolar público de Dinamarca

Un modelo de mayores dimensiones de lo que significa una excelente educación pública es el sistema danés. En Dinamarca, las escuelas giran en torno a ciertas políticas educativas muy sabias y enfocadas en el estudiante. El aprendizaje avanza a un ritmo más benigno para el cerebro que en las escuelas de Estados Unidos y el plan de estudios está alineado de un modo más cercano a las etapas que señala el desarrollo natural del encéfalo. Los alumnos participan en la planeación del programa escolar y eso estimula sus motivos para aprender. El trabajo escolar destaca la importancia del pensamiento y la integración del conocimiento. Se pone menos énfasis en la cuantificación del progreso y, por lo tanto, hay menos rivalidad entre los estudiantes.

El programa educativo inicia desde que el niño tiene uno y dos años de edad. A uno de sus padres se le da un salario completo para que permanezca en su casa durante esta significativa etapa del desarrollo, de manera que el niño sienta la seguridad que le permita explorar y aprender de manera óptima. Después, se cuenta con un centro para preescolares o un jardín forestal para niños, donde los pequeños aprenden de otros que tienen su misma edad, del entorno y a partir de mucho juego *sin estructuración*. Tienen programas que estimulan la imaginación, la curiosidad, la toma de riesgos y la evolución de importantes habilidades sociales y físicas que desarrollan plenamente los mecanismos del aprendizaje y aseguran que uno cuente con la capacidad de aprender durante toda su vida. Para garantizar la seguridad en el proceso del aprendizaje, los alumnos siguen con un mismo maestro y una misma familia estudiantil hasta que cumplen 12 años. Como el profesor trabaja de manera personal con cada estudiante, sabe muy bien cuándo este atraviesa por alguna dificultad y le puede ayudar de forma efectiva sin tener que recurrir a evaluaciones constantes (Hannaford, 2002: 141–143; conversación con Patrich Friedrich, fundador de Wald Kindergarten en Alemania).

Los alumnos de las escuelas públicas danesas no se integran al sistema escolarizado antes de cumplir siete años y no se les aplican exámenes antes de que tengan, aproximadamente, 14 años. Esas primeras pruebas lo único que miden son sus habilidades lingüísticas, científicas, técnicas y matemáticas. Se considera que estas capacidades son básicas y por eso, en ellas, el procesamiento de la información y el pensamiento creativo reciben la principal atención al elaborar el plan de estudios y no al revés. El examen final, que se presenta cuando los alumnos llegan a los 17 o 18 años, no se parece en absoluto a los exámenes finales que nosotros recordamos de nuestro bachillerato. Los finales daneses exigen un razonamiento formal mucho más integrador.

Los estudiantes eligen cuándo presentarán su examen final. A cada uno se le entrega un trabajo de arte y uno de literatura, prosa o poesía (por lo general, algún clásico). Cuentan con un período para escribir su examen, que suele ir de un par de semanas a un mes. Se supone que deben preparar una disertación integrada que vincule las obras que se les han asignado con la historia, la biología, la física, la química, el lenguaje, las matemáticas, el arte y las ciencias sociales. Es un examen final que los alumnos escriben en dos idiomas y que presentan ante un comité, el cual les hace una entrevista con el fin de determinar si están listos para su graduación.

Era asombroso el nivel de solución de problemas y de razonamiento que podía encontrarse en cualquier aula danesa que visité, desde los de siete años hasta los universitarios. Resultaba muy impresionante la ausencia de problemas ocasionados por indisciplina, aunque los salones de clases tenían entre 35 y 45 alumnos, debido a un reciente flujo de inmigrantes que había llegado a Dinamarca. Se respetaban por completo las capacidades intelectuales e imaginativas de los estudiantes y se les animaba para que formaran equipos, con la intención de que desarrollaran su comunicación.

El plan de estudios se elaboraba al principio de cada período de nueve semanas, mediante un proceso democrático que diera lugar a los intereses específicos de los estudiantes y el profesor. Este preguntaba a sus alumnos cuáles eran los temas que más les interesaban. Entre todos, analizaban los temas elegidos y se establecía un programa de estudios para las principales sesiones de las siguientes nueve semanas. Los estudiantes se hacían responsables de reunir los recursos, desarrollar los proyectos en equipos cooperativos y compartir sus estudios y su información con el resto de la clase. Los maestros y los alumnos aprendían juntos. Se enseñaba a desarrollar las habilidades propias de cada edad y se relacionaban de manera directa con el plan de estudios que los mismos estudiantes habían determinado, para fomentarlo y afianzarlo (Ministerio de Educación e Investigación, 1992: 1-39).

En la escuela de cultura danesa, *folkskole,* cada lección estaba repleta de arte, música, movimiento y trabajo en equipo. El aprendizaje cooperativo en las escuelas de Dinamarca animaba a los alumnos a interactuar, a compartir lo que cada uno prefería aprender, a escuchar y a asimilar unos de otros. La interacción social que se produce en el curso de todas estas actividades educativas tomaba en cuenta, con mucho respeto, las diferencias y cualidades de cada alumno, de modo que no había lugar para etiquetar ni limitar la iniciativa ni la creatividad individuales (Henriksen *et al.*, 1990).

Un estudio realizado sobre una selección de escuelas secundarias en el Reino Unido, los Países Bajos, Alemania y Dinamarca durante el ciclo escolar 1992-1993 obtuvo interesantes observaciones acerca de las diferencias de esos sistemas educativos, en especial con respecto a la manera tan variada en que cada uno de ellos prepara a sus jóvenes para asumir su papel de ciudadanos. En Dinamarca, la Constitución Nacional estipula que la principal función de la *folkscole* es preparar a los estudiantes para ser buenos ciudadanos en una democracia. La participación en la toma de decisiones en el nivel del aula comienza desde el primer grado y persiste durante toda la trayectoria escolar del alumno.

Los descubrimientos cuantitativos de este estudio demostraron que los estudiantes daneses comunican y escuchan las ideas con más seguridad. Además, ostentan los niveles más altos de eficacia política. También, creían que sus acciones podrían marcar una diferencia en el mundo. El ambiente de las aulas danesas era percibido como el más abierto y el que ofrecía la mayor oportunidad para el análisis de los diversos aspectos de un tema. Los profesores estimulaban a los alumnos para que se formaran una opinión y la expresaran con confianza, aun cuando esta fuera contraria a la del maestro y los demás estudiantes. Los alumnos daneses mostraron el nivel más alto de apoyo a las mujeres que ocupan puestos en el gobierno y de respeto a la libertad de expresión en general, independientemente del punto de vista que se sostenga (Hahn y Dilworth, 1994).

El programa de instrucción temática integrada, desarrollado por Susan Kovalik, es lo más cercano al elegante sistema danés que he visto en Estados Unidos. Para garantizar la seguridad en una situación de aprendizaje, a los niños se les recibe en la puerta cada mañana con un abrazo o un apretón de manos. Durante las primeras dos semanas, se desarrollan relaciones sólidas de auténtico interés y participación, en una atmósfera con calor de hogar, donde hay plantas, lámparas de pie (en vez de luces fluorescentes), sofás y un entorno muy estimulante (Kovalik y Olsen, 2002).

Se anima a los niños a que exploren y comiencen por asimilar un contexto con base en el uso del tacto, para que puedan formular las preguntas que los lleven a entender con mayor profundidad. Se eligen con cuidado los temas, con la finalidad de que sean de un interés constante, que vayan de acuerdo con los contextos reales en la vida del niño y se entrecrucen con las líneas que tratan los temas de una forma muy integrada. Me impresionó el entusiasmo de los estudiantes y el interés que percibí en ellos cuando visité las aulas del instrucción temática integrada. Es una fortuna que este programa se esté instituyendo ya en miles de salones de clase en todo el país (Nielsen y Webb, 1991).

Replantear las metas educativas

David Kolb (1984: 2) señala que "en el exagerado deseo por abrazar lo que es racional, científico y tecnológico, perdemos el contacto con nuestra propia experiencia como fuente del aprendizaje y el desarrollo personal. Debemos volver a imbuir el proceso del aprendizaje con la textura y la sensación de las experiencias humanas compartidas e interpretadas a través del diálogo mutuo". Nuestra relación con los demás y la seguridad que se deriva de ello se convierten en una puerta hacia las alternativas.

Las investigaciones muestran de un modo profundo lo importante que es el corazón para que funcione bien el cerebro y ya llegó la hora de que guiemos desde el corazón, abandonando los impulsos competitivos que provocan los exámenes estandarizados y desincorporados que se realizan a edades cada vez más tempranas. Llegó el momento de establecer un aprendizaje cooperativo, donde cada uno, incluyendo al profesor, esté siempre abierto ante las nuevas posibilidades.

Ya cambió el lugar de trabajo. La explosión de información en nuestra sociedad tecnológica plantea y seguirá planteando nuevas exigencias a cada trabajador. Es necesario que las escuelas entreguen ciudadanos mejor educados, o sea, lo que la Fundación para el Aprendizaje Nacional (NLF, por sus siglas en inglés) denomina "aprendices ágiles". El modelo del aprendiz ágil capacita a las personas para que puedan aprender durante toda su vida, sin temor al cambio ni a la ambigüedad, siempre como entusiastas exploradores de sus vidas y su entorno, creando en conjunto y respaldo con los demás.

El aprendiz ágil no es una esponja pasiva que absorbe información, sino el amo de esta, capaz de reflexionar, elegir y actuar con altruismo. De acuerdo con la NLF, el aprendiz ágil desarrollará un despliegue de atributos y habilidades muy importantes, diferentes a los que valora actualmente nuestro sistema educativo. Entre los nuevos atributos brillarán el:

Personal: Flexible, creativo, introspectivo, curioso, imaginativo, adaptable, consciente de la estética, tolerante ante las ambigüedades, actor a partir de la integridad.

Interpersonal: Que celebra la diversidad, con motivaciones altruistas, efectivamente interdependiente, colaborador, partícipe en equipo.

Esencial: Hábil con las letras y los números, eficaz en el manejo de la tecnología, la comunicación y la negociación.

De desempeño: Razonador de sistemas, detector de patrones, sintetizador, analista, experimentador, solucionador de problemas, tomador de decisiones, reflexivo.

Los índices de éxito que ofrecería una educación así serían: amor al conocimiento, elevada autoestima, congruencia de cuerpo y mente, autocontrol y conciencia del mundo y la comunidad (Messier *et al.*, 1994). Con esto quiero decir que se trata de las mismas cualidades que encontré en las *folkskoles* danesas, de modo que me consta que hablamos de una meta práctica y alcanzable, sobre todo cuando contamos con modelos funcionales y probados que podemos seguir.

Los movimientos lentos e integradores que se experimentan mediante la danza creativa, la ejecución de un instrumento musical, la Gimnasia para el cerebro®, el tai chi y el yoga actúan como un puente entre nuestro sistema educativo actual y los sistemas educativos que están surgiendo en todo el mundo para garantizar el desarrollo del aprendiz ágil. El movimiento integrador da lugar a todos los estilos de aprendizaje, estimula la cobertura de mielina entre los dos hemisferios encefálicos y balancea la energía eléctrica y el procesamiento integrador a lo largo de todo el cerebro. Son movimientos que respaldan el máximo potencial del estudiante al activar el pleno funcionamiento cerebral, disminuir los agentes estresantes del ambiente y dar un sitio cabal a cada estilo y ritmo de aprendizaje individual.

El aprendizaje en sí es parte de una vida plena y satisfactoria y debería seguir ocupando un papel central desde la infancia hasta la vejez. De tal forma, tendríamos que estudiar y cultivar las actitudes y prácticas que favorecen el aprendizaje. Esa es la lección que diversos individuos de distintas culturas nos enseñan.

Los movimientos integradores, cuando se realizan en un contexto estimulante, resultan una opción efectiva, profunda, sensata y libre de drogas

que hacen muy posible el aprendizaje de por vida. Una vez que empezamos a utilizar la capacidad del sistema cuerpo-mente, el proceso de aprendizaje se vuelve inmensamente más eficaz, enciende de nuevo la emoción
y la alegría que vienen con el descubrimiento del mundo, nuestra relación
con él y nuestras infinitas posibilidades de creatividad.

Ahora podemos entender que el movimiento, un proceso natural de la
vida, es esencial para aprender, pensar de manera creativa, razonar formal
y sutilmente, así como para comprender y actuar con altruismo con todos
aquellos que comparten nuestro mundo. Ahora es el momento para devolver, de un modo consciente, el movimiento integrador a cada aspecto de
nuestras vidas y darnos cuenta, como me sucedió, que algo tan simple y
natural puede ser fuente de milagros.

Bibliografía

Ackerman, J.G. (1986). *The Healer Within. The Incredible Machine,* Washington, DC.: National Geographic Society.

Álvarez-Buylla, A. y García-Verdugo, J.M. (2002). Neurogenesis in Adult Subventricular Zone. *Journal of Neuroscience,* 22(3), pp. 629-634.

Amaral, D. (2004). Regions Involving Memory and Emotion Large in Children with Autism. *Journal of Neuroscience,* 14 de julio.

Americans Use of Time Project (1993). Ann Arbor.

Anvari, S.H., Trainor, L.J,, Woodside, J. y Levy, B.A. (2002). Relations among Musical Skills, Phonological Processing and Early Reading Ability in Preschool Children. *Journal of Experimental Child Psychology*, octubre, 83(2), pp. 111-130.

APA, Asociación Estadounidense de Psiquiatría (1989). *Treatments of Psychiatric Disorders. A Task Force Report of the American Psychiatric Association,* Washington, D.C.: APA.

Arby, R. y Gole, W.J. (1995). *Physician Desk Reference.* Montvale: Medical Economics.

Armour, J.A. (1991). Anatomy and Function of the Intrathoracic Neurons Regulating the Mammalian Heart. En I.H. Zucker y J.P. Gilmore (eds.). *Reflex Control of the Circulation.* (pp. 1-37). Boca Ratón: CRC Press.

——— y Ardell, J. (eds.). (1994). *Neurocardiology.* Nueva York: Oxford University Press.

Askew, W. (2003). Drink This Much Water Daily. Ponencia en el encuentro experimental de Biología, San Diego, julio.

Associated Press (1994). Energy Fields Pervasive Throughout Environment. *Consumer Reports*, mayo.

Ayres, A.J. (1972). *Sensory Integration and Learning Disorders*. Los Angeles: Western Psychological Services, 1972.

Bailey, B. (2001). *There's Gotta Be a Better Way: Discipline That Works!* Oviedo: Loving Guidance.

Batmanghelidj, F. (1993). *Your Body's Many Cries for Water*. Falls Church: Global Health Solutions.

Beardslee, W.R., Schultz, L.H. y Selman, R.L. (1985). Level of Social–Cognitive Development, Adaptive Functioning, and DSM-III Diagnoses in Adolescent Offspring of Parents with Affective Disorders. Implications of the Development of the Capacity of Mutuality. *Developmental Psychology*, 23(6), pp. 807-815.

Begley, S., Wright, L., Church, V. y Hager, M. (1992). Mapping the Brain. *Newsweek*, 20 de abril.

Bentley, R. y Langford, R. (2000). *Inner Speed Secrets, Race Driving Skills, Techniques and Strategies*. Osceola: MBI Publishing, 2000.

Berard, G. (1993). *Hearing Equals Behavior*. New Canaan: Keats.

Berne, S. (2002). *Without Ritalin, A Natural Approach To ADD*. Chicago: Keats.

Biederman, J., Faraone, S., Keenan, K., Knee, E. y Twuang M. (1990). Family Genetic and Psychosocial Risk Factors in DSM-III Attention Deficit Disorder. *Journal of American Academy of Child and Adolescent Psychiatry*, 29.

Birmaher, B., Ryan, N.D., Williamson, D.E., Brent, D.A., Kaufman, J., Dahl, R.E., Perel, J. y Nelson, B. (1996). Childhood and Adolescent Depression: A Review of the Past 10 Years. *Journal of the American Academy of Child and Adolescent Psychiatry*, 35(11), pp. 1427-1439.

Blackburn, G. (1999). *US Data on Obesity*. North American Association for the Study of Obesity.

Blackman, A. (1998). The Age of Ritalin. *Time Magazine*, 30 de noviembre, pp. 84-94.

Blakeslee, S. (1991). Brain Yields New Clues on its Organization for Language. *New York Times, Science Times*, 19 de septiembre.

Block, J. y Robins, R.W. (1993). Gender Paths Wind Toward Self-Esteem. *Child Development*, junio.

Bower, B. (2004). Words in the Brain: Reading Program Spurs Neural Rewrite in Kids. *Science News*, 8 de mayo, 165 (19).

Boyden, E.S. y Raymond, J.L. (2004). Cerebellum-dependent Learning: The Role of Multiple Plasticity Mechanisms. *Annual Review of Neuroscience*, 27(1).

Breggin, P. (1991). *Toxic Psychiatry: Why Therapy, Empathy and Love Must Replace the Drugs, Electroshock and Biochemical Theories of the "New Psychiatry"*. Nueva York: St. Martin's.

Breggin, P.R. y Breggin, G.R. (1994). *The War Against Children*. Nueva York: St. Martin's.

Brewer, C. y Campbell, D. (1991). *Rhythms of Learning, Creative Tools for Developing Lifelong Skills*. Tucson: Zephyr Press.

Brink, S. (1995). Smart Moves, New Research Suggests that Folks from 8 to 80 Can Shape Up Their Brains with Aerobic Exercise. *US News & World Report*, 15 de mayo.

Britten, N. (2004). Routine that Headmaster Found on Internet Sparks Global Interest. *British Dyslexia Association Journal*, mayo.

Brower, B. (1994). Growing Up Poor, Poverty Packs Several Punches for Child Development. *Science News*, 9 de julio, 146, pp. 24-25.

Brown, S. (1995). Through the Lens of Play. *Touch The Future Journal*, 17(4), pp. 4-12.

Brunton, L.L., Hilal-Dandan, R. y Knollmann, B.C. (1990). *Goodman y Gilman's The Pharmacological Basis of Therapeutics*. Nueva York: Pergamon Press.

Burgess, D.M. y Streisguth, M.P. (1990). Educating Students with Fetal Alcohol Syndrome of Fetal Alcohol Effects. *Pennsylvania Reporter*, noviembre, 22(1).

Burks, R. y Keeley, S. (1989). Exercise and Diet Therapy: Psychotherapists' Beliefs and Practices. *Professional Psychology: Research & Practice*, 20, pp. 62-64.

Buzsaki, G. (2003). Sleepy Brains Make Memorable Waves. *Proceedings of the National Academy of Sciences*, 8 de febrero.

Buzzell, K.A. (1998). *The Children of Cyclops*. Fair Oaks: Association of Waldorf Schools.

Byrd, R.S. (1999). *M.I.N.D. Institute Study Confirms Autism Increase*. Instituto M.I.N.D. de la Universidad de California, Davis.

Campbell, D.G. (1989). *The Roar of Silence*. Wheaton: Quest Books.

Campbell, S.F. (ed.) (1976). *Piaget Sampler, An Introduction to Jean Piaget Through His Own Words*. Nueva York: John Wiley.

Cantin, M. y Genest, J. (1986). The Heart as An Endocrine Gland. *Scientific American*, febrero, 254(2).

Campbell, D. (1997). *The Mozart Effect, Tapping the Power of Music to Heal the Body, Strengthen the Mind, and Unlock the Creative Spirit.* Nueva York: Avon Books.

Catani, M. (2004). Brain Imaging Reveals New Language Circuits. *Annals of Neurology,* 13 de diciembre.

Centerwell, B.S. (1989). Exposure to Television As A Cause of Violence. En G. Comstock (ed.). *Public Communication and Behavior.* Orlando: Academic Press, vol. 2.

Chaffee, S.H. y Singer, J. (1984). Defending the Indefensible. *Society,* septiembre-octubre, 21(6), pp. 30-36.

Chaloner, B. (2003). *Brain Research Sheds New Light on Student Learning, Teaching Strategies and Disability,* noviembre.

_____ y Wesson, K. (2003). Brain Research Sheds New Light on Student Learning; Teaching Strategies and Disabilities. *CEC Today Newsletter,* 10(3).

Chan, J., Knutsen, S.E., Blix, G.G., Lee, J.W. y Fraser, G.E. (2002). Water, other Fluids and Fatal Coronary Heart Disease: The Adventist Health Study. *American Journal of Epidemiology,* mayo, 155(9), pp. 827-833.

Chopra, D. (1990). *Quantum Healing, Exploring the Frontiers of Mind/Body Medicine.* Nueva York: Bantam Books.

_____ (1991). *Quantum Healing, Exploring the Frontiers of Mind/Body Medicine,* Conferencia en Honolulu, Hawái, febrero.

Christakis, D.A., Zimmerman, F.J., DiGiuseppe, D.L. y McCarty, C.A. (2004). Early Television Exposure and Subsequent Attentional Problems in Children. *Pediatrics,* septiembre, 113(4), pp. 708-713.

Churchill, J.D., Galvez, R., Colcombe, S., Swain, R.A., Kramer, A.F. y Greenough, W.T. (2002). Exercise, Experience and the Aging Brain. *Neurobiology of Aging,* septiembre, 23(5), pp. 941-956.

Clifford, E. (1999). Neural Plasticity: Merzenich, Taub y Greenough. *Harvard Brain,* 16, pp. 16-20.

Coleman, H.M. (1970). Increased Myopia in Schools. *Journal of American Ophthalmic Association,* 41.

College Bound Senior (1992). *Profile of SAT and Achievement Test Takers.* College Board.

Colombo, M.E., Rau, D.C. y Parsegian, V.A. (1992). Protein Solvation in Allosteric Regulation: A Water Effect on Hemoglobin. *Science,* mayo, 256, pp. 655-659.

Connolly, K.J. (ed.) (2001). *The Psychobiology of the Hand.* Londres: Mac Keith Press.

Consejo Universitario (1992). *Profile of SAT and Achievement Test Takers, College Entrance Examination Board.*

Coulter, D.J. (1985). *The Tribune Brain,* Longmont: Coulter Pub., audiocassette.

_____ (1986). *Children at Risk: The Development of Dropouts.* Longmont: Coulter Pub., audiocassette.

_____ (1986). *Classroom Clues to Thinking Problems.* Longmont: CO, Coulter Pub., audiocassette.

_____ (1986). *Enter the Child's World.* Longmont: Coulter Pub., audiocassette.

_____ (1986). *Our Triune Brain,* Longmont: Coulter Pub., audiocassette.

_____ (1986). *The Sympathetic Thinker in a Critical World.* Longmont: Coulter Pub., audiocassette.

_____ (1993). Movement, Meaning and the Mind. Ponencia en la VII Reunión Anual de la Fundación para la Kinesiologia Educativa. Greeley, julio.

_____ (1993). Movement, Meaning and the Mind. Ponencia en la VII Reunión Anual de la Fundación para la Kinesiología Educativa, Greeley, julio.

Crile, G.W. (1926). *A Bipolar Theory of Living Processes.* Nueva York: Macmillan.

Crook, W.G. (1985). *The Yeast Connection: A Medical Breakthrough.* Nueva York: Random House.

Crum, T. (1987). *The Magic of Conflict: Turning A Life of Work into a Work of Art,* Nueva York: Simon & Schuster.

Cutietta, R., Hamann, D.L., Walker, L.M. (2000). *Spin-off. The Extra-musical Advantages of a Musical.* United Musical Instruments U.S.A, Inc.

Czikszentmihalyi, M. (1996). *Creativity, Flow and the Psychology of Discovery and Invention.* Nueva York: Harper Collins.

Damasio, A. (1994). Brain Faces Up to Fear, Social Signs. *Science News,* 17 de diciembre, 146.

_____ (1999). *The Feeling of What Happens: Body and Emotion in the Making of Consciousness.* Nueva York: Harcourt Brace.

_____ (1994) *Descartes' Error: Emotion, Reason, and the Human Brain,* Nueva York: Putnam.

_____ (1994). Descartes' Error and the Future of Human Life. *Scientific American,* octubre.

_____ (1999). *The Feeling of What Happens. Body and Emotion in the Making of Consciousness.* Nueva York: Harcourt Brace.

Day, A.L. y Livingstone, H.A. (2003). Gender Differences in Perception of Stressors and Utilization of Social Support among University Students. *Canadian Journal of Behavioral Sciences,* abril, 35(2), pp. 78-83.

De Beauport, E. (1983). *Tarrytown Newsletter.*

Deasy, R.J. (ed.) (2002). *Critical Links: Learning in the Art and Student Academic and Social Development.* Washington, D.C., Arts Education Partnership.

DeFoe, P. (1989). Contribution of Cortisol to Glucose Counter Regulation in Humans. *American Journal of Physiology,* 257, pp. E35-E42.

DeGrandpre, R. (1999). *Ritalin Nation: Rapid-Fire Culture and the Transformation of Human Consciousness.* Nueva York: W. Norton.

Delcato, C.H. (1963). *The Diagnosis and Treatment of Speech and Reading Problems.* Springfield: Thomas.

Dennison, G.E. (1986). *The Vision Circles Workshop Teacher's Manual.* Ventura: EduKinesthetics.

Dennison, P. y Dennison, G. (1989). *Brain Gym, Teachers Edition.* Ventura: EduKinesthetics.

_____ (1990). *Edu Kinesthetics In-Depth, The Seven Dimensions of Intelligence.* Ventura: Fundación para la Kinesiología Educativa.

_____ (1994). *Brain Gym, Teachers Edition, Revised.* Ventura: EduKinesthetics.

_____ (1985). *Edu-K for Kids.* Ventura: EduKinesthetics.

_____ (1989). *Brain Gym, Teacher's Edition.* Ventura: Edu Kinesthetics.

Diamond, M. (1988). *Enriching Heredity, the Impact of the Environment on the Anatomy of the Brain.* Nueva York: Free Press.

_____ y Hopson, J. (1998). *Magic Trees of The Mind.* Nueva York: Dutton/ Penguin Group.

Dioro, D., Viau, V. y Meaney, M.J. (1993). The Role of the Medial Prefrontal Cortex (Cingulate Gyrus) in the Regulation of Hypothalamic-Pituitary-Adrenal Responses to Stress. *Journal of Neuroscience,* noviembre, 13(9), pp. 3839-3847.

Donley, M. y Gribben, S. (1999). The Homework Ate My Family. *Time Magazine,* 25 de enero.

Donovan, B.T. (1988). *Humors, Hormones and the Mind: An Approach to the Understanding of Behavior.* Londres: Macmillan.

Ebeling, P. y Koivisto, V.A. (1994). Physiological Importance of Hydroepiandrostetone. *Lancet,* 343(8911), pp. 1479-1481.

Eden, G.F., Stein, J.F., Wood, H.M. y Wood, F.B. (1996). Differences in Visuospatial Judgement in Reading Disabled and Normal Children. *Perceptual and Motor Skills Journal,* febrero, 82(1), pp. 155-177.

Edwards, B. (1979). *Drawing on the Right Side of the Brain*. Los Ángeles: Tarcher.

Ellison, G. (1993). Amphetamine, Cocaine: New Brain Link. *Science News,* enero, 143.

Emperador Amarillo ([100 a.C.]1979). *The Yellow Emperor's Classic of Internal Medicine, Simple Questions (Huang Ti Nei Jing Su Wen)*. Pekín: People's Health Publishing House,

Entrevistas con especialistas en terapia ocupacional de escuelas en KwaZulu y consejeros de la escuela Banfield Home,Verulum, Sudáfrica, marzo de 1993.

Epstein, H.T. (1979). Growth Spurts During Brain Development: Implications for Educational Policy and Practice. En J. Chall y A. F. Mirsky (eds.). *Education and the Brain* (pp.343-370). Chicago: Chicago University Press.

Eriksson, P.S., Perfilieva, E., Björk-Eriksson, T., Alborn, A.M., Nordborg, C., Peterson, D.A., Gage, F.H. (1998). Neurogenesis in the Adult Human Hippocampus. *Nature Medicine,* 4(11), pp. 1313-1317.

Escher, M.C. (1981). *M.C. Escher, 29 Master Prints.* Nueva York: Abrams.

Espinosa, M., Beckwith, L., Howard, J., Tyler, R. y Swanson, K. (2001). Maternal Psychopathology and Attachment in Toddlers of Heavy Cocaine-using Mothers. *Infant Mental Health Journal* mayo/junio, 22(3), pp. 316-334.

Estroff Marano, H. (1999). Depression: Beyond Serotonin. *Psychology Today,* marzo-abril, pp. 33-34.

Ewarts, E. (1973). Brain Mechanism in Movement. *Scientific American,* 229.

Fackelmann, K.A. (1994). Mother's Smoking Linked to Child's IQ Drop. *Science News,* 12 de febrero, 145.

Fay, J., Cline, F. y Sornson, B. (2000). *Meeting the Challenge. Using Love and Logic to Help Children Develop Attention and Behavior Skills.* Golden: The Love and Logic Press.

Ferris, T.E. (1991). Pregnancy, Preeclampsia and the Endothelial Cell. *New England Journal of Medicine,* 14 de noviembre, 325(20).

Field, T. (1998). Maternal Depression Effects on Infants and Early Interventions. *Preventive Medicine,* 27, pp. 200-203.

_____, Sandberg, D., Garcia, R., Vega-Lahr, N., Goldstein, S. y Guy, L. (1985). Pregnancy Problems, Postpartum Depression and Early Mother-Infant Interaction. *Developmental Psychology,* 21(6), pp. 1152-1156.

Fischbach, G.D. (1992). Mind and Brain. *Scientific American,* septiembre.

Fjordbo, G.D. (1995). Why We Have to Crawl... On the Development of Human Motor and Communicative Skills, Aberrations and Interconnections. Tesis. Universidad de Copenhague.

Flavell, J H. (1986). The Development of Children's Knowledge about the AppearanceRealty Distinction. *American Psychologist*, 986(41), pp. 418-425.

Foundation and Plantronics. *U.S.A. Today*, junio.

Francis, D.D. y Meaney, M.J. (1999). Maternal Care and the Development of Stress Responses. *Neurobiology*, 9, pp. 128-134.

Frank, L.J. y Levinson, H.N. (1973). Dysmetric Dyslexia and Dyspraxia: Hypothesis And Study. *Journal of American Academy of Child Psychiatry*, 12, pp. 690-701.

_____ (1975-1976) Dysmetric Dyslexia and Dyspraxia: Synopsis of a Continuing Research Project. *Academic Therapy*, 11, pp. 133-143.

Fride, E. y Weinstock, M. (1988). Prenatal Stress Increases Anxiety Relational Behavior and Alters Cerebral Lateralization of Dopamine Activity. *Life Science*, 42(10), pp. 1059-1065.

Fried, I., Wilson, C.L., Morrow, J.W., Cameron, K.A., Behnke, E.D., Ackerson, L.C. y Maidment, N.T. (2001). Increased Dopamine Release in the Human Amygdala During Performance of Cognitive Tasks. *Nature Neuroscience,* febrero, 4(2), pp. 201-207.

Friedrich, P. Wald Kindergarten, Kirchzarten, Alemania. Comunicación personal.

Frieze, I., Parsons, J.E., Johnson, P.B., Ruble, D.N., Zellman, G.L. (1978). *Women and Sex Roles, A Social Psychological Perspective*. Nueva York: Norton.

Fuster, J.M. (1980). *The Prefrontal Cortex: Anatomy, Physiology and Neuropsychology of the Frontal Lobe*. Nueva York: Raven Press.

Gachelmann, K.A. (1993). Dream Sleep: A Risk for Heart Parents? *Science News,* 6 de febrero, 143.

Gage, F.H. (2003). Brain, Repair Yourself. *Scientific American*, septiembre.

Galaburda, A. (1988). Ordinary and Extraordinary Brains: Nature, Nurture and Dyslexia. Conferencia en la Reunión Anual de la Sociedad Orton para la Dislexia, Tampa, noviembre.

_____ (1994). Evidence for Aberrant Auditory Anatomy in Developmental Dyslexia. *Proceedings of the National Academy of Science*, 91. pp. 8010-8013.

_____ (1996). Animal Models of Developmental Dyslexia. C.H. Chase, G.D. Rosen y G.F. Sherman (eds.). *Developmental Dyslexia*. (pp. 3-14). Baltimore: York Press.

Gallup, G. y Newport, F. (1990). Americans Have Love-Hate Relationship With Their TV Sets. *Gallup Poll News Service*, 55(21), pp. 1-9.

Gardner, H. (1983). *Frames of Mind, The Theory of Multiple Intelligences.* Nueva York: Basic Books.

_____ (1985). *Frames of Mind, The Theory of Multiple Intelligences.* Nueva York: Basic Books.

Gauger, J. (1985). *Household Appliance Magnetic Field Survey, IEEE Transactions on Power Apparatus and Systems* PA-104, septiembre.

Gavin, K. *Autistic Kids Make Progress with Play,* University of Michigan Play Project, https://playproject.org/

Gelernter, D. (1994). *The Muse in the Machine, Computerizing the Poetry of Human Thought.* Nueva York: Free Press.

Gentile, D.A., Oberg, C., Sherwood, N.E., Story, M., Walsh, D.A., Hogan, M. y American Academy of Pediatrics (2004). Well-Child Visits in the Video Age. Pediatricians and the American Academy of Pediatrics Guidelines for Children's Media Use. *Pediatrics,* noviembre, 114(5), pp. 1235-1242.

Giedd, J.N. (1994). Quantitative Morphology of the Corpus Callosum in Attention Deficit Hyperactive Disorder. *American Journal of Psychiatry*, 151(5), pp. 665-669.

_____, Castellanos, F.X., Rajapakse, J.C., Vaituzis, A.C. y Rapoport, J.L. (1997). Sexual Dimorphism of the Developing Human Brain. *Prog Neuropsychopharmacol Biol Psychiatry*, 21(8), pp. 1185-1201.

Given, B.K. (2000). *Learning Styles, A Guide for Teachers and Parents.* Little Island: Learning Forum Publications.

Goddard, S. (1996). *A Teachers Window to the Child's Mind, and Papers from the Institute of Neuro-Physiological Psychology.* Eugene: Fern Ridge Press.

Golden, D. (1994). Building A Better Brain: Brain Calisthenics. *Life Magazine,* julio, pp. 63-72.

Goldin-Meadow, S., Nusbaum, H., Kelly, S. y Wagner, S. (2001). Gesturing While Talking Helps Memory. *Journal of Psychological Science,* 20 de noviembre.

Goldsmith, M. y Cohen, I. (2000). *Hands On, How to Use Brain Gym in the Classroom,* Sea Point: Handson Books.

Goleman, D. (1995). *Emotional Intelligence.* Nueva York: Bantam Books.

Gorski, P.A. (2001). Contemporary Pediatric Practice: In Support of Infant Mental Health. *Infant Mental Health Journal,* enero-abril, 22(1), pp. 188-203.

Gould, E., Beylin, A., Tanapat, P., Reeves, A. y Shors, T.J. (1999). Learning Enhances Adult Neurogenesis in the Hippocampal Formation. *Nature Neuroscience*, 2(3), pp. 260-265.

Grady, D. (1993). The Vision Thing: Mainly in the Brain. *Discover*, 14(6).

Greenough, W.T., Cohen, N.J. y Juraska, J.M. (1991). New Neurons in Old Brains: Learning to Survive? *Nature Neuroscience*, 2(3), pp. 203-205.

Greenspan, S., Wieder, S. y S. Roben (1998). *The Child with Special Needs. Encouraging Intellectual and Emotional Growth.* Cambridge: Perseus Books.

Gregory, R. (1966). *Eye and Brain, The Psychology of Seeing.* Nueva York: McGraw-Hill.

Grigorenko, E.L. (2001). Developmental Dyslexia: An Update on Genes, Brains, and Environments. *Journal of Child Psychology and Psychiatry*, 42(1), pp. 91-125.

Grunberg, N.E. y Singer, J.E. (1991). Attempting to Explain Why the Good Die Young. *Psychological Inquiry*, 2(3), pp. 247-250.

Gurian, M. (2002). *Boys and Girls Learn Differently.* Nueva York: Wiley & Sons.

Hack, M., Flannery, D.J., Schluchter, M., Cartar, L., Borawski, E. y Klein, N. (2002). Outcomes in Young Adults for Very-low Birth-weight Infants. *New England Journal of Medicine,* 17 de enero de 2002, vol. 346(3), pp. 149-157.

Hahn, C.L. y Dilworth, P. (1994). Preparing Participating Citizens in the European Community. Ponencia en Comparative and International Education Society. San Diego, 21 de marzo.

Haier, R.J. (1994). Images of the Intellect, Brain Scans May Colorize Intelligence. *Science News,* 8 de octubre, 146.

Hainline, L. (1998). The Development of Basic Visual Abilities. En A. Slater (ed.). *Perceptual Development, Visual, Auditory and Speech Perception in Infancy* (pp. 5-42). East Sussex: Psychology Press.

Hamburg, D. (1994). 39 Million Poor Americans. If They Don't Know Their Place, They're Learning It. Carnegie Corporation of New York Report. *The Washington Spectator*, 15 de mayo, 20(10), pp. 1-2.

Hannaford, C. (1993). Educational Kinesiology ("Brain Gym") with Learning-Style Discriminated K-12 Students. Tesis.

———— (1997). *The Dominance Factor, How Knowing Your Dominant Eye, Ear, Brain, Hand & Foot Can Improve Your Learning.* Salt Lake City: Great River Books.

———— (2002). *Awakening the Child Heart. Handbook for Global Parenting,* Captain Cook: Jarnilla Nur Publishing.

Hansen, D. y Bernstorf, E. (2002). Linking Music Learning to Reading Instruction. *Music Educators Journal*, marzo, 88(5), pp. 17-21.

Harrison, T.R. (1991). *Harrisons Principles of Internal Medicine*. Nueva York: McGraw Hill.

Hartmann, T. (1993). *Attention Deficit Disorder: A Different Perception*, Novat: Underwood-Miller.

Harvey, A. (1985). *The Numbered Brain*. Louisville: Louisville University.

Healy, J.M. (1990). *Endangered Minds, Why Children Don't Think and What We Can Do About It*. Nueva York: Simon & Schuster.

Heiberger, D.W. y Heiniger-White, M.C. (2002). *Soil Moves for Learning*. Shasta: Integrated Learning Press.

Heller, M.S. y Polsky, S. (1976). *Studies in Violence and Television*. Nueva York: American Broadcasting Company.

Hendee, W. y Beteler, J.C. (1994). Another Way EMF's Might Harm Tissue. *Science News*, 19 de febrero.

Hendrickson, H. (1969). *The Vision Development Process*. Santa Anna: Programa de Extensión de Optometría.

Henriksen, S., Hesselholdt, S., Jensen, K. y Larsen, O.B. (1990). *The Democratization of Education*. Copenhague: Departamento de Educación y Psicología, La Real Escuela Danesa de Estudios para la Educación.

Hernández-Peón, R. (1969). Neurophysiology of Attention", en P.J. Vinkín y G.W. Bruyn (eds.). *Handbook of Clinical Neurology*. Ámsterdam: North Holland Pub.

Hofer, M.A. (1996). On the Nature and Consequences of Early Loss. *Psychosomatic Medicine*, 58(6), pp. 570-581.

Holloway, M. (2003). The Mutable Brain. *Scientific American*, septiembre, pp. 79-85.

Hollowell, M. (1992). Unlikely Messengers: How Do Nerve Cells Communicate? *Scientific American*, diciembre, pp. 52-56.

Hopson, J.L. (1979). We May Follow Out Noses More Often Than Is Now Realized. *Smithsonian Magazine*, marzo.

Horrobin, D.F. (1981). Alcohol-Blessing and Curse of Mankind! *Executive Health*, junio, 17(9).

Hoyert, D.L., Kochanek, K.D. y Murphy, S.L. (1999). Deaths: Final Data far 1997, *National Vital Statistics Report*, 47(19).

Hynd, G.W., Hall, J., Novey, E.S., Eliopulos, D., Black, K., Gonzalez, J.J., Edmonds, J.E., Riccio, C. y Cohen, M. (1995) Dyslexia and Corpus Callosum Morphology. *Archives of Neurology*, 52, pp. 32-38.

Insel, P.M. y Roth, W.T. (1988). *Core Concepts in Health*. Mountain View: Mayfield Publishing.

Iwata, K. y Yamamoto, Y. (1977). *Glycoprotein Toxins Produced by Candida Albicans.* Proceedings of the *fourth International Conference* on the *Mycoses.*

Jensen, M.C., Brant-Zawadzki, M.N., Obuchowski, N., Modic, M.T., Malkasian, D. y Ross, J.S. (1994). Magnetic Resonance Imaging of the Lumbar Spine in People with Backpain. *New England Journal of Medicine,* 14 de julio, 331(2), pp. 69-73.

Johnson, D. y Davies, D. (1992). I *Can't Sit Still: Educating* and Affirming *Inattentive* and *Hyperactive Children*. Santa Cruz: American *Educational Research Association*.

Justin, P. y Sloboda, J.A. (2001). *Music and Emotion, Theory and Research.*

Kaga, K., March, R.R. y Tanaka, Y. (1981). Influence of Labyrinthine Hypoactivity on Gross Motor Development of Infants. *Annals of the New York Academy of Sciences,* 374.

Kandel, E.R. (1991). *The Principles of Neuroscience*. Nueva York: Elsevier Press.

Kelley, C.R. (1958). The Psychological Factors in Myopiá. Tesis. Nueva York: New School of Social Research.

Kempermann, G. y Gage, F. (1999). New Nerve Cells for the Adult Brain. *Scientific American*, mayo.

Kjeld, J. (1995). *Frequency Specific Left Hemisphere Stimulation with Music and Sounds in Dyslexia Remediation*. III Congreso Europeo de Musicoterapia, Aalborg, junio.

Klerman, G.B. y Weissman, M.M. (1989). Increasing Rates of Depression. *Journal of the American Medical Association*, 261, pp. 229-235.

Kluger, J. (2001). The Quest for a Superkid. *Time Magazine,* 30 de abril.

Kobata, G. (1985). What Causes Nearsightedness? *Science,* 229, pp. 1249-1250.

Koester, J. (1991). Current Flow in Neurons. En E.R. Kandel, J.H. Schwartz y T.M. Jessell (eds.). *Principles of Neuroscience* (pp. 1033-1040). Nueva York: Elsevier Press.

Kohen-Raz, R. (1988). *Learning Disabilities and Postural Control*. Londres: Freund,

Kohler, I. (1962). Experiments with Goggles. *Scientific American*, 206(5), pp. 62-86.

Kolata, G. (1984). Steroid Hormone Systems Found in Yeast. *Science,* 31 de agosto, 225.

Kolb, D. (1984). *Experiential Learning, Experience as the Source of Learning and Development*. Englewood: Prentice-Hall.

Korner, A.F. y Thomas, E.B. (1972). The Relative Efficacy of Contact and Vestibular Stimulation on Soothing Neonates. *Child Development*, 43.

Kovalik, S.J. y Olsen, K.D. *Exceeding Expectations, A Users Guide to Implementing Brain Research in the Classroom,* Covingron: Susan Kovalik & Assoc.

Kraemer, S. (2000). The Fragil Male. *British Medical Journal,* diciembre, 321, pp. 1609-1612.

Kraut, R., Patterson, M., Lundmark, V., Kiesler, S., Mukopadhyay, T. y Scherlis, W. (1998). Internet Paradox. A Social Technology That Reduces Social Involvement and Psychological Well-Being? *American Psychologist*, 53(9), pp. 1017-1031.

Kun, P.K. (2001-2002). New Study Supports Physically Fit Kids Perform Better Academically, estudio realizado por el Departamento de Educación de California.

Lazarus, R.S. y Lazarus, B.N. (1994). *Passion and Reason, Making Sense of Our Emotions.* Nueva York: Oxford University Press.

Lee, K.Y., Klingler, J.F., McConnell, H.M. (1994). Electric Field–Induced Concentration Gradients in Lipid Monolayers. *Science*, 4 de febrero, 263(5147), pp. 655-658.

Levi-Montalcini, R. (1982). Developmental Neurobiology and the Natural History of Nerve Growth Factor. *Annual Review of Neurosciences*, 5, pp. 341- 362.

Levin, H.S. y Grafman, J. (eds.) (2000). *Cortical Reorganization of Function After Brain Damage.* Nueva York: Oxford University Press.

Levine, S. (1957). Infantile Experience and Resistance to Physiological Stress. *Science*, 126.

Levinson, H.N. (1988). The Cerebellar-Vestibular Basis of Learning Disabilities in Children, Adolescents, and Adults. Hypothesis and Study. *Perceptual & Motor Skills,* 67, pp. 983-1006.

———— (1992). *Turning Around the Upside-Down Kids, Helping Dyslexic Kids Overcome Their Disorder.* Nueva York: M. Evans.

Lewinsohn, P.M., Rohde, P. y Seeley, J.R. (Major Depressive Disorder in Older Adolescents; Prevalence, Risk Factors, and Clinical Implications. *Clinical Psychology Review*, 18(7), pp. 765-794.

Lichtman, J.W., Balice-Gordon, R.J. y Katz, L. (1994). Seeing Synapses: New Ways to Study Nerves. Ponencia en la reunión annual de la American Association for the Advancement of Science, San Francisco.

Liebert, R. y Sprafkin, J. (1988). *The Early Window.* Nueva York: Pergamon.

Liu, D., Diorio, J., Day, J.C., Francis, D.D., Meaney, M.J. (2000). Maternal Care, Hippocampal Synaptogenesis and Cognitive Development in Rats. *Nature Neuroscience*, 3(8), pp. 799-806.

Livingston, R. (1993). Season of Birth and Neurodevelopmental Disorders: Summer Birth is Associated with Dyslexia. *Journal of the American Academy of Child and Adolescent Psychiatry*, mayo, 32(3), pp. 612-616.

Lonsbury-Marrin, B. (1993). Using the Sounds of Hearing. *Science News,* 27 de febrero, 143.

Loschert, K. (2004). Curtain Call. *National Education Association Today,* noviembre.

Luria, A.R. (1968). The Role of Speech in the Formation of Temporary Connections and the Regulation of Behavior in the Normal and Oligophrenic Child. En B. Simon y J. Simon (eds.), *Educational Psychology in the USSR,* Stanford: Stanford University Press.

———— (1981). *Language and Cognition.* Nueva York: John Wiley.

Luthy, R., Bowie, J.U. y Eisenberg, D. (1992). Assessment of Protein Models with 3-Dimensional Profiles. *Nature*, 5 de marzo, 356, pp. 83-85.

MacLean, P.D. (1978). A Mind of Three Minds: Educating the Triune Brain. *Teachers College Record*, 79(6).

———— (1990) *The Triune Brain in Evolution, Role in Paleocerebral Functions.* Nueva York: Plenum Press.

Madaus, G.F. (1992). Test Flunk, Study Finds. *Science News,* 24 de octubre, 142(11).

Mander, J. (1978). *Four Arguments for the Elimination of Television.* Nueva York: Morrow.

Mann, E.M. (1994). The Ritalin Controversy. Ponencia en el Congreso sobre TDAH, en Honolulu, Hawái.

Mannuzza, S., Klein, R.G., Bessler, A., Malloy, P. y LaPadula, M. (1993). Adult Outcome of Hyperactive Boys: Educational Achievement, Occupational Rank, and Psychiatric Status. *Archives of General Psychiatry,* julio, 50(7), pp. 565-576.

Masgutova, S. (1990). Psychological Impact on Children of Catastrophe. *Psychological Problems.* Ventura: EduKinesthetics.

———— (1998). *Integration of Dynamic and Postural Reflexes.* Ventura: EduKinesthetics.

Masland, R.H. (1986). The Functional Architecture of the Retina. *Scientific American,* diciembre, pp. 131-147.

Matochik, J.A. (1994). Brain Images Delve into Hyperactivity. *American Journal of Psychiatry.*

Mattson, A. (1989). 40 Hertz EEG Activity in Learning Disabled and Normal Children. Cartel. Sociedad Internacional de Neuropsicología, Vancouver.

Mauro, F. y Feios, R. (1977). *Kids, Food and Television, The Compelling Case for State Action.* Nueva York: New York State Assembly Publishers.

McAllen, A.E. (1985). *The Extra Lesson, Exercises in Movement, Drawing and Painting far Helping Children with Difficulties with Writing, Reading and Arithmetic,* East Sussex: Steiner Schools Fellowship Publications.

McCarthy, B. (1986). *The 4-MAT System.* Barrington: Excel.

McCraty, R. (1997). *Research Overview, Exploring the Role of the Heart in Human Performance,* HeartMath Research Center.

———, Barrios-Choplin, B., Rozman, D., Atkinson, M. y Watkins, A.D. (1998). The Impact of a New Emotional Self-Management Program on Stress, Emotions, Heart Rate Variability, DHEA and Cortisol. *Integrative Physiological and Behavioral Science,* 33(2), pp. 153-154.

McCrone, J. (1991). *The Ape that Spoke, Language and the Evolution of the Human Mind.* Nueva York: William Morrow & Co.

McGuinness, D. (1989). Attention Deficit Disorder, the Emperor's Clothes, Animal Pharm, and Other Fiction. En S. Fisher y R. Greenburg (eds.). *The Limits of Biological Treatment far Psychological Distress.* Nueva York: Erlbaum.

McKearney, J.W. (1977). Asking Questions about Behavior Perspectives. *Biology and Medicine.*

Meaney, M.J. (1993). Memory Loss Tied to Stress. *Science News,* 20 de noviembre, 144.

Meaney, M.J., Aitken, D.H., van Berkel, C., Bhatnagar, S. y Sapolsky, R.M. (1988). Effects of Neonatal Handling on Age-related Impairments Associated with the Hippocampus. *Science,* 239, pp. 776-768.

Meltzoff, A.N. (1988). Imitation of Televised Models by Infants. *Child Development,* 59, pp. 1221-1229.

——— (1988). Infant Imitation After A 1-Week Delay: Long-Term Memory for Novel Acts and Multiple Stimuli. *Developmental Psychology,* 24, pp. 470-476.

——— (2002). Infants Emerge as Picky Imitators. *Neuro Report,* febrero.

Mendizza, M. (2004). *Caring from the Heart.* Nevada City: Touch the Future.

Mercogliano, C. (2003). *Teaching the Restless: One Schools Remarkable No-Ritalin Approach to Helping Children Learn and Succeed.* Bosron: Beacon Press.

Merzenich, M. (1995). *Brain Plasticity Origins of Human Abilities and Disabilities.* Bethesda: National Institute of Mental Health.

Messier, P., Given, B. y Engel, C. (1994). National Learning Foundation Mission Statement. Febrero. National Learning Foundation, Washington, D.C.

Middleton, F.A. y Strick, P.L. (1994). Anatomical Evidence for Cerebellar and Basal Ganglia Involvement in Higher Cognitive Function. *Science,* 21 de octubre, 266, pp. 458-461.

Middleton, F.A. y Strick, P.L. (1994). Brain Gets Thoughtful Reappraisal. *Science News,* 19 de octubre, 146.

Ministerio de Educación e Investigación (1991). *The Folkeskole, Education in Denmark.* Copenhague.

———, División de Relaciones Internacionales (1992). *Characteristic Features of Danish Education.* Copenhague, pp. 1-39.

Molfese, D.L., Molfese, V.J. y Espy, K.A. (1999). The Predictive Use of Even Related Potentials in Language Development and the Treatment of Language Disorders. *Developmental Neuropsychology,* 16. pp. 373-377.

Moll, G.H., Hause, S., Rüther, E., Rothenberger, A. y Huether, G. (2001). Early Methylphenidate Administration to Young Rats Causes a Persistent Reduction in the Density of Striatal Dopamine Transporters. *J Child Adolescent Psychopharmacol,* 11(1), pp. 15-24.

Montgomery, G. (1989). The Mind in Motion. *Discover.*

Monti, D.A., Sinnott, J., Marchese, M., Kunkel, E.J. y Greeson, J.M. (1999). Muscle Test Comparisons of Congruent and Incongruent Self-Referential Statements. *Perceptual and Motor Skills,* 88(3 Pt. 1), pp. 1019-1028.

Moody, K. (1980). *Growing Up on Television.* Nueva York: Times Books.

Mosse, H.L. (1982). *A Complete Handbook of Children Reading Disorders, A Critical Evaluation of Their Clinical, Educational, and Social Dimensions.* Nueva York: Human Sciences Press, 2 vols.

Mostofsky, S. (1999). ADD and ADHD. *Neuro News.* 20 de abril.

Mulrine, A. (2001). Are Boys the Weaker Sex? *US News & World Report,* 30 de julio.

Musselman, D. (1999). Depression: Beyond Serotonin. *Psychology Today,* marzo-abril, pp. 73-74.

Myers, J.T. (1982). Hemisphericity Research, An Overview with Some Implications for Problem Solving. *Journal of Creative Behavior,* 16(3), pp. 197-211.

Naselmento, C. y Ward, S. (2003). Noise is Major Cause of Hearing Loss. Ear.

Nash, B.F. (1989). Clase Female Friendships. Implications for the Wellbe-ing, Parenting, Self-efficacy, and Decreased Personal Strain of Married, Employed Women with Young Children. *Dissertation Abstracts International,* octubre, 59(4B).

Nasrallah, H., Loney, J., Olson, S., McCalley-Whitters, M., Kramer, J. y Jacoby, C. (1986). Cortical Atrophy in Young Adults with a History of Hyperactivity in Childhood. *Psychiatric Research*, 17, pp. 241-246.

Newberger, E. (2000), *The Men They Will Become.* Nueva York: Harper-Collins.

Newsweek (2003). Allergies in our world. *Newsweek,* 22 de septiembre.

Nielsen Company (1990). *Nielsen Report on Television 1990.* Northbrook: Nielsen Media Research.

Nielsen, J. y Webb, T. (1991). *An Emerging Critical Pedagogy. Rethinking Danish Educational Philosophy in the Light of Changing Concepts of Culture.* Huanistisk Arbog Pub., 4. Roskilde Universitetscenter.

Niuhuis, J.B. (ed.) (1992). *Fetal Behavior. Developmental and Perinatal Aspects.* Nueva York: Oxford University Press.

Oitzl, M.S., Workel, J.O., Fluttert, M., Frösch, F., De Kloet, E.R. (2000) Maternal Deprivation Affects Behaviour from Youth to Senescence; Amplification of Individual Differences In Spatial Learning and Memory in Senescent Brown Norway Rats. *European Journal of Neuroscience,* 12(10), pp. 3771-3780.

Olds, D.H. y Henderson, C.R. (1994). Prevention of Intellectual Impairment in Children of Women Who Smoke Cigarettes During Pregnancy. *Pediatrics,* febrero. 93(2), pp. 228-233.

Olsen, E. (1994). Fit Kids, Smart Kids. New Research Confirms that Exercise Boosts Brainpower. *Parents Magazine,* octubre.

Orrison, W.W. (1995). *Functional Brain Imaging.* Saint Louis: Mosby.

Panksepp, J. (1998). *Affective Neuroscience. The Foundations of Human and Animal Emotions.* Nueva York: Oxford University Press.

_____, Burgdorf, J., Turner, C. y Gordon, N. (2003). Modeling ADHD-type Arousal with Unilateral Frontal Cortex Damage in Rats and Beneficial Effects of Play Therapy. *Brain and Cognition Journal,* 52(1), pp. 97-105.

Parker-Pope, T. (2005). Risk of Over-Diagnosing ADHD. *Wall Street Journal, Health Journal,* 25 de enero.

Pearce, J.C. (1980). *Magical Child.* Nueva York: Bantam Books.

_____ (1986). *The Magical Child Matures.* Nueva York: Bantarn Books.

———— (1992). *Evolutions End, Claiming the Potential of Our Intelligence.* San Francisco: Harper & Row.

Penfield, W. (1977). *The Mystery of the Mind. A Critical Study of Consciousness and the Human Brain.* Princeton: Princeton University Press.

———— y H.H. Jasper (1954). *Epilepsy and the Functional Anatomy of the Human Brain,* Boston: Little Brown.

Peretz I. y Zatorre, R.J. (2003). *The Cognitive Neuroscience of Music.* Nueva York: Oxford University Press.

Pert C. (1986). The Wisdom of the Receptors: Neuropeptides, The Emotions and Bodymind. Adv Mind Body Med. 18(1), pp. 30–35.

———— (1997). *Molecules of Emotion, Why You Feel the Way You Feel.* Nueva York: Scribner.

———— (1999). *Molecules of Emotion, Why You Feel the Way You Feel.* Nueva York: Simon & Schuster.

Peter D. Hart Research Associates (1992). Would You Give Up TV for A Million Bucks? *TV Guide,* 40(41), pp. 10–17.

Petersen, S.E., Fox, P.T., Posner, M.I., Mintun, M. y Raichle, M.E. (1989). Positron Emission Tomographic Studies of the Processing of Single Words. *Journal of Cognitive Neuroscience,* 1, pp. 153–170.

Piaget, J. (1976). *The Grasp of Consciousness, Action and Concept in the Young Child.* Cambridge, Massachusetts: Harvard University Press.

Pisani, T., Plekker, S.J., Dennis, C.F. y Strauss, J.P. (1980). *Education and Manpower Development, 1990,* Bloemfontein, Sudáfrica, Instituto de Investigación para la Planeación de la Educación, Universidad del Estado Libre de Orange.

Pizzato, M. (2003). Addicted to the Tube. *Journal of the Psychoanalysis of Culture & Society,* 8(2), pp. 338–340.

Pollack, W. (1998). *Real Boys, Rescuing Our Sons from the Myths of Boyhood.* Nueva York: Henry Holt.

———— (1999). *Real Boys Workbook.* Nueva York: Henry Holt.

Posthuma, D. y Luciano, M. (2003). Scientists Search for the Biology of Smarts. *Science News,* 163.

Prescott, J. (1997). *Discovering the Intelligence of Play.* Video, Touch the Future.

Prinz, R.J., Roberts, W.A. y Hautman, E. (1988). Dietary Correlates of Hyperactive Behavior in Children. *Journal of Consulting Clinical Psychology,* 48.

Putnam, F. y Teicher, M. (1994). Hallazgos presentados durante el Encuentro de la Asociación Estadounidense de Psiquiatría, Filadelfia.

Quackenbush, T.R. (1999). *Relearning to See, Improve Your Eyesight Naturally.* Berkeley: North Atlantic Books.

Quinn, G.E., Shin, C.H., Maguire, M.G., Stone, R.A. (1999). Myopia and Ambient Lighting at Night. *Nature*, 399(6732), pp.113-114.

Raloff, J. (1993). EMF's RunAground. *Science News,* 21 de agosto, 144.

Ramachandran, V.S. (2010). *Mirror Neurons.* YouTube. TED 4 enero 2010.

Randolph, S.L. y Heiniger, M.C. (1998). *Kids Learn From the Inside Out, How to Enhance the Human Matrix.* Boise: Legendary.

Rankin, P.T. (1981). The Imporrance of Listening Ability. *English Journal* noviembre, pp. 623-630.

Rapaport, J.L., Buchsbaum, M., Zahn, T. Weintgartner, H., Ludlow, C. y Mikkelsen, E. (1978). Dextroamphetamine. Its Cognitive and Behavioral Effects in Normal Prepubertal Boys. *Science*, 199(4328), pp. 560-563.

Ratey, J.J. (1999). *A User's Guide to the Brain.* Cambridge, Massachusetts: Harvard Medical School Press.

Rauscher, F.H. (2003). *Can Music Instruction Affect Children's Cognitive Development?* Champaign: Eric Digests. https://files.eric.ed.gov/fulltext/ED480540.pdf.

Raymond, J.L., Lisberger, S., Mauk, M. y Bower, J. (1996). The Cerebellum. *Science Magazine,* 24 de mayo, 272.

Reichal, M. (1990). *PET (Positron Emission Tomography) Scans of the Brain.* Washington, D.C.: George Washington University.

Reilly, J.J., Jackson, D.M., Montgomery, C., Kelly, L.A., Slater, C., Grant, S. y Paton, J.Y. (2004). Total Energy Expenditure and Physical Activity in Young Scottish Children: Mixed Longitudinal Study. *Lancet,* 17 de enero, 363.

Restak, R. (1988). *The Mind.* Nueva York: Bantam Books.

Review of Optometry (1999). Study of Myopia and Night Lights in the Dark. *Review of Optometry*, 136, p. 4.

Richardson, K. y Sternberg, R.J. (2003). Scientists Search for the Biology of Smarts. *Science News*, 8 de febrero, 163.

Rivlin, R. y Gravelle, K. (1984). *Deciphering The Senses: The Expanding World of Human Perception.* Nueva York: Simon & Schuster.

Roberts, D. (1997). *ABC News 20/20, Brandy Binder Story*, 3 de octubre.

Rodriguez, E., George, N., Lachaux, J.P., Martineric, J., Renault, B. y Varela F.J. (1999). Perception's Shadow: Long-distance Synchronization of Human Brain Activity. *Nature*, 397(6718), pp. 430-433.

Rose, V.L. (1999). Near-sightedness and Light Exposure During Sleep. *American Family Physician,* 60, p. 328.

Rosemond, J.K. (1994) "Parents Ask Questions About School. *Hemispheres Magazine,* abril.

Ruff, M.R., Pert, C.B. y Weber, R.J. (1985). Benzodiazapine Receptor Mediated Chemotaxis of Human Monocytes. *Science,* 28 de septiembre, 229, pp. 1281-1283.

Russek, L.B. y Schwartz, G.E. (1994). Interpersonal Heart-Brain Registration and the Perception of Parental Love: A 42 Year Follow-up of the Harvard Mastery of Stress Study. *Subtle Energies,* 5(3), pp. 195-208.

_____ (1996). Energy Cardiology: A Dynamical Energy Systems Approach for Integrating Conventional and Alternative Medicine. *Advances,* 12(4), pp. 4-24.

Russell, P. (1999). *The Consciousness Revolution. A Transatlantic Dialogue with Stan Groff and Ervin Laszlo.* Londres: Element Books.

Sacks, O. (1987). *The Man Who Mistook His Wife for a Hat, and Other Clínical Tales.* Nueva York: Harper & Row.

Samples, B. (1975) Educating for Both Sides of the Human Mind. *The Science Teacher,* enero.

Sapolsky, R. (1994). Stress Exacerbates Neuron Loss and Cytoskeletal Pathology in the Hippocampus. *Journal of Neuroscience,* septiembre, 14(9), pp. 5373-5380.

_____ (1996). Why Stress Is Bad for Your Brain. *Science,* 273, pp. 749-750.

_____ (1998). *Why Zebras Don't Get Ulcers: An Updated Guide to Stress, Stress-related Diseases, and Coping.* Nueva York: Freeman.

_____ (2003). Taming Stress. *Scientific American,* septiembre.

Satir, V. (1991). *The Satir Model: Family Therapy and Beyond.* Palo Alto: Science and Behavior Books.

Schiefelbein, S. (1986). *Beginning the Journey. The Incredible Machine.* Washington, D.C.: Nacional Geographic Society.

Schrof, J.M. (1994). *Brain Power. U. S. News & World Report,* 28 de noviembre.

Schwartz, E. (1990). Seeing, Hearing, Learning: The Interplay of Eye and Ear in Waldorf Education. Extractos de la Conferencia de Camp Glenbrook de la Asociación para una Educación Sanadora, junio 14-16.

Schwartz, J.M. y Begley, S. (2002). *Neuroplasticity and the Power of Mental Force.* Nueva York: Harper Collins.

Science News (1993). Memory Loss Tied to Stress. *Science News,* 20 de noviembre, 144, p. 332.

_____ (1994). Brain Scans Show Two-Sided Memory Flow. *Science News,* 26 de marzo, 145.

Scientific American (1979). *The Organization of the Brain.* San Francisco: W.H. Freeman.

Seligman, M.E. (1975). *Helplessness: On Depression, Development, and Death.* San Francisco: W.H. Freeman.

Selye, H. (1946) General Adaptation Syndrome and Diseases of Adaptation. *Journal of Clinical Endocrinology and Metabolism,* 6, pp. 117-230.

Shaffer, D. (1994). Attentional Deficit Hyperactive Disorder in Adults. *American Journal of Psychiatry,* mayo, 151, pp. 633-638.

_____ Gould, M.S., Fisher, P., Trautman, P., Moreau, D., Kleinman, M. y Flory, M. (1996). Psychiatric Diagnosis in Child and Adolescent Suicide. *Archives of General Psychiatry,* 53(4), pp. 339- 348.

Shape of the Nation Report (2001). Conducted by National Association for Sport and Physical Education. Resumen ejecutivo.

Shapiro H. y McDonough, S. (2003). *Kids in Homes with Heavy TV Use May Have Reading Trouble, Study Says,* Kaiser Family Foundation and Children's Digital Media Centers, 28 de octubre.

Singer, D. y Singer, J. (1990). *The House of Make Believe, Children's Play and the Developing Imagination.* Cambridge, Massachusetts: Harvard University Press.

_____ (1995). Playing with Baby Begins at Birth: A Parent's Guide. *Journal of Perinatal Education,* 4(4), pp. 1-10.

Singer, M.I., Miller, D.B., Guo, S., Flannery, D.J., Frierson, T. y Slovak, K. (1999). Contributors to Violent Behavior Among Elementary and Middle School Children. *Pediatrics,* octubre, 104(4), pp. 878- 884.

Singer, M., Flannery, D., Guo, S., Miller, D. y Leibbrandt, S. (2004). Exposure to Violence, Parental Monitoring and Television Viewing as Contributors to Children's Psychological Trauma. *Journal of Community Psychology,* septiembre, 32(5), pp. 489-504.

Snyder, S. y Childers, S.R. (1979). Opiate Receptors and Opioid Peptides. *Annual Review of Neuroscience,* 2(35).

Snyder, S.H. (1985). The Molecular Basis of Communication Between Cells. *Scientific American,* octubre.

Sobell, L. (1994). *Caution, Save Your Baby. Throw Out Your Equipment.* Santa Barbara: Whole Family Press.

Society (1998). Electromagnetic Fields and Health Risks. *Society,* noviembre-diciembre, 36(1).

Solomon, R. El trabajo que el doctor Solomon ha preparado sobre este aspecto se encuentra en preparación para su publicación. La investigación realizada hasta el momento está disponible en www.aacenter.org

Somers, V.K., Dyken, M.E. y Mark, A.L. (1993). Sympathetic-Nerve Activity During Sleep in Normal Subjects. *New England Journal of Medicine,* febrero, 328, pp. 303-307.

Stein, D.B. (2002). *Ritalin Is Not The Answer: Action Guide, An Interactive Companion To The Best Selling Drug-Free ADHD Parenting Program,* San Francisco: Jossey-Bass.

Stevens, C.F. (1979) The Neuron. *Scientific American,* septiembre.

Stiller, A. y Wennekes, R. (1992). Sensory Stimulation Important to Developmental Process, en J.H. Nauta y M. Feirtag, *Class Talk.* Neuenkirchen.

_____ (1992). *The Motor Development Across the Body Midline.* Neuenkirchen, 31 de agosto.

Strick, P.L. (1997). *Basal Ganglia and Cerebellar "Loops" with Cerebral Cortex; Motor and Cognitive Circuits.* Syracuse: Research Services-Medical Center.

Stuchly, M.A. (1993). Electromagneric Fields And Health. *IEEE Potentials Journal,* abril.

Sunfield Home School (1993) Entrevista realizada con terapeutas ocupacionales que trabajan en el Sunfield Home School, Verulum, Sudáfrica.

Swanson, J.M., Canrwell, D., Lerner, M., McBurnett, K., Pfiffner, L. y Kotkin, R. (1992). Treatment of ADHD: Beyond Medication. *Beyond Behavior,* 4(1), pp. 13-22.

Sylvester, R. (2000). *A Biological Brain in a Cultural Classroom: Applying Biological Research to Classroom Management.* Toronto: Corwin Press.

_____ (2000). Unconscious Emotions, Conscious Feelings and Curricular Challenges. *Educational Leadership Journal,* noviembre, 58(3).

Tallal, P. (1993). Neurobiological Basis of Speech; A Case for the Preeminence of Temporal Processing. En P. Tallal, A. Galaburda, R. Llins y C. von Euler (eds.), *Temporal Processing in the Nervous System.* Nueva York: The New York Academy of Sciences.

Taubes, G. (1994). Electromagnetic Fields. *Consumer Reports,* mayo, pp. 354-355.

Terr, L.C. (1991). Adult Memories of Child Abuse. *American Journal of Psychiatry,* enero, pp. 68-72.

Thatcher, R.W., Hallett, M., Zeffiro, T. y John, E.R. (1994). *Functional Neuroimaging. Technical Foundations.* Nueva York: Academic Press.

The Native Perspective (1977). Carta a un maestro, julio agosto. Perth, Australia Occidental.

The President's Council on Bioethics (2002). *Human Flourishing, Performance Enhancement and Ritalin,* diciembre.

Thing, N.E. (1993). *Magic Eye: A New Way of Looking at the World.* Kansas City: Andrews and McMeel.

Thomas, A. y Chess, S. (1977). *Temperament and Development.* Nueva York: Brunner/Mazel.

Thomas, A. y Chess, S. (1984). Genesis and Evolution of Behavioral Disorders: From Infancy to Early Adult Life. *American Journal of Psychiatry,* 141(1), pp. 1-9.

Thompson, M. (2000). *Raising Cain.* Nueva York: Random House.

_____ y Kundlion, D. (2000). *Raising Can, the Emotional Life of Boys.* Nueva York: Ballantine Books.

Thompson, P. (2004). Time-lapse Imaging Tracks Brain Maturation from ages 5 to 20. *Proceedings of the National Academy of Sciences,* 17 de mayo.

_____ (2003). Scientists Search for the Biology of Smarts. *Science News,* 8 de febrero, 163.

Tomatis, A.A. (1978). *Education and Dyslexia,* Friburgo: Asociación Internacional de Audiopsicofonología.

_____ (1991). *The Conscious Ear, My Life of Transformation through Listening.* Barrytown: Sration Hill Press, pp. 208-215.

Tonks, A. (1999). Children Who Sleep with Light On May Damage Their Sight. *British Medical Journal,* 318.

Tortora, G.J. y Anagnostakos, N.P. (1990). *Principies of Anatomy and Physiology,* Nueva York: Harper.

Trowbridge, A. (1992). Ecology of Knowledge Network, ponencia en Science and Vision Conference, Centro para la Investigación de las Ciencias Humanas, Pretoria, Sudáfrica, enero.

Truss, C.O. (1984). Metabolic Abnormalities in Patients with Chronic Candidiasis. *Journal of Orthomolecular Psychiatry,* 13.

Tulving, E. *et al,* (1994). Hemispheric Encoding. Revival Asymetry in Episodic Memory: Positron Emission Tomography Findings. *Proceedings of the National Academy of Sciences,* 15 de marzo, pp. 2016-2020.

Uvnäs-Moberg, K. (2003). *The Oxytocin Factor, Tapping the Hormone of Calm, Love and Healing.* Cambridge: Da Capo Press.

Vail, P. (1987). *Smart Kids with School Problems.* Nueva York: Dutton.

Van Praag, H., Kempermann, G. y Gage, F. (1999), Running Increases Cell Proliferation and Neurogenesis in the Adult Mouse Dentate Gyrus. *Nature Neuroscience,* 2(3), pp. 266-270.

_____ (2000). Neural Consequences of Environmental Enrichment. *Nature Reviews Neuroscience,* 1(3), pp. 191-198.

_____, Schinder, A., Christie, B., Toni, N., Palmer T. y Gage, F. (2002). Functional Neurogenesis in the Adult Hippocampus. *Nature,* 28 de febrero, 415.

Verghese, J., Lipton, R.B., Katz, M.J., Hall, C.B., Derby, C.A., Kuslansky, G., Ambrose, A.F., Sliwinski, M. y Buschke, H. (2003). Leisure Activities and the Risk of Dementia in the Elderly. *New England Journal of Medicine,* 348(25), pp. 2508-2515.

Wallace, M. (2004). Study Provides New Insights About Brain Organization. *Proceedings of the National Academy of Sciences,* febrero.

Wallis, C. (2003). Kindergarten Rage, Does Kindergarten Need Cops? *Time Magazine,* 12 de diciembre.

Wallman, J. y Turkel, J. (1978). Extreme Myopia Produced by Modest Change in Early Visual Experience. *Science,* 201, pp. 1249-1251.

Wang, M.C. (1988). Commentary. *Education Week,* 4 de mayo.

Watanabe, Y., Stone, E. y McEwen, B. (1994). Induction and Habituation of c-fos and zif/268 by Acute and Repeated Stressors. *NeuroReport,* 5, pp. 1321-1324.

Wegschneider-Cruise, S. (1989). *Another Chance, Hope and Health far the Alcoholic Family.* Palo Alto: Science and Behavior Books.

Weinberger, N.M. (2004). Music and the Brain. *Scientific American,* noviembre, pp. 92-95.

Weissman, M.M., Wolk, S., Goldstein, R.B., Moreau, D., Adams, P., Greenwald, S., Klier, C.M., Ryan, N.D., Dahl, R.E. y Wickramaratne, P. (1999). Depressed Adolescents Grow Up. *Journal of the American Medical Association,* 281(18), pp. 1701- 1713.

Werner, E.K. (1975). A Study in Communication Time, tesis. College Park: Maryland University.

Whalen, C. y Henker, B. (1980). *Hyperactivity Children.* Nueva York: Academic Press.

Wheatley, G.H. (1977). The Right Hemisphere's Role in Problem Solving. *Arithmetic Teacher,* 11, pp. 36-39.

Wiggins, P.M. (1982). *A Mechanism of ATP-Driven Cation Pumps. Biophysics of Water.* Nueva York: John Wiley.

Williams, L.V. (1983). *Teaching far the Two-sided Mind, A Guide to Right Brain/ Left Brain Education.* Nueva York: Simon & Schuster.

Wilmanns, M. y Eisenberg, D. (1993). Three-Dimensional Profiles from Residue-Pair Preferences. Identification of Sequences with Beta/Alpha Barrel Fold. *Proceedings of the National Academy of Science,* 15 de febrero, 90, pp. 1379-1383.

Wilson, F.R. (1998). *The Hand: How It's Use Shapes the Brain, Language and Human Culture.* Nueva York: Pantheon Books.

Winslow, W. y Markstein, R. (1984). *The Neurobiology of Dopamine Systems. Second Symposium of the Northern Neurobiology Group.* Leeds: Manchester University Press.

Wisconsin State Journal (1996). What Teachers Check. *Wisconsin State Journal,* 4G, 22 de septiembre.

Wise, R. (2004). Dopamine, Learning and Motivation. *Nature Reviews Neuroscience,* junio, 5.

Witelson, S. (1995). Einstein and Other Brains. *Science,* mayo.

Witkin, S.S. (1985). Defective Immune Responses in Patients with Recurrent Candidiasis. *Infections in Medicine,* mayo-junio.

Wood, F.B. y Flowers, D.L. (1999). Functional Neuroanatomy of Dyslexic Subtypes: A Survey of 43 Candidate Regions with a Factor Analytic Validation Across 100 cases. En D.D. Duane (ed.). *Reading and Attention Disorders: Neurobiological Correlates.* (pp. 129-159). Baltimore: York Press.

Yolton, K. (2002). Passive Smoking Dents Children's IQ *New Scientists News* 7 de mayo.

Young, E.A. (1961). Myopia Development. *American Journal of Ophthalmology,* 52.

Zametkin, A.J., Nordahl, T.E., Gross, M., King, A.C., Semple, W.E., Rumsey, J., Hamburger, S, y Cohen, R.M. (1990). Cerebral Glucose Metabolism in Adults with Hyperactivity of Childhood Onset. New England Journal of Medicine, 323(20):1361-6. doi: 10.1056/NEJM199011153232001.

Zanecosky, A. (2004). Water Works. *Scholastic Choices,* septiembre, 20(1), pp. 21-24.

Índice analítico

Acerca de la autora

Carla Hannaford es bióloga y educadora con más de cuatro décadas de experiencia docente, que incluyen 20 años de enseñanza de la biología a nivel universitario y cuatro años como consejera para la atención de niños de primaria y nivel medio con dificultades de aprendizaje.

Es asesora en educación, reconocida internacionalmente. Ha impartido más de 600 conferencias y talleres en treinta países durante los últimos años. Recibió una distinción de "Who's Who in American Education" y le han otorgado reconocimientos la Universidad de Hawái y la American Association for the Advancement of Science por sus destacadas contribuciones científicas.

Desde que apareció la primera edición en inglés de este libro, en 1995, se han vendido más de cien mil ejemplares y se ha traducido a diez idiomas. Su segundo libro, *The Dominance Factor (Cómo aprende tu cerebro,* publicado por esta editorial)*,* se ha traducido a seis idiomas. Es autora de *Awakening the Child Heart. Handbook for Global Parenting* (2002), autora y coproductora del video *Education in Motion,* y presentadora —junto con Candace Pert y Susan Kovalik— del video *Emotions: Gateway to Learning.* Ha escrito más de cien artículos para publicaciones y revistas sobre educación y ciencia, y ha participado en entrevistas de radio y televisión en Estados Unidos y otros países.

Aprender moviendo el cuerpo
se terminó de imprimir en la Ciudad de México
en marzo de 2024 en los talleres de Impregráfica Digital,
SA de CV, Av. Coyoacán 100-D, Col. Del Valle Norte,
Alcaldía Benito Juárez, 03103 Ciudad de México.
En su composición se utilizaron tipos
Bembo Regular y Bembo Italic.